面涅将军

狄青传

杨益 著

华中科技大学出版社
http://press.hust.edu.cn
中国·武汉

图书在版编目(CIP)数据

面涅将军狄青传/杨益著.—武汉:华中科技大学出版社,2024.3
ISBN 978-7-5772-0355-3

Ⅰ.①面… Ⅱ.①杨… Ⅲ.①狄青(1008-1057)—传记 Ⅳ.①K825.2

中国国家版本馆CIP数据核字(2024)第036607号

面涅将军狄青传 杨 益 著
Miannie Jiangjun Diqing Zhuan

策划编辑:	亢博剑
责任编辑:	孙 念
封面设计:	琥珀视觉
责任校对:	刘 竣
责任监印:	朱 玢
出版发行:	华中科技大学出版社(中国·武汉) 电话:(027)81321913
	武汉市东湖新技术开发区华工科技园 邮编:430223
录 排:	孙雅丽
印 刷:	湖北新华印务有限公司
开 本:	710mm×1000mm 1/16
印 张:	16.5
字 数:	223千字
版 次:	2024年3月第1版第1次印刷
定 价:	50.00元

本书若有印装质量问题,请向出版社营销中心调换
全国免费服务热线:400-6679-118 竭诚为您服务
版权所有 侵权必究

目录

第一章 弱冠入拱圣

公元1008年 　　　　　　　　　001
狄青的家世 　　　　　　　　　004
少年英俊 　　　　　　　　　　006
文与武的抉择 　　　　　　　　012
鸿鹄之志 　　　　　　　　　　020

第二章 边关挫西夏

西夏国崛起 　　　　　　　　　024
锐意赴边关 　　　　　　　　　029
恩公范雍 　　　　　　　　　　036
披发战保安 　　　　　　　　　039
恩师范仲淹 　　　　　　　　　046
康定大反攻 　　　　　　　　　052
在"庞太师"麾下 　　　　　　056
天使镇泾原 　　　　　　　　　062

第三章　文武之争

公使钱案　　　　　　　069

水洛城风波　　　　　　075

配角"躺枪"　　　　　　082

知渭州之争　　　　　　092

衣锦还乡　　　　　　　100

同龄人韩琦　　　　　　103

入枢密院　　　　　　　110

第四章　南疆建奇功

侬智高之乱　　　　　　116

全权大帅　　　　　　　123

整军出师　　　　　　　131

神鬼难测　　　　　　　138

斩将立威　　　　　　　144

夜走昆仑关　　　　　　148

决战归仁铺　　　　　　154

得胜回朝　　　　　　　162

第五章　日中则昃

枢密使之争（上）　　　167

枢密使之争（下）　　　175

掌军四载　　　　　　　180

不攀狄仁杰　　　　　　187

变生谶言 191
欧阳修的担心 199
抱憾离中枢 206
将星陨落 211
身后哀荣事 217

附章

狄武襄子孙 221
演义话忠奸（上）：宋元明时期 223
演义话忠奸（下）：清朝的狄青三部曲 226
代狄宣抚贺捷表（余靖） 236
大宋平蛮碑（余靖） 237
狄武襄公神道碑（王珪） 240
宋故狄令公墓铭（余靖） 244
祭狄相文（韩琦） 250
祭狄青文（宋神宗） 250

狄青年表 252

第一章

弱冠入拱圣

公元1008年

公元1008年,是一个全世界都没太多大事的年头。

西欧还处于黑暗的中世纪。这一年,德意志的国王是奥托王朝的末代君主亨利二世,彼时还没有来得及加冕为神圣罗马帝国皇帝。法兰西的国王是卡佩王朝的罗贝尔二世,十余年前因为和表妹结婚,被罗马教皇处以绝罚,目前正致力于解决法国内部的各种矛盾。罗马天主教皇约翰十八世试图摆脱意大利土豪克雷申蒂家族的控制,却徒劳无功。数百年后建立日不落帝国的西班牙,目前尚处于基督教与伊斯兰教国家的拉锯之下。未来威震全球的大英帝国,此刻自顾不暇,还在丹麦人的侵袭之下一团乱麻。

东欧，东罗马帝国处于兴盛期，巴西尔二世正与同样如日中天的保加利亚王国争夺巴尔干霸权。这一年基辅罗斯的大公是弗拉基米尔一世。这位娶了东罗马帝国公主的君主，在早些年宣布全国皈依东正教，从而将今天的俄罗斯、乌克兰一带也纳入基督教势力范围。

隔着地中海，盛极一时的阿拉伯帝国已经四分五裂。什叶派的法蒂玛王朝掌控着北非和埃及。逊尼派的阿拔斯王朝虽然还占据着西亚大片领土，但名义上的帝国领袖哈里发已沦为军阀们争夺挟持的傀儡。

在撒哈拉沙漠以南的非洲，"黄金之国"古加纳王国达到巅峰。

在美洲，玛雅文明在尤卡坦半岛延续着最后的辉煌；阿兹特克部族尚未从故乡阿兹特兰出发前往墨西哥高原，建立强大的帝国；南美安第斯山地区还是蒂亚瓦纳科王国称霸，还要等约两百年后，这个王国的一支后裔才会建立印加帝国。

1008年这一年，在东方的中国，正值北宋第三个皇帝——宋真宗赵恒——在位时期。

此时，北宋已经建立了近五十年。北宋被后世认为是一个富庶的帝国，也是一个虚弱的帝国。为了防止帝国重演晚唐和五代十国期间藩镇割据、武人坐大的局面，开国皇帝赵匡胤采取了"重文轻武""以文制武"的种种策略。这些策略很有效，武人称雄的危险大幅度降低，但副作用则是军队的战斗力也随之降低。在之后与北方强国辽的战争中，宋军一败涂地，不但未能收复燕云十六州，而且连"铁杆"附庸国高丽都迫于大势向辽国屈服。

所幸，四年前的1004年，宋真宗在寇准等人激励下御驾亲征，击退了辽军的大举进攻。随后，宋辽两国签署了"澶渊之盟"，宋朝以每年给辽十万两银、二十万匹绢的代价，换得了和平。从此两国之间的战火基本平息。

花钱买来的和平使得宋真宗得意忘形，醉心于宣扬自己的丰功伟

第一章 弱冠入拱圣

绩。就在1008年农历正月，宋真宗编造了一个"神人赐天书"的神话，借此在朝廷上掀起一场轰轰烈烈的献祥瑞、拍马屁运动。宋真宗不但把年号从"景德"改为"大中祥符"，还在这一年末，进行了中国历史上最后一次帝王泰山封禅典礼。

在大宋的西北，党项族军阀李德明的日子过得挺滋润。他打着"归附宋朝"的旗号，在两年前被宋真宗封为特进、检校太师兼侍中、持节都督夏州诸军事、行夏州刺史、上柱国，册封定难军节度使，夏、银、绥、宥、静等州管内观察处置押蕃落使等，更加封"西平王"，赏赐大量的银钱财物。一年前，李德明又被加封镇军大将军、右金吾卫上将军，员外置同正员。就在这一年，辽国也遣使册封李德明为大夏国王。宋朝则加赐李德明为守正功臣、中书令。西夏大旱时，宋朝更是向其出售粮食，解决饥荒。李德明在宋辽之间左右逢源，混得风生水起。只是他这时也想不到，自己六岁的儿子李元昊，未来能玩出那么大的动静。

在这一年，宋朝有百万个婴儿呱呱坠地。其中，今后在历史上留下显赫声名的有两位：一位是北宋"两朝顾命定策元勋"，封魏国公，追封魏郡王的忠献公韩琦；另一位就是本书的主角——武襄公狄青。

这两人，一个文，一个武，一个出生于河南，一个出生于山西。今后他们将成为战友，共同为北宋抵御外敌，也曾因观点不合、立场不一而有所争斗。最终，两人都身居高位，一个是名臣，一个是名将。有趣的是，单论狄青在北宋名将中的功绩和不可替代性，可谓屈指可数，而韩琦在北宋名臣中的排位显然达不到这么靠前的位置。然而从在世时的政治地位和影响力看，韩琦远在狄青之上。两人的纠葛中，狄青可以说是被韩琦处处牵制。

他们两人命运的更大决定性因素，是宋朝本身重文轻武的体制。正是这个体制，使得身为武将的狄青，在出人头地、建功立业上，需要付出比文臣韩琦加倍的辛劳。已经登顶武将巅峰的狄青，面临的压力也远远超过韩琦,并最终酿成了悲剧。

然而,即使面临如此的压力,狄青依然凭借个人的天资和努力,奋斗出足够精彩的一生,为"武备孱弱"的北宋,上演了一出名将传奇。

狄青的家世

同在1008年出生的文臣韩琦与武将狄青,或许从他们出生的一刻起,两人家庭背景的差别已然决定了他们今后将走出不同的道路。

韩琦是河南相州安阳人。韩氏早在春秋时,便是晋国大夫之门,后来更与赵、魏两族三家分晋,成为战国七雄之一。此后千年,韩家显赫依旧。韩姓在北宋初年刊印的《百家姓》中排第十五位,也就是说,挤进了被人背诵最熟的前四句"赵钱孙李,周吴郑王,冯陈褚卫,蒋沈韩杨"。韩琦家世代官宦,他的高祖父、曾祖父都是县令,祖父为太子中允、知州,父亲韩国华历任太常少卿、知州,后来还做到了右谏议大夫,并封爵南阳县男。尽管韩琦四岁的时候,父亲就去世了,但在这样的家族背景下,韩琦依然可以凭借个人的努力,走上文士阶层常见的仕宦之路。

狄青是山西汾州西河县人。早期的狄姓源流多出自北方少数民族,即"东夷西戎南蛮北狄"中的"北狄",以族为姓。这些狄人也能追溯为名人之后。比如商王朝始祖契的母亲名狄,其后裔子孙中有人就以其名字为部族称谓,称作狄氏。黄帝的一支后裔也在唐尧时期被封为狄氏、翟氏,世居北地。有观点认为,狄青一支的狄姓始祖是周成王的少子,周成王将其封在狄城,后人以封地名为氏,狄青一支是标准的中华苗裔。但无论如何,狄这个姓氏的地位在宋朝是远不如韩氏的。从先秦至宋的一千多年中,狄姓出的显赫名人也不多。其中最著名的,大约要数周唐时期的名臣狄仁杰。狄仁杰是并州晋阳(今山西太原)人。从出生时间上看，狄仁杰比狄青早了三百多年；从出生地域上看，狄仁杰与狄青同属山西人，故乡的直线距离只有一百余公里。两者有很大可能属于同一家族。然而狄青在成名之后，却并不攀附这位狄姓中历史地位和个人成就数一数二的"大佬"。

在后世的演义小说中，狄青的家世颇为显赫，父亲狄广官拜太原府总兵，姑母狄千金为八贤王的夫人、宋仁宗的养母。也就是说，狄青不但是将门虎子，还是皇亲国戚。狄青本人则是天上武曲星下凡。这全然是杜撰。如果狄青真的有这样强悍的靠山，那他就是"勋贵"阶层，他的名将之路也就不至于走得如此艰辛了。

从现有史料来看，狄青的曾祖父狄应之，祖父狄真，祖母侯氏，父亲狄普，母亲李氏，他们在狄青功成名就之后，都获得了朝廷的官爵封赐，从此一个个也都是头顶官衔爵位，确实显赫。但是，这些官爵完全是靠狄青奋斗出来的。他的长辈在历史上并没有其他值得一书的事迹。很明显，他们就是白身，完全不曾担任过什么官职。狄青就是出自普普通通的地方寒门。这与数百年前狄仁杰的经学官宦世家出身，或者同龄人韩琦的家门，确实都有较大的差距。

当然，狄青的家境应该也不是非常贫寒。他应该不是底层，不至于吃了上顿没下顿，整日为了温饱而奔波。毕竟狄青能读书，能习武，这在古代，也都是要有家底支持的。整体来看，狄青的家庭应属于当时的中等人家，衣食无忧，但孩子的前途只能靠自己去一刀一枪拼搏。

狄青的故乡汾州西河县，也就是今天的山西省汾阳市。其地理位置在山西省西部，往西一百多里就是黄河。往东北一百多公里，就是狄仁杰的老家太原城。西北是吕梁山脉，东南则有汾河流过，也算得上是依山傍水的宝地。

今天的山西省一带，在春秋时，乃是天下霸主晋国的基本盘，又接近北方少数民族，素来民风彪悍。历史上，山西名将辈出，如卫青、霍去病、关羽、张辽、尉迟恭、李存孝等，都是山西人。狄青作为一个普通人家的子弟，最终走上顶级武将的人生道路，或许也与这种民风影响有关。

有趣的是狄青的名字：名青，字汉臣。一个宋朝人，为何取字汉臣？是不是在向千余年前的西汉名将卫青致敬呢？卫青驰骋漠北、大破匈奴，为中华文明的对外传播和后期的民族融合做出了很大贡献，可以称为改变世界历史的大将军。卫青是河东郡平阳县人，狄青是汾州西河县人，同在汾水河畔，一南一北，距离也不过数百里而已。

狄青出生之地是西河县东北数十里的狄家社（狄家村）。需要说明的是，狄家社并非在狄青功成名就之后为了纪念他或者讨好他而改名，而是在狄青出生前就已存在多年。由此也可见西河狄氏历史悠久。

狄青出生于宋真宗大中祥符元年（1008年）农历七月十三日。他在家中排行老二，上头还有一个哥哥，名叫狄素。

读书人的黄金时代宋朝，对狄青是没有丝毫加持的。他只能如千千万万极普通的民众一样，凭借个人努力，去争取属于自己的荣誉。

少年英俊

狄青出生之后的十多年中，历史车轮继续向前飞驰。

大中祥符二年（1009年），辽国萧太后去世。这位女中豪杰在评书《杨家将》中是终极反派，在真实历史上则是一位巾帼豪杰。她在辽皇驾崩的危局下稳定乾坤，让雄心勃勃的宋太宗饱尝兵败苦果，大宋收复燕云十六州的梦想也彻底破灭。同一年，四川大才子苏洵出生。这位比狄青小一岁的文豪，曾对狄青大肆攻击，但他的儿子苏轼后来倒成为狄青的粉丝。此后十余年间，司马光、王安石等后来的风云人物先后诞生，不过对狄青而言，这些人都是后辈，也没有对他造成太大影响。

第一章 弱冠入拱圣

大中祥符三年（1010年），开封皇宫内院中，刘美人的侍女李氏被宋真宗宠幸，生下了将来的皇帝赵受益（后来改名赵祯）。宫廷对外宣称生下孩子的是刘美人，将其提升为刘贵妃，几年后更成为刘皇后。小婴儿被刘皇后抚养长大，多年来一直不知道自己的生母另有其人，李氏也被迫长期与儿子分离。1018年，赵祯成为皇太子。1022年，宋真宗去世，宋仁宗赵祯继位，由刘太后垂帘听政。宋仁宗是狄青多年将军生涯的最高上级，给了狄青很大的支持。关于宋仁宗出身的迷案，后来被民间文艺家们演绎成惊心动魄的"狸猫换太子"。

在这十多年中，许多老一辈人物离世。除了前面说的辽国萧太后之外，还有评书《杨家将》中的另两位正面角色：北国名将杨延昭，以及在澶渊力主抗战的大臣寇准。这些人相继退场，也反映出北宋初期以宋辽战争为主的时代终结，下一个新的时代即将到来。

这十多年之间，北宋王朝与辽国保持了大致的和平，没有发生大的战争。辽国利用这段时间数次东征朝鲜半岛上的高丽王国，最终打服了高丽，迫使这个原本忠于宋朝的藩国向辽国乖乖称臣。同时，西部的党项族李氏政权继续步步扩张，孕育着凶险的未来。

相对于历史舞台上不断上演的大戏，狄青自己的人生却显得平淡。狄青是虚岁二十那年在东京开封投军的。关于他参军前的史料记载极少，甚至传说都不多。几百年后，清朝文学家李雨堂写了一部《万花楼演义》，讲述杨家将、包公、狄青的故事，里面说狄青九岁那年家乡发大水，狄青被洪水卷走，却因祸得福，得到仙人鬼谷子相救。鬼谷子不但向狄青传授文韬武略，还将其送往开封参军。这当然纯是小说家言，不足为信。

真实的狄青没这么多神奇际遇，就是个出身普通的农家子弟。但他又确实有着和其他农家子弟不一样的特点。

王珪的《狄武襄公神道碑铭》中记载，说狄青"生而风骨奇伟，善骑射，少好将帅之节，里闾侠少多从之"。

"风骨奇伟"在今天看来简直是个夸奖人的万能词，无论长得好看、平凡甚至是丑陋，套上这一句都不得罪人。王珪说狄青风骨奇伟，却不是这种泛泛而言的套话，而是真实的写照。据史书记载，狄青长相非常帅气，也可以说俊美，以至于后来上阵杀敌时，要学兰陵王戴着面具。狄青的儿子则被皇家视为"人样子"，也就是美男子的标准模板。

"善骑射"，即善于骑马射箭，这在古代是重要的武艺。冷兵器时代，骑兵相对步兵通常具有碾压的优势，而骑射则是骑兵交战的主要手段之一。一般认为，宋朝之所以武备孱弱，除了重文轻武、打压武将、鄙视军人的风气之外，客观上是因为失去了燕云十六州等北方重地，既导致防守没有地利，也使得战马非常缺乏。狄青所在的晋汾一带，属于北地，接近少数民族地区，马匹比宋朝多数地区要充裕。而狄青一介农家少年，能善骑射，既表明他武学资质好，勤于练习，也能看出他的家境并不能归于"贫寒"。毕竟学习骑射是很费钱的。

"少好将帅之节，里闾侠少多从之"，则表明狄青少年时就对军事颇有兴趣，并且具备很强的领导力。男人大都爱研究战争，男孩子心中都有将军梦，加上山西民风尚武，名将辈出，狄青在这种氛围的熏陶下，对统兵打仗感兴趣毫不奇怪。不过，多数男人的战争研讨只是纸上谈兵，男孩子的将军梦也往往只是年少时的一个梦。而狄青不同。从后来的史料看，狄青不仅在军事上有着很高的天分和学习能力，而且他对杀敌报国的军人职业确实有很强的自豪感。这一点在重文轻武、扬文抑武的北宋实属难得。少年狄青虽还没有获得多年后的赫赫战功，但当时的他相貌英俊、武艺高强、善于谋断、行事有魄力，对于自己团队的成员能真心关怀和维护。这样的特点，放在军中叫"名将之风"，能得到故乡任侠少年们的推戴和拥护，也就毫不奇怪了。

同期另一位文臣余靖，曾经是狄青的死对头，后来被狄青的才能与胸襟折服，转而成为狄青的拥趸。他在给狄青的墓志铭中也说狄青"少以骑射为乐，期于功名自立"，也就是爱好骑马射箭，希望在沙场建功立业，这和王珪的记载一致。余靖还提到，狄青"谨重信厚"，就是言行谨慎持重，诚实守信，为人厚道。这一点在传统文化中被看作是文人士大夫的德行。狄青作为善于骑射的侠少领袖，能具备这种文人之风，足见其不凡。

余靖说的"期于功名自立"，也就是胸怀大志，想要建功立业，光宗耀祖，名垂青史。这是多数年轻人的热血梦想。不过要实现梦想，通常需要付出许多艰辛努力。狄青少时好将帅之节，其获取功名的途径，大概就是征战沙场。然而狄青并不是只学武不学文。他也是读书识字的，还曾担任"书佐"职位。书佐属于低级公务员（吏），负责掌管文书工作。由此可见，狄青不但识文断字，而且具备一定的文化知识。

狄青十六岁这年，也就是宋仁宗天圣元年（1023年），发生了一件意外的事情。他的哥哥狄素与同乡一个绰号"铁罗汉"的人发生了争斗。两人在汾河畔大打出手。铁罗汉，听这绰号，就是个身材魁伟、肌肉发达、性情凶暴的莽夫。狄素与这样一个狠人相斗，并没有落下风，可见不但狄青自己武艺高强，他哥哥也是个有武艺的人。狄素和铁罗汉拳来脚往打了一阵，把铁罗汉打落水里。这铁罗汉大约跟《水浒传》中的李逵一样，不怎么会游泳，呛了几口水就打挺，没动静了。左右看热闹的一瞅不对劲，赶紧把铁罗汉拉上来，哪知他已经是翻着白眼，没气了。

山西民风彪悍尚武不假，日常斗殴大约也是家常便饭，但人命关天啊。按照宋朝法律，斗殴中杀人的，应该判处绞刑。保伍闻讯赶来，把狄素作为杀人凶手绑了起来。正在绑着，到田里送饭的狄青来了。他见此情形，对保伍说："你们别误会，把铁罗汉打下水的不是我哥哥，是我。"

狄青明显是出来顶罪的，保伍也不是傻子。明明是狄素淹死铁罗汉，大家都看着呢！狄青不过是睁眼说瞎话，想给哥哥顶罪。不过古代在地方办事，既要讲国法，也要讲人情。反正有人死了，有人认罪，他们就没责任。几个人松开了捆绑狄素的绳子，准备把狄青绑起来送官府去。

狄青对他们说："我是不会逃跑的。不过，铁罗汉刚捞起来，没准还能救活。请让我先尽力施救。如果救不活，你们再绑我也不晚。"

保伍素闻狄青的名头，看狄青主动出来顶罪，心中也暗自佩服，自然不会反对。这时狄青暗暗向神明祈祷："上天啊，如果我命绝于此，那自不必多说；如果我未来能够大贵，那请让铁罗汉苏醒吧！"

狄青举起铁罗汉的身体，按压摇晃。没一会儿，铁罗汉鼻子、嘴巴咕咕往外冒水，一下子流出了好多。肚子里的水出来得差不多了，呼吸畅通了，铁罗汉也就慢慢苏醒过来。狄家兄弟斗殴杀人的罪免除了。一出命案，最后大事化小。

这个事件的记录者，是北宋大文豪苏东坡。苏东坡在北宋文坛的历史地位，几乎就相当于狄青在北宋军界的历史地位。但从年龄上，苏东坡比狄青年轻二十九岁，基本上是狄青的子侄一辈。苏东坡对狄青非常崇敬，与狄青的儿子狄咏关系不错。那么，狄青十六岁那年的事，还没出生的苏东坡又是怎样知道的呢？据苏东坡自己说，他听说这事，是在元祐元年（公元1086年）的十二月五日，距离狄青去世已经有近三十年了。当时正逢皇帝宋哲宗生日，辽国派使者来祝贺，苏东坡和狄咏都在接待人员之列。晚上，两个年过半百的老头子没有回家，在朝房围炉夜话，苏东坡从狄咏那里听到了这个故事。而且，苏东坡特意注明，这个故事狄青自己没有对儿子们说过，是狄青去世后，狄咏送灵柩回乡，听当地父老说的。

这个故事比较有趣。它不见于正史，而是苏东坡的笔记《书狄武襄事》所记载的。苏东坡的人品大家可以放心，但这件事并非苏东坡亲眼所见，而是苏东坡听狄咏说的，狄咏又是听家乡父老说的。告诉狄咏这件事的家乡父老，也未必就是亲眼所见。毕竟狄青去世时，距离这事发生已有三十多年，当年经历此事的长辈和同辈人也未必都健在。在狄青已经成为大宋头等名将的情况下，多番口口相传，难免添油加醋。

尤其是狄青暗中向天神祈祷"如果我未来能够大贵，那请让铁罗汉苏醒吧"，这种当事人的心里话，旁人是如何得知的？狄青自己连这件事都没有告诉儿子，他当然不会把心中祈祷的内容到处宣扬。这种怪力乱神的征兆说出来只会给自己平添麻烦。多半是家乡父老在狄青功成名就之后，在他的故事中插入"天命注定"的点缀，为自己故乡这位名人增添几分神奇色彩。

但是，即使撇开狄青祈祷这段描写，单看这件事中其余较为可信的部分，我们依然可以看出十六岁狄青的不寻常来。

首先，狄青为何这时要出头为哥哥顶罪？有几种可能。也许狄青是考虑哥哥为人鲁莽，背负人命官司，去了衙门恐怕难逃一死，而自己比较机灵，到官老爷面前分辩是非，没准能逃脱一死。也许是狄青年方十六，还没娶妻生子，而哥哥狄素年长几岁，或许已经结婚生子，狄青觉得自己去顶罪，无论从对家庭的后续供养力度，还是从对亲人的伤害程度来说，都比较有利。还有一种最简单的可能性，狄青就是因兄弟手足情深，愿意代替哥哥去死。无论是哪一种，都能凸显出狄青的出色人格。在封建社会伦理中，"忠义"与"孝悌"是密不可分的。狄青能为了哥哥冒这样的危险，正说明其人品的可贵。

其次，出头顶罪后，狄青并未乖乖等死，而是主动对溺水的铁罗汉施救。这一点，把铁罗汉打落水中的狄素没有想到，围观的群众和随后到来的地方官员也没想到。他们看到铁罗汉落水后断气，就已经放弃了，全当铁罗汉已经死了，在处理偿命顶罪的事。唯独狄青不放弃，努力施救，最终既保全了自己的性命，也让铁罗汉得以重回人间，避免了双重的悲剧。

危难关头，能恪守道义，不怕牺牲，同时又不轻言牺牲，不到最后关头绝不放弃求存。这正是残酷战火下，一个优秀军人应有的品质。虚岁十六的狄青身上，已经闪耀着这样的光辉。

文与武的抉择

天圣元年（1023年），十六岁的狄青经历的"铁罗汉事件"，只是他人生中一段不甚重要的插曲。接下来，狄青面临着真正的抉择。

狄青少年英俊，胸怀大志。要实现他建功立业的梦想，无非走"文武"之途。

中国古代，"文武"往往是被连在一起说的，比如"文武双全""文韬武略""文治武功""文事武备"等等。治理国家，必然要文武兼备，这也是尽人皆知的常识。在具体的个人选择上，存在文武分家的不同发展路径。在朝廷上，文臣与武将可能形成两大派别。到了高层，二者往往又相互融合，文人们常做运筹帷幄、决胜千里的儒将之梦，武夫们也喜欢沾染文气。这就是文与武的辩证统一。

在过去几千年，中国历朝历代的文武力量呈现出此消彼长的特征。宋朝则开启了重文轻武的新阶段。这种重文轻武，主要是对宋朝之前乱世的逆反。

在宋朝之前的百余年，也就是自唐朝晚期到五代的这段时间，中国是藩镇割据的大分裂局面。手握重兵的将领们不但拥有军权，而且控制了地方的政权、财权，成为称雄一方的霸王。他们不再服从中央朝廷的指派。彼此之间为了争权夺利，不断发动战争，强大的甚至敢于直接挑战中央的权威，乃至用武力推翻中央朝廷，自己称王称帝。用当时后晋大将安重荣的一句名言来说，就是"天子宁有种耶？兵强马壮者为之尔！"

在这种凭武力决断一切的格局下，自然谈不上什么秩序、什么法统。唐朝被手握重兵的大将朱温攻灭，代之以后梁。之后，后唐、后晋、后汉、后周走马灯般轮换，地方将领先后建立了十国。老百姓在兵火下苦不堪言，受尽折磨。

宋太祖赵匡胤建立宋朝，基本统一天下后，为了杜绝藩镇割据，就采取了重文抑武的策略。他以后的皇帝宋太宗、宋真宗也逐渐强化这些措施。具体方式包括以下几种。

第一，从唐朝后期到五代时，各地的节度使拥有军政合一的大权，从而割据一方。对这些将领，赵匡胤先剥夺他们的兵权，随后逐渐取消他们在地方上的行政权和财权，把节度使变成了纯粹的虚官，从而消除地方割据的可能。

第二，执掌兵权的枢密院，五代时由武将担任，宋朝后主要改为文人担任。同时，枢密院只管理军事事务，并不具体带兵。平时负责管理主力部队禁军的，是专门的机构：殿前都指挥司、侍卫马军司和侍卫步军司，合称"三衙"。三衙的长官由武将担任，因为是三个部门相互制约，所以任何一个武将都无法专权。具体在每次战争中担任前线指挥官的官员，都是在战争之前临时委任的，平时不参与带兵，也不会一直固定不变。这样，将官就无法拥兵自重，形成自己在军中稳固的势力。

第三，大量任用文人参与军事行动。除了最高军事机关枢密院通常由文人掌管之外，带兵出战的统帅往往也由文官担任，而武将只是给文官担任副手。也就是说，出征的大军由文人掌控，而武将平时不带兵，战时也只是作为军事专家提供建议，或者负责分战场的具体指挥，进一步避免了武将坐大。即使有时候武将做了统帅，也会有文官担任监督、协调的职务。

这些政策确实消除了藩镇割据的风险，但同时也导致军队战斗力下降。尤其平日将领不带兵，使得"将不知兵，兵不知将"，战时又把非专业的文官放在最高位置上，"内行指挥外行"，结果可想而知。后世评价宋朝，往往以此诟病。

平心而论，宋朝采取的这些政策，其实正符合现代国家中军政体系的协调模式，避免军队成为个人手中的杀器，威胁到国家稳定。只是凡事有利有弊，在消除藩镇割据危险的同时，没有配套的措施跟进，导致削弱了国防力量，也是无可奈何的事。

由此可见，在朝廷层面，大宋与其说是"重文轻武"，不如说是"重文抑武"。而"抑"的不是武事，而是武臣，是对带兵之人的防范性抑制。方法是让文臣来参与、主导武事。总之，北宋时期武将地位降低，这是不争的事实。但武将地位低，并不等于军事方面被忽视。北宋长期与辽国、西夏等对峙，战事不时发生，所以对军事方面其实相当看重。只是具有专业经验的武人被打压，战场表现才不佳。

北宋的文武两道虽然分开，却也并不是泾渭分明、势同水火。北宋的许多文官同样怀有金戈铁马之梦，希望担任武职驰骋疆场，想要为国出力，彪炳青史；而所谓"将门世家"的子弟，往往也攻读诗书，试图通过科举考试先做文官，然后再带兵打仗。这样比直接靠家族地位担任武职带兵，有更加广阔的前途。

以上说的是高层的文官和武官。像狄青这样并无特殊背景的平民子弟，无论走文武两途中的哪一条，都必须从基层做起。而这方面，文和武的差异就更大了。可以说难度完全不一样。

文人的道路被视为光明大道。中国的科举制度创始于隋朝，其最大的意义就是把原本被世家门阀垄断的权利分割了一大块下来，为下层民众中的佼佼者打开了一扇晋升之门。宋太祖把科举制度发扬光大，因此宋朝读书人的待遇非常好。不仅官宦世家、书香门第的子弟可以凭借祖辈的光环捷足先登，就连寒门子弟也能指望通过寒窗苦读，一朝金榜题名，实现阶级跃迁。宋朝科举大致分为举人和进士两个阶层，就算不能考中，以知书达理的读书人身份，也能得到一般民众的尊敬。换句话说，科举就是"草根"实现逆袭的正途。

相反，作为武人的前途，则要艰难得多。

宋代实行募兵制，即从民众中招募军人。在抑制武将，长期将兵分离的制度下，即使是军队的主力禁军，作战力量也非常有限。北宋前期招募军队，主要目的不是保持一支强大精锐的国防力量，而是稳定国内态势，顺便招募多余的壮丁，避免生活无着的流民造反。这就注定了这支庞大军队的战斗力很难提高。军队战斗力的下降，又造成其地位的下降，从而使得很多人不愿意当兵。兵源素质降低，又进一步拉低军队战斗力，形成恶性循环。

在五代时期，战争频繁，各路军阀将领都大肆拉丁拉夫，扩充兵力。为了防止士兵逃亡，都在本部士兵的脸上或身上刺字，这样即使当了逃兵，也会很容易被识破并抓回来。到了宋朝，宋太祖消除了军阀割据，把军制改成募兵制，却把脸上刺字这事保留下来。当时犯罪的人，往往会被在脸上刺字，然后发配到某个军营去当兵。《水浒传》中宋江刺配江州、林冲刺配沧州、武松刺配孟州、杨志刺配大名府，都是这种例子。然而，不光是罪犯会被刺配当兵，就连正规渠道招募来的士兵，通常也要在脸上刺字，防止他们逃跑。也就是说，在大宋军制下，士兵和犯人几乎一体的制度，进一步拉低了士兵的社会地位。当时，军籍被称为"赤籍"，就是因士兵脸上刺字的地方泛红而得名。这是一种蔑称。士兵们被视为社会底层，饱受歧视，打仗时带兵的将军又是平日见不到的，自然更没干劲了。

北宋时候的士兵来源，主要有三个：一是原有军人的子弟子承父业；二是犯人发配；三是招募。而招募来的，往往不是生活无着的饥民，就是不务正业的混混，素质可想而知。良家子弟加入军营的比例很低。

当然，这里说的都是基层士兵。至于考中科举的读书人担任武职，或者将门世家子弟参军，往往直接从军官当起，社会地位不算低，更不会被刺字。

狄青在他二十岁那年，也就是天圣五年（公元1027年），开始了从军之路。

狄青为何选择走"武"这条路？存在多个不同的说法。

在清朝小说《万花楼演义》中，是狄青的师父鬼谷子算到狄青将来会在沙场建功立业，故而将其送到开封，等待机遇。狄青在开封路见不平，打死了欺压良善的恶少，幸得包公帮忙开脱，于是投身军营。

《万花楼演义》本是小说，自然不足为凭。而且小说中狄青的父亲是太原府总兵，姐姐是八贤王的王妃、宋仁宗的养母，贵为太后。若狄青真有这种背景，其实根本不必为前途担忧，就算参军也可以直接担任军官。

在狄青的故乡一带，流传着"狄青打死拦街虎"的故事。说是狄青家附近不远的西陈家庄的桥头，有一个恶霸叫拦街虎，经常勒索往来客商。若是不乖乖就范，就会被他拳打脚踢，苦不堪言。狄青听说此事，故意路过，面对拦街虎的恶意勒索时他不卑不亢，毫不理睬。拦街虎大怒，上前和他动手，被他一顿拳脚打死了。狄青犯下人命官司，只好逃亡开封，参军避祸。

这个故事逻辑上是讲得通的，狄青真要是打死了人，自然不可能参加科举，投军倒是一条路。这个故事在史料上并未记载，却被当地人口口相传。据说被狄青打死的拦街虎名叫王壮，所以这座桥后来被人叫作"王壮桥"。这件事，又和上文提到的苏东坡记载的狄青哥哥和铁罗汉打架的故事联系起来，有人说王壮另一个绰号就是铁罗汉。当然，这个故事的可信度也是比较低的。尤其狄青并非打死铁罗汉，而是在哥哥狄素把铁罗汉打落水中后，出头顶罪，并救活了铁罗汉，这是苏东坡记载的狄青儿子转述的故事，靠谱程度当然比后来流传的要高。且"铁罗汉事件"发生在狄青十六岁时，而狄青参军则是在二十岁，中间差了四年。

关于狄青参军，还有几则记载，是北宋时人留下的。

一是文臣余靖的记载。他比狄青年长九岁，曾经担任狄青的上级和同僚，后来作为狄青的副手参加了平定南方侬智高叛乱的行动。余靖最初对狄青抱有成见，还曾激烈攻击狄青。后来他被狄青的才能和人格魅力所征服，成为狄青的"铁杆粉丝"。在他为狄青写的墓志铭中，是这样记载的：

……期于功名自立。弱冠游京师，系名拱圣籍中。

按余靖的说法，狄青就是为了建功立业，才在二十岁游历开封，加入了禁军拱圣营。作为民风尚武的山西子弟，做这样的选择并非不可理解。

二是比狄青大约晚生几十年的文学家、画家张舜民的记载，他曾经参加宋神宗元丰四年（1081年）的五路征讨西夏战争，与狄青之子狄咏同行。他在《画墁录》中记载：

狄武襄，西河书佐也。逭罪入京，窜名赤籍。

按这里的说法，狄青曾经担任过西河书佐，因为犯了罪，为了逃避刑责而参军，即入了赤籍。至于说是什么罪，是不是类似民间传说中的"打死拦街虎"一类，这里没有说明。

三是南宋时无名氏编写的《锦绣万花谷》，距离狄青去世一百多年。

这本书记载：

> 狄青字汉臣，汾州人，世本农家，隶县为乡书手。移易税赋。事发，遂逃走京师，投拱圣营为兵。

这里的记载，与百年前的《画墁录》一致，而且还说明了狄青遭遇的官司是"移易税赋"。乡书手是宋朝基层吏员，负责催收税赋，编排人口财税信息。虽然地位不高，但职权很重要，同时又容易纠缠不清。根据狄青后来作为一军将领的举止可知，他有时候对法度、人情的把握并不是非常得当，简单说就是混官场的才能不太强。那么在这个过程中，弄出些财税上的麻烦并不奇怪。也有人说狄青是受到了诬陷。狄青的性格刚烈如火，年轻时想必更甚，不自觉得罪人或者"踩到雷"，被诬陷"背锅"，也是有可能的。不管是真的违反了法律，还是被人诬陷，总之狄青为了躲避这麻烦，离开家乡，前去"东漂"投军，也就不奇怪了。

比较分析这三则宋人的记载，狄青担任基层吏员，因为税收工作惹上官司，为了避罪而入京投军，是比较合理的解释。余靖写给狄青的墓志铭中只说"游京师"，不提狄青获罪，大概是曲笔，为死者避讳，尤其这死者既是北宋赫赫名将，也是他的亲密战友。

另外，关于狄青为何走基层从军道路，而不是尝试科举，还可以有两方面的解释。

一是狄青本身担任基层的吏。而在宋朝时候，官吏分流，吏是不许参加科举的。大约当权者认为，官员是以道德文章帮助皇帝治理庶民，而吏则是与最下层民众直接打交道，难免沾染污垢，道德良心坏了，所以不许他们参加科举，免得败坏了"官"的整体素质。所以《水浒传》中的宋江，他当了郓城小吏，就没法再由科举往上爬，虽然在当地黑白通吃，呼风唤雨，却也只能当一个草莽英雄，人生已经被封顶了。想要更进一步当官，就只有"杀人放火受招安"一条道了。

这种规定在今天看来，当然是很荒唐的。吏从职权上，大致介于官员和庶民之间。朝廷准许庶民科举当官，却不许吏科举，这从逻辑上就很矛盾。再则，说吏的道德比官坏，也是毫无根据的。底层的吏确实可能接触大量的罪恶，吏的队伍里确实也可能有奸猾之徒，但很多人也不过是上行下效。而当时的高层官员中，贪赃枉法、损公肥私乃至卖国求荣的，又何尝少了？

尽管如此，规定就是规定，狄青既然当了吏，也就没法科举了。

但这又引来另一个问题：狄青为什么要去当吏？

要知道，狄青离开家乡去开封参军时，也才虚岁二十。这样算来，他在本地当吏，总共也没几年的时间。宋朝只规定不许吏参加科举，并没有限制吏的子女。也就是说，狄青如果有心科举，没必要去担任书佐、乡书手。

可见，狄青应该从少年时就没打算走科举之路。

为什么呢？看看宋朝科举考的什么就知道了。

在北宋前期，科举依然沿袭唐朝、五代的制度。进士科考诗、赋、论、策以及贴经、墨义等。诸科主要考查贴经、墨义等。所谓诗、赋，就是写诗歌和散文；所谓论，是指针对历史上某件事论述自己的看法；所谓策，是指用议论文的形式评述当前政治问题，向朝廷献策；所谓贴经，就是把儒学经典中间空几个字，让考生填写，相当于默写填空；所谓墨义，就是对经典句子的简答、分析，相当于分析段落大意和中心思想。

从历史记载来看，狄青的智商肯定不差，不但能识文断字当书佐，后来还在范仲淹等前辈的指点下，阅读了《春秋左传》及诸多兵家著作。但是，他的文笔应该一般，兴趣显然也不在诗词歌赋上。明明跨越万水千山，立下了许多值得大书一笔的军功，却没留下什么脍炙人口的雄文。狄青在军事方面可以称为天才，而一方面的天才往往也存在另一方面的短板。对狄青来说，或许死读和背诵儒学经典就是他的短板。这就使得科举之路对狄青而言，是一件既乏味又艰难的事情。反正指望从科举之路爬上去很难，不如早点另辟蹊径。

总之，北宋前期科举制度的特点，以及狄青本人的才能、性情和遭遇，注定了他只能选择从军这条艰辛之路。对他自己，对北宋王朝而言，这或许都是一桩幸事。

鸿鹄之志

宋仁宗天圣五年（1027年），虚岁二十的狄青离开家乡，往开封投军。如同其他参军的人一样，他的脸上刺了字。当时社会上多数人将这两行字视为耻辱，而对狄青而言，这却是他从军报国的勋章。多年以后，当狄青功成名就，他甚至拒绝了皇帝要他洗去这两行字的好意。

宋朝的军队大体分成四类：第一类是禁军，原本是皇帝的近卫军，后来在宋朝"强干弱枝"政策下大量扩张，相当于中央军；第二类是厢军，相当于地方军；第三类是乡兵，相当于不脱产的民兵；第四类是藩兵，相当于少数民族雇佣军。四类军队中，禁军是绝对的主力。在宋仁宗时期，禁军编制兵力达到八十万之多，即所谓"八十万禁军"。同期的厢军兵力大约是四十万。厢军战斗力实在孱弱，无法担负保卫地方的职责。因此，朝廷把大量的禁军驻扎到边疆，代替厢军作战。后来宋仁宗庆历年间，八十万禁军有五十多万驻扎边境附近，占了禁军总数的三分之二左右，驻扎首都开封附近的禁军只有二十多万人。而厢军则由原本的地方军退化成为辅助兵、杂役兵和禁军的预备兵。

狄青参加的就是禁军。即使是号称主力的禁军，战斗力其实也很一般。许多人武艺低微，素质低劣，更没有什么参军卫国、建功立业的雄心壮志，混一口饭吃而已。与这些混混相比，狄青不但身材魁梧，面容俊美，而且武艺高强、擅长骑射、识文断字，更因为胸中志向反映到外貌上，自然英气逼人。若是放到今天，妥妥是推荐军校提干的优秀分子。北宋没这制度，士兵只能苦哈哈慢慢熬，但狄青依然成为长官眼中的"优等生"。他先是担任"骑马小底"，也就是少年骑兵队成员。由于出色的表现，很快被选入禁军精锐拱圣营。

在狄青投军的这一年，北宋朝廷举行了一次科举殿试。后世的殿试是等额录取，只排名次，没有淘汰，而当时的殿试有淘汰。最终，比狄青年长五岁的王尧臣斩获第一名，即状元。与狄青同岁的韩琦获得第二名，也就是榜眼。除了此二人之外，这一届还有不少名臣，比如大狄青两岁的文彦博，以及大狄青九岁的包拯，也就是大名鼎鼎的包公包青天。

这些名臣文士，在当时虽然尚未成为风云人物，但进士及第，作为天子门生，已经拿到了大宋皇朝统治集团的入场券，其未来可期。而年龄与他们接近的狄青，不过是人微言轻的禁军拱圣营骑兵而已。在北宋的政治环境下，双方的地位不可同日而语，前途更是大相径庭。

难怪与狄青一同执勤的禁军士卒，在目睹状元王尧臣的风采时，不无羡慕地感叹："瞧瞧人家，年龄和咱们差不多，但咱们不过是一介普通小卒，人家已经是状元郎了，这差距，哎……"

唯有狄青从容地说："那倒也不一定。最终能有多大的功业，还得看各自的才能。"

士卒们一听都笑了，你小小一个士卒，去和人家状元郎比才能、比功业，这不是狂妄自大吗？

燕雀安知鸿鹄之志。禁军士卒们的嘲笑，是可以理解的，而狄青也没有过多回应。大话人人都可以说，但到底能走到哪一步，归根结底还是凭借自己的才干。

王尧臣状元及第,接受宋仁宗亲赐的殊荣时,他当然不知道此时在围观群众中,有一个小卒想和他比试才能的大小以及未来功业的高下。多年以后,狄青在对西夏战争和平定侬智高叛乱中立下大功,被任命为枢密使,也就是全国最高军事机关的负责人。王尧臣则是枢密副使,是狄青的副手。当年的比赛分出了结果,只不知道随同狄青一起围观状元的几位禁军士卒又发出了怎样的感慨。

另一个值得与狄青比较的是包拯,也就是大清官包公。

在评话和演义小说中,包公与狄青时有搭档。《万花楼演义》中,写狄青打死恶少之后,时任开封府尹的包拯得知狄青是为民除害,又见狄青面容不凡,是位英雄俊杰,于是想方设法为狄青开脱,之后狄青才去投军。民间传说包公为文曲星下凡,狄青为武曲星下凡。又说这二位星君下凡时,不小心把面貌弄反了,所以包公是文曲星,满腹经纶,却长得黑黝黝的,如同武将。相反,狄青是武曲星下凡,武艺高强,却长得白净俊美,仿佛文士。

论后世民间的声望,包公远在狄青之上,但在历史上,狄青的地位其实是超过包公的。狄青投军时,包公刚刚进士及第,自然不可能以开封府尹身份来释放狄青。之后包公曾短暂担任知县等官职,但为了照顾父母很快便辞官。数年后父母病逝,包公又居家守丧,前后十年才重新出仕。此后包公长期担任中下级官员,后来狄青成为节度使、枢密副使时,包公才升为直龙图阁学士。到嘉祐元年(1056年),包拯权知开封府事。这一年,狄青被免去枢密使职位,离京出知陈州。

由此可见,包公与狄青虽然基本是同时代人,但两者并没有什么交集。包公大器晚成,与狄青没什么互动,更无法对狄青予以扶持。

狄青怀着壮志加入禁军。光阴似箭,很快十余年过去了。

十余年中,与狄青同龄的韩琦,先后担任将作监丞、通判淄州、太子中允、太常丞、直集贤院、监左藏库、开封府推官、度支判官、太常博士、右司谏,名闻京师。

状元公王尧臣,先后担任将作监丞、通判湖州、秘书省著作郎、直集贤院、知光州、三司度支判官、右司谏、知制诰、翰林学士、知审官院。

文彦博历任翼城知县、通判绛州、监察御史、殿中侍御史等。

包拯守丧完毕,也开始担任天长知县。

这些与狄青同年入京的文臣佼佼者,他们都有光辉的前途。

而狄青呢?他的职务是禁军拱圣营散直。

散直,意思是殿前侍卫,在禁军中属于比较高级的军士,但也仅仅是军士。如果硬要把这个叫作官,那就是不入流、没品级的官。狄青在禁军中已经待了十余年,依然只是这么个芝麻绿豆大、不入流的官。这倒也不是说上级故意打压。按宋朝规定,没有特别立功的话,士卒只能几年一级,慢慢往上升。你还别嫌弃,能升的都还算是表现不错的。

十余年前在同伴面前夸下的海口,似乎要沦为笑柄。毕竟,没有背景的农家子弟,想要建功立业,除了才能,还需要有机遇。狄青纵然有一身本领,也是英雄无用武之地。

所幸,机会终于到来了。

第二章 边关挫西夏

西夏国崛起

前一章提到,狄青离开故乡,到开封参军,加入禁军拱圣营十余年,虽然拥有出众的外表、过人的武艺,或许得到了禁军中直接管理官长的赏识,但因为在京城中长期没什么立功劳的机会,故而只能慢慢熬年头升迁。十多年下来,还是个小小的散直。眼看年满三旬,按照古人说法,是"三十而立",而少年时心中的将军梦,为国家建功立业的雄心,却如水月镜花一般虚幻。

恰在此时,天下风云突变,西夏国公然向大宋挑衅。这一番变故,给北宋带来了极大的麻烦,却为狄青出人头地提供了机会。

西夏,是在两宋时期,由党项族人建立的西北地区政权。这个国家先与宋、辽，后与宋、金鼎足而立，国运将近二百年。

党项族长期活动于中国西北地区，其主体是西羌部族的一个分支，之后又与鲜卑族的拓跋氏等融合，形成了一个独特的民族。"党项"这个称呼最早出现在隋唐时期。当时党项分为诸多部族，其中融合了鲜卑族血缘的拓跋氏部族势力最为强大。唐朝时，党项人因为唐与西部大国吐蕃之间的战争，到处迁移，后来也曾发动叛乱，威胁到唐朝的边疆安宁。

唐朝末年，居住在夏州一带的党项部族首领拓跋思恭，帮助唐朝镇压黄巢起义有功，弟弟拓跋思忠还英勇战死。大唐为了酬谢他，任命拓跋思恭为定难军节度使，封爵夏国公，管辖夏州、银州、绥州、宥州、静州，更赐他唐朝国姓"李"。从此党项拓跋氏成了李氏，并正式成为割据西北的强藩。

五代时期，中原纷争不断，夏州李氏表面上对中原王朝称臣，实则逐渐扩充实力。后梁封李仁福为朔方王，后周封李彝殷为西平王。后唐曾经企图将李氏的地盘并入中央管辖，遭到李氏的抵制，只好作罢。赵匡胤"陈桥兵变"建立大宋后，李彝殷积极向大宋表忠心，还避讳赵匡胤父亲赵弘殷的名字，改名李彝兴。李彝兴去世后，被赵匡胤追封为夏王，加太师衔。此后盘踞夏州的党项李氏继续配合宋朝作战，而赵匡胤也对得起他们，"杯酒释兵权"解除各节度使权力时，并没有动定难军节度使李氏的权柄。

宋太宗太平兴国七年（982年），李氏内部发生了矛盾。定难军节度使李继捧向大宋归降，并交出全部五州之地。但李继捧的远房堂弟李继迁（拓跋思恭弟弟拓跋思忠的后人）不服，带领族人逃出夏州，在大漠中招兵买马，不断侵扰大宋，企图夺回五州。大宋多次出兵围剿李继迁，互有胜败，总是不能得手。想招抚吧，李继迁经常嘴上说着恭顺的话，暗地里下黑手，把宋太宗气得七窍生烟。不仅如此，李继迁还趁着宋辽之间开战的空档，和辽国勾结。辽国当然希望李继迁能牵制大宋，于是封李继迁为夏王，还把公主嫁给李继迁。转头李继迁又借着辽国的声势去跟大宋讨价还价，迫使大宋封他为银州刺史。李继迁游走于宋辽两国之间，朝秦暮楚，左右逢源，实力越发强大起来。

宋太宗还想靠李继捧对付李继迁，特意重新让李继捧担任管辖五州的节度使，还赐姓赵。结果狡猾的李继迁凭借三寸不烂之舌，反而说服李继捧和自己联合起来反宋，恢复祖宗的基业。转眼间，李继迁又趁李继捧不备，对李继捧发动突然袭击，打得他全军覆没，收编了他的兵马。

这么一路折腾了十多年，到了至道三年（997年），宋太宗驾崩，其子宋真宗继位。大宋之前被李继迁骚扰得太难受了，为了笼络他，宋真宗干脆重新任命李继迁为夏州刺史，充定难军节度使，把夏州、银州、绥州、宥州、静州五州之地交还给他，还赐姓赵，名赵宝吉。这样一来，经过多年的斗争，李继迁终于恢复了祖先的五州地盘。

在宋真宗看来，你要的我都给你了，今后总可以消停了吧？然而李继迁可不会仅仅满足于恢复五州旧地。他要以这五州为基础，继续拓展疆土，建立"万里之国"。五州到手后，李继迁立马出兵，继续进攻灵州。双方数次大战，大宋的国力和可以调动的军力，本来是远远超过李继迁的。但因为宋朝"以文制武"，一线经验丰富的将军难以发挥才能，而宋真宗更向前线统帅下发"阵图"，要求一线指挥官必须按阵图排兵布阵。这样一来，宋军的进退攻守都僵化无比，完全无法应对李继迁灵活的攻击，数次吃败仗，损失惨重。

宋真宗顾此失彼，辽国也对李继迁遥相策应。咸平五年（1002年），李继迁攻克西北重镇灵州。次年，即咸平六年（1003年），李继迁自称西平王，迁都于灵州，改为西平府。之后他试图吞并吐蕃酋长潘罗支的地盘，反被对方用诈降计打败，身受重伤。年末，李继迁去世，

第二章 边关挫西夏

其子李德明继位。断气前，李继迁再三叮嘱儿子："不要和大宋硬拼，一定要不断上表请求归附。哪怕上表一百次他们不同意，也要继续上表，直到皇帝同意为止！"

李德明继承父志，于景德元年（1004年）用诈降计杀死吐蕃酋长潘罗支，夺取富饶的西凉府，报了杀父之仇。之后，宋辽之间缔结澶渊之盟。李氏集团利用宋辽战争坐收渔翁之利的窗口期过去了。李德明很机灵，他按照父亲的遗嘱，一面结交辽国，一面不断向大宋表示愿意归附称臣，希望大宋认同他占有的地盘，并且准许双方贸易。宋真宗当然知道李德明不是善茬，但他已经和辽国打得精疲力尽，实在不想在西边再树强敌。他想要暂时笼络住李德明，争取休养生息的时间，于是许和。双方就和谈条件讨价还价，李德明利用宋真宗害怕兵连祸结的心态，争取了许多好处。景德二年（1005年），宋真宗封李德明为定难军节度使、西平王，赏赐衣服、宝马和钱粮、布匹、茶叶，史称"景德和约"。

此后，宋夏双方实现了差不多三十年的和平。这段时间基本也是狄青从出生到三十岁的时光。和平当然是可贵的，但对大宋而言，他们错失了趁着李继迁去世，李德明地位不稳而剿灭西夏的良机。三十年的和平，孕育着未来更加凶险的战乱。

李德明利用大宋警惕放松的时机，大肆积蓄实力。西夏向大宋称臣后，宋真宗严令边境将领不许对西夏采取军事行动，还有意将主力部队内撤，使得西夏丝毫不担心国家安全问题。宋真宗甚至还应李德明的请求，禁止边境将领招降李德明的部将和附庸部族。当西夏发生灾荒时，大宋慷慨救济。双方还在边境设立交易场所，用西夏的驼马、牛羊、玉石、毛毡、动植物产品、本地药材等交换大宋的布匹、漆器。原本西夏位于苦寒之地，手工业不发达，很多日用品都必须和大宋交易，西夏最怕的就是大宋断绝贸易，进行经济封锁。如今大宋开了边境，西夏趁机派人前往贸易，还偷偷购买违禁品，制作武器带回西夏。

同时，李德明还趁大宋停止对西夏用兵的机会，挥戈向西，攻打河西走廊的回鹘部族，夺占甘州、凉州等地盘，既扩大了势力范围，又解除了后顾之忧。

这边大宋为了笼络李德明，不但给物资好处，还给名分，不断加官进爵，面对西夏的挑衅也不断退让。宋真宗为了避免刺激西夏人，主动松弛边境武备，不但禁止大宋的边境将帅修筑城堡、招兵买马，甚至当西夏偶尔入侵劫掠时，也禁止边将反击。他又专门给边关城池增加了办公经费，用于招待李德明的使者。等到宋真宗去世、宋仁宗继位后，也继续维持这种养虎遗患的政策。

明道元年（1032年），也就是狄青参军的第六年，宋仁宗册封李德明为夏王，衣服、旌旗、车马标准只比皇帝低一级。而辽国也更早就册封李德明为大夏国王。李德明得到宋辽两家"王"的册封，公然使用皇帝的仪仗，以皇帝自居，更把北部的怀远镇改名兴州（今宁夏银川），迁都于此。

这年年末，刚刚被大宋封为夏王的李德明去世，其子李元昊继位。西夏迎来了一位开国的雄主，而大宋迎来了一个强悍的劲敌。

李元昊生于咸平六年（1003年），比狄青年长五岁。据说某一次李德明与夫人卫慕氏游玩贺兰山，某个夜里卫慕氏梦见自己被白龙环绕，不久就发现怀孕了。这种神奇传说当然是附会。但李元昊逐渐长大，确实表现出非同寻常的才能和魄力。而伴随这才能和魄力的，是狼一样的桀骜和野心。

李德明在位三十年，遵循李继迁遗嘱，主要奉行与大宋交好的政策，通过面子上的恭顺来换取实际的好处。少年李元昊对此非常不满。他劝父亲不要再向大宋称臣。李德明告诉儿子："我们西夏物产匮乏，这么多年依靠大宋的恩典，才能过上锦衣玉食的生活，不能忘本。"李元昊回答："我们党项人是游牧民族，本来就应该牧牛放马，穿皮裘，吃肉食乳酪。英雄当心怀壮志，称王称霸，怎能因贪图锦衣玉食，就屈居人下呢？"李德明虽然不同意儿子的看法，却为儿子有这样的志向而高兴。

李元昊对向大宋称臣心怀不满，但他并不是那种狂妄自大、狭隘极端的井底之蛙。相反，他对中原的知识非常重视，自幼热爱研习兵书，手不释卷。李元昊精通汉、藏语言文字，还懂得佛学。他对于治国安邦的行政、法律等著作也很熟悉。他不是读死书，而是把书上的道理与实际结合，思索、谋划解决具体问题的方略。李元昊还喜欢穿着白色的长袖衣，头戴黑色的帽子，身佩弓矢，带百余骑兵出行。前有两名旗手开道，后有侍卫步卒张青色伞盖相随，但见旌旗猎猎，烟尘大起，虽然只是一百多人的队伍，却俨然有千军万马的气势。

宋仁宗天圣六年（1028年），也就是狄青参军的次年，李元昊奉父亲之命攻取回鹘人占据的河西走廊，先取甘州，又以声东击西的战术奇袭西凉，为西夏夺取了一大块具有战略意义的领土。为此，李元昊被立为太子。后来，他又娶了辽国宗室的公主。

总之，李元昊是一位有着文韬武略的英才，这种能力在他继位前已经展现无遗。对大宋而言，西夏国王从原本保守持重的李德明，换成了野心勃勃的李元昊，意味着灾难即将降临。西夏与大宋之间的战争一触即发。狄青也在这动荡的风云中，迎来了自己真正的人生机遇。

锐意赴边关

明道元年（1032年），党项人首领李德明去世，虚岁三十岁的李元昊继位。辽国和大宋为了拉拢党项人，都派人去给李元昊封官进爵。辽国封他为西夏王，大宋则加李元昊为特进检校太师，兼侍中，定难军节度使，夏、银、绥、宥、静等州观察处置押蕃落使，封西平王。

李元昊并不把大宋的封赏看作恩赐，反而看作自己屈居人下的屈辱。他在接待大宋使臣时，完全不遵从臣下的礼仪，接受诏书的时候直立不跪。在左右劝说下，他才勉强受诏，之后愤愤地说："先王（李德明）犯了大错。拥有如此强盛的国力，居然还臣服于人！"为了挑衅大宋，他设宴招待宋使的时候，故意让人从宴会厅后面传出兵器碰撞的声音。大宋使臣面对李元昊的桀骜不驯，不敢发作，只是装聋作哑，把任务敷衍过去了事。

李元昊一心想要自己当皇帝。但他并不是狂妄自大的莽夫，而是富有谋略的野心家，他深知称帝之前必须做好各方面准备。因此，他表面上暂时维系与大宋的和平，实际上步子越迈越大。对外，他继续攻打周边的吐蕃、回鹘部族，扩充领土，夺取了瓜州、沙州、肃州等地，完全控制河西走廊，使得西夏版图大幅扩充；对内，他严酷整肃反对派，杀死了自己的亲妈卫慕氏，把母亲一族杀绝，确保自己乾纲独断。

李元昊在各方面为称帝做准备。政治方面，他模仿大宋建立了中央的行政机构，调整地方行政区划，还设立了一个"开封府"管理京城兴庆的事务。军事上，他建立了完备的兵制，全国军队分为中央军和地方军，正军和负担（杂役）也有所区分。中央军又有步兵、轻骑兵、重骑兵等不同编制，而地方军则分别在东南西北的边境建有军区机构。西夏拥有夏州、银州、绥州、静州、宥州、灵州、盐州、会州、胜州、甘州、凉州、瓜州、沙州、肃州、威州、洪州、定州、龙州等十多个州，疆域东到黄河，西至玉门关，南接萧关，北控大漠，人口二三百万，军队号称五十万人。

李元昊还竭力打造西夏文化，排除汉文化的影响。他废除了过去唐、宋皇朝赐给自家祖宗的李姓和赵姓，改姓"嵬名氏"，自己更名曩霄。他把宋、辽赐给自己的王号也废除，自号"兀卒"，意思是"青天子"，把大宋皇帝称为"黄天子"，意图与大宋皇帝平起平坐。他在宋仁宗明道二年（1033年）就用年号"显道"，表面上是避自己父亲李德明的名讳，实际上就是向大宋示威：我不用你的年号，要自建年号！次年，他建元"开运"，又改"广运"。李元昊还向境内的党项部族下达"秃发令"，要求党项人不许像汉人那样蓄发，必须按多年前老祖宗的习惯，剃光头顶的头发，留下周围一圈，并且戴上很大的耳环。所有党项人必须三日内完成这种发型，不然一律处死，算是提前几百年上演了"留头不留发，留发不留头"的历史典故。在服饰上，他还规定不同职位级别的人和普通老百姓应该穿戴不同的服饰。

李元昊还亲自创制了党项族语言对应的文字，也就是今天历史学家们说的西夏文字，又称为"蕃书"。李元昊在全国颁行、推广这套文字，要求全国使用。创立自己的文字，表明李元昊是决心把自己的民族独立于宋之外了。此外，西夏原本的礼仪文化深受唐、宋的影响，李元昊对此也是大加改革，大幅度简化礼乐制度，既彰显民族特色，又提高了效率。

一番厉兵秣马后，李元昊开始了对大宋的试探性进攻。景祐元年（1034年），也就是狄青参军的第八年，李元昊向大宋西北边境的庆州、环州等地发动进攻，甚至深入边境一百余里修筑城堡。双方几番交战，互有胜败。大宋因为长期重文轻武，边防部队战斗力很差，将帅也多不得力，胜少败多。加上自从宋初对辽国两次北伐失败后，宋太宗以下几代皇帝连同整个朝廷都充斥着一种矛盾的心态：既端着天朝上国的架子，对周边少数民族国家瞧不起，同时又害怕过于激烈的战火造成损失，希望能付出一些代价来息事宁人。因此面对李元昊的咄咄逼人，宋仁宗依然妥协退让，加封李元昊为中书令。这反而进一步助长了李元昊的嚣张气焰。

宝元元年（1038年），也就是狄青参军的第十二年，李元昊自以为时机成熟，在贺兰山集结大军，准备全面攻宋。有的部族首领劝阻，被他下令杀死。李元昊的叔父山遇是西夏王室的"亲宋派"，眼见侄儿行事如此极端，就带着兄弟、妻儿等二十多人逃往大宋地界，打算揭发李元昊的阴谋。

谁知道他们到达北宋边境保安军后，延州知州郭劝却按照"不收纳西夏叛逃之人"的惯例，要把山遇遣返回去。山遇自然不愿意回去送死，郭劝等竟把山遇等捆绑起来，押回去交给李元昊。李元昊听说叔父叛逃，原本心急如焚。因为山遇在西夏手握大权，对西夏的底细了如指掌，他叛入大宋，等于给大宋凭空送了一本攻略秘籍，若是他带领宋军攻击西夏，后患无穷。哪知道愚蠢的大宋边关将领居然把山遇送了回来。李元昊险些按捺不住心头的狂喜，竭力装出一副气愤的样子，指责大宋官吏"勾引"自己的叔父叛逃，大抖了一番威风之后，才下令将山遇等人乱箭射死。

大宋大臣富弼得知此事，痛心疾首，怒斥边关将领无谋，把一个极为重要的投降者如此葬送，既害了山遇，又助长了李元昊的狼子野心，还断绝了边境部族的投顺之路。然而，此刻悔之晚矣。大宋数十年的怀柔政策不能令李元昊感激，只会使他得寸进尺。

宝元元年（1038年）十月十一日，元昊正式称帝，国号大夏。改元天授礼法延祚，大封群臣，追谥祖父和父母谥号、庙号。又封野利氏为宪成皇后，立儿子宁明为皇太子。

次年（1039年）正月，李元昊的表文就送到了开封皇城之中。按照惯例，边境藩国使者，应该穿着本民族的服饰，毕恭毕敬朝见大宋天子。然而西夏国的使臣这次却是冠冕堂皇，昂然而来，颇有大国平等外交的风范。大宋负责外交的官员喝令他们更换符合礼仪的衣服，这些西夏使者不为所动，表示自己是奉西夏皇上的命令来拜见贵国皇上，宁死不能更换衣服！

李元昊的表文大意如下：

> 我的祖宗拓跋氏，在东晋末年建立了北魏政权，也当了上百年的皇帝。我的六世祖拓跋思恭在唐末出兵镇压黄巢立下大功，得赐封李姓。我祖父李继迁善于用兵，高举义旗，稳定了夏州等地盘。我父亲李德明乖乖听天朝的话，得到天朝晋封的王号和地盘，非常感谢。现在我偶尔任性一下，制作了本国的文字，修改了华夏的衣服，又改革了礼仪乐器。周边的部族都服了我，大家要我当皇帝，当王他们还不乐意。我想推辞，怎奈他们逼迫得紧，没办法，只好在十月十一日自称大夏皇帝。希望大宋皇帝您聪明些，成人之美，就让我在西边的蛮荒之地当个皇帝吧，这样我会努力给大宋当盟友，友好通商，也帮您镇守边境。我是一片诚心，就看您的意思了。

这封表文，言辞上是非常客气，内容上却是咄咄逼人。千言万语一句话：我要当皇帝了，给你打个招呼，最好你直接承认我为帝，这样大家面子上都过得去。

可笑的是，到了这一步，宋仁宗君臣还企图"以理服人"，给西夏人摆事实讲道理，说明党项族臣服于大宋的合理性，希望李元昊学习西汉初年南越赵佗、长沙吴芮归降汉朝的例子，继续当大宋的乖宝宝。太尉王德用建议斩杀使者，还自告奋勇去讨伐李元昊，也被宋仁宗拒绝。

一番徒劳的和平攻势后，宝元二年（1039年）六月，宋仁宗终于下定决心强硬应对。他下诏褫夺李元昊的全部官爵和赏赐的姓氏，全面禁止与西夏的贸易。大宋与西夏彻底翻脸。宋仁宗命知永兴军的夏竦兼任泾原路、秦凤路沿边经略安抚使，知延州的范雍兼任鄜延路、环庆路沿边经略安抚使，负责陕西方面的军务。又派庞籍为陕西体量安抚使，配合二人备战。宋夏之间的战争拉开了序幕。

这时，原本在禁军任职的狄青，也来到了陕西前线。

禁军到边庭，是北宋时期的常态。前文也提到过，原本从名号上说，禁军应该是保卫皇帝的近卫军，但在大宋建立过程中，实际上是把各路诸侯麾下的精兵强将都编入禁军。作为中央军的禁军规模日益庞大，而作为地方军的厢军精锐全被调走，剩下的都是老弱病残，战斗力孱弱不堪。一旦面临战事，单凭厢军根本无法保卫边防，大宋只能调遣部分禁军前往边境担当主力。宋夏之间既然战云密布，那么禁军西调也就顺理成章了。

狄青前往陕西的时间，按照后来余靖给他写的传记，是在宝元元年（1038年），也就是李元昊要求大宋承认他是西夏皇帝的使者还没到达开封之前。这也并不奇怪，毕竟在此之前，李元昊已经多有异动，大宋不可能对此完全没有反应。禁军被调遣过去，未雨绸缪做好防备工作是完全合理的，只是他们可能都没料到后面会爆发如此大规模、长时间的战争。也有说法认为狄青是在宝元二年（1039年）的初夏才前去陕西。若是这样，那么就是宋仁宗看到李元昊的表文，准备正式应对和西夏的战争之后了。

狄青在1039年已经虚岁三十二岁，加入禁军也十几个年头了，是一名不折不扣的老兵了。但这位老兵，官阶也不过是区区的散直。散直属于皇帝的精锐卫士，招募对象包括节度使部下的军将，以及主动投军人员中武艺高强的精兵。狄青显然属于后者。这个职位虽然充分肯定了其能力，但也不是什么大官。长期没有战事，军人自然升迁慢，没什么值得大惊小怪的。但对狄青这样一个胸怀大志的人来说，才能长久得不到发挥，当然苦闷。好在，狄青在这十多年中并未消沉，更没有自暴自弃，追求低级趣味。相反，他在这段时间读兵书、练武艺，将自己调整到最好的状态，以随时面对机遇到来的一天。

狄青到陕西后，被分配到延州担任指使。

第二章 边关挫西夏

> **小贴士**
>
> **宋朝的政区和军区**
>
> 北宋的行政区划主要分为州、县二级。县上面设州,也有的叫府、军、监,下辖少则两三个,多则十几个县。在州(府、军、监)的上面还有路,相当于现在的省级行政单位。但是为了防止地方大员割据,路没有和州、县一样设置单一的政府机构和长官,而是将权力分为军权(安抚使)、财税权(转运使)、司法权(提点刑狱)等,由不同的主官管理。而且不同的权力框架下,路的划分还不太一样。
>
> 比如与西夏接壤的陕西地区,在财政方面就设一个陕西路,而在军事方面,出于指挥战争的需要,分设了秦凤、鄜延、环庆、泾原四路,再后来又增设熙河路、永兴路。前面提到夏竦任泾原路、秦凤路沿边经略安抚使,范雍任鄜延路、环庆路沿边经略安抚使,职责就是指挥这几路的军队。而庞籍为陕西体量安抚使,则是从财税、吏治角度负责陕西路的政务,职权范围包括前面这几路。

狄青入驻的延州,即今天的陕西延安,是一个州府级的单位。从军政上,延州属于鄜延路(鄜延路包含延州、鄜州、丹州、坊州、保安军)。狄青的最高领导是兼任鄜延路沿边经略安抚使的范雍,直接顶头上司则是鄜延路兵马钤辖卢守勤,是一位宦官。

狄青作为禁军散直,在延州担任的职务是都巡检司的指使使臣。在延州这个临近国境线的边区,都巡检司的主要任务不是维持治安,而是侦察敌情乃至应对小范围的战斗。而指使使臣,简称指使,则是禁军中有一定资历和能力的军士、低级军官到地方上常任的官职,简单说就是"万金油",可以不受人事流程繁琐环节的制约,接受主官安排的各种任务。在宋夏战争中,从开封派到地方的禁军优秀人才,大多担任指使。

他们在战争中，对上传达、执行将帅长官的命令，对下率领、凝聚基层的士卒，是军队的骨干和脊梁。宋夏战争之初，由于北宋多年重文轻武，将兵分离，中高级将领很多人是夸夸其谈、纸上谈兵，并不能掌握军心；而下级军卒多数是乌合之众，军心涣散。全靠这一批优秀的指使，才把军队勉强集结起来，形成一定的战斗力。

对狄青来说，担任这个职位，也充分说明了他的才干。那么，狄青在这个岗位上，能否立刻大展宏图、杀敌立功呢？

并没有。相反，他犯了罪，而且是死罪。这到底是怎么一回事呢？

恩公范雍

前面提到，宝元二年（1039年），伴随宋夏之间战云密布，刚到延州不久的狄青犯了罪，按律当斩。

狄青究竟犯了何罪，以至于竟然要杀头，这个找不到具体的史料信息。毕竟之后不久，狄青便在抗击西夏的战争中立下大功，不但成为全国闻名的英雄，甚至被宋仁宗称为"朕之关、张"。史书自然不会再去详细叙述他当初到底犯了什么事。

现在陕北延安一带有相关的故事流传，说狄青在延州担任指使，操练士兵的时候，使用了严酷的刑罚，甚至造成麾下士兵伤残死亡，因此违背军中律法，论罪当斩。这倒是有可能的。

人无完人。从史料来看，作为军事天才的狄青，在政治方面的嗅觉很差，待人处世也完全不老练、不成熟，经常干些出格的事。纵然史料也记载他在军事之外有一些优秀表现，但这些不错的言行举止，与其说出于深思熟虑后的慎重，倒不如说出于淳朴的本性反应。狄青毕竟是一个武夫，哪怕是一个识文断字、勤学好问，在军事方面肯动脑筋的武夫，他终究还是没法学会站在文臣的角度考虑问题。

第二章 边关挫西夏

宝元二年（1039年）的陕西，由于李元昊称帝，局势必然是风声鹤唳，黑云压城。而北宋的士兵，管你禁军厢军，多数是为了有碗饭吃而应募的。他们自以为没什么前途，又位于社会的底层，自然不会把当军人看作荣耀。不遵军纪、懒散怯懦，满脑子想的都是怎么在即将到来的战争中保住性命。狄青在开封吃了十多年闲饭，如今好容易得到机会，一心想的是建功立业、报效国家。基层军官和士兵之间的这种价值观差异，本来就容易激化矛盾。狄青此时才三十出头，在大敌当前时整顿军纪、提升战斗力，对部下士卒自然要严加训练。当遭遇兵痞们的消极抵抗时，他难免急于求成，将严刑峻法作为鞭策士兵的法宝。这中间致人死伤、触犯军纪，也就不奇怪了。

事实上，狄青一向治军严厉，十多年后平定侬智高之乱时，对于擅自抢夺民间财物的士兵和擅自违令出战的军官，都是毫不留情，军法论处。何况此时的狄青还没得到范仲淹传授《春秋左传》，也没有跟种世衡学习带兵之道，脑子里更是缺这根弦，一味用严刑峻法也不奇怪。

除此之外，在狄青手下听令的还可能有些投靠大宋的少数民族士兵。这些士兵的战斗力通常远远强于普通的禁军，但他们对于军规军纪的遵守可能没那么到位。狄青初来乍到，因为不同类别军队的军中文化不同，严厉治军过程中与这些少数民族士兵发生冲突，甚至激起小范围的群体事件，因而犯下死罪，也是可能的。

除了练兵涉嫌用酷刑之外，狄青也可能犯下其他错误。比如营房失火、损毁军用物资、未能完成任务，乃至顶撞上级、私下斗殴等，都有可能，而且还可能被同僚连累。总之，一心想通过当兵名垂青史的狄青，反而被关进了牢房，准备按律处斩。这一番若是人头落地，万丈雄心尽成泡影，军营中的十多年磨砺也前功尽弃，史册上根本不会记下他的名字。那一段时间，狄青想必是非常绝望的吧。

在历史长河中，个人是渺小的。绝大多数人想要功成名就，做出一番事业，除了自身的才能和奋斗之外，还要有机遇。对于狄青这样毫无背景，同时又不善读书的农家子弟而言，在重文轻武的社会背景下，想要靠疆场杀敌闯出一条路，自然离不开贵人的扶持。

此时狄青遇见了他人生中的第一个贵人，那就是时任鄜延路沿边经略安抚使的范雍。

范雍（981—1046），字伯纯，太原人。他比狄青大二十七岁，是狄青上一辈人。他和狄青一样是山西人，然而却是经学官宦世家出身，先祖范仁恕是五代十国时期后蜀国的宰相，父亲范从龟官至刑部侍郎、右屯卫将军，子孙后代也都是当的大官。范雍中进士后，先后担任过县主簿、殿中丞、安抚使、龙图阁直学士、礼部侍郎、户部侍郎等官职，还曾担任掌管军国大事的枢密副使。狄青到陕西时，范雍担任知延州兼鄜延路、环庆路沿边经略安抚使，与夏竦并列为对西夏作战的两大军事统帅。

从历史事迹看，范雍文思有余，武略不足，面对凶悍的李元昊，完全是文人谈兵，顾此失彼，被打得很惨。这不是人品问题，纯粹是能力问题。北宋文人掌军、以文制武的习惯，常常把一些不适合打仗的文臣放到统帅的高位，让他们凭借自己头脑中抽象的经义去带兵，结果既耽误了国家大事，又毁了文臣的名声。范雍就是一个典型的例子。范雍不但在战争中屡吃败仗，而且治理地方也搞了不少烂尾工程。但他的优点是胸怀宽广，为人忠恕，很善于识人，也愿意推荐那些他欣赏的人才。

狄青的案子送到了范雍这里。范雍看狄青身形魁伟，面目俊美，有一股不让人的英气。而且他从旁人口中知道，狄青是个武艺高强、行事果断的军官。对这样的人，范雍非常欣赏。他拿出自己一贯的做派，赦免了狄青的罪。狄青不但免于一死，还继续担任指使的职位，得以在日后鹏程万里。

范雍一辈子推荐了很多人才，其中不少都当上了公卿大臣。然而这些人的历史功绩与名气，都比不上范雍赦免的这个小小的散直狄青。好人范雍的一次法外施恩，为大宋留下了一流的名将。

狄青死里逃生后，怀着对范雍的感激，继续备战。面对咄咄逼人的西夏人，他誓要迎头痛击，实现自己的壮志，也报答范雍的深恩大义。

很快，狄青等到了这个机会。当年十一月，李元昊亲率大军，杀奔鄜延路而来。这位西夏雄主踌躇满志，要以雷霆万钧之力，先摧垮鄜延路，再席卷整个大宋的西北边境。

披发战保安

自从宝元二年（1039年）六月北宋朝廷褫夺李元昊爵位和姓氏以来，双方彻底翻脸。李元昊方面固然是磨刀霍霍，大宋方面也有不少动作。除了前面说的调整西北边疆指挥序列，准备应付大战之外，还在西夏边境一带张贴告示悬赏：能杀李元昊者，赏钱二百万贯，授定难军节度使；西夏官员投降宋朝的，一律封赏。李元昊还以颜色，也大力诱降大宋边境的将领和忠于大宋的少数民族部落。

前面提到过，大宋与西夏接壤的是陕西，陕西当时从军事上划分为鄜延路、环庆路、泾原路和秦凤路等几个安抚使路。其中鄜延路、环庆路、泾原路沿着宋夏边界一字排开。李元昊要入侵陕西，必然选择这三个路之一。这三个路与西夏的边境线恰是横山，虽然大体上是东西一线，实则地形复杂，双方控制区域犬牙交错，相互牵制。从李元昊的角度看：西边的泾原路，地势比较平坦，但有镇戎军、渭州城两大军事壁垒，兵精城坚，难以攻取；中间的环庆路，山川道路曲折，堡垒密集，又有老将刘平、赵振等驻守，也是个硬茬；唯有东边的鄜延路，地域平坦，且堡垒不多，恰好是西夏骑兵发挥优势的最佳地域。

攻打鄜延路的突破口，李元昊选在了保安军。

保安军，即今天的陕西省的志丹县，当时是一个州级单位。因为属于军镇要地，所以叫"军"，区别于普通的州、府。保安军位于鄜延路的西北角，即西夏、鄜延路和环庆路三者的中间位置。宋太宗几十年前在此地设立军镇，主要目的就是牵制盘踞夏州的党项人。在李元昊称帝、宋夏彻底翻脸的格局下，保安军向东可屏蔽延州，向西可沟通环庆路，向北则与西夏的盐州、宥州相连。宋军控制此地，既能对南下的西夏军警戒，确保范雍麾下鄜延路、环庆路两大军区的防线统一，又可以反过来威胁西夏军南征的根据地。相反，西夏军若能占领此地，既能在宋军防线上钉下钉子，又可威胁延州的侧翼，还能在主力分路进攻延州时，确保己方退路。

李元昊熟读兵书，先是企图"不战而屈人之兵"。他派出使者，向保安军的诸族巡检刘怀忠诱降。这位刘怀忠也是党项族人，是李元昊的同族，属于效忠大宋的部落领袖。他当着大宋的官，带着一千多个少数民族士兵驻守保安军。面对李元昊高官厚禄、荣华富贵的诱降，刘怀忠不为所动，毁书斩使，向李元昊示威。李元昊勃然大怒，亲率数万大军，杀奔保安军而来。

但听得铁蹄铮铮，势如奔雷，杀声震天，白刃映日。面对潮水般的西夏大军，刘怀忠一面向后方求援，一面亲率精锐出战，为援军争取时间。在西夏大军的围攻下，这位党项族将军寡不敌众，壮烈战死，为大宋流尽了最后一滴血。此后多年，刘怀忠的儿子、孙子继续为大宋把守此地。他的玄孙就是南宋初年与岳飞齐名的中兴名将刘光世。

刘怀忠战死，保安军更是危急。负责这一路的前敌主帅，鄜延路兵马钤辖卢守勤慌了神。按照北宋军制，兵马钤辖可带兵五千人左右。这位卢守勤字君锡，开封人，乃是一位资深的宦官，也是皇帝的心腹。宋朝时太监在外当官很常见，卢公公先后担任邠宁环庆路钤辖、领昌州刺史。因为负责安葬宋仁宗的养母章懿太后，没有做好防潮排水工作，因此被贬官为永兴军兵马钤辖，又徙鄜延路，再迁六宅使，加贵州团练使，进荣州防御使兼邠宁环庆路安抚都监。虽然有这么一大串武职头衔，但这人其实不会打仗。面对如狼似虎的元昊麾下的西夏铁骑，他早已慌了神。好在，他还没有忘记自己手中保命的王牌：

"延州指使狄青，速速出战！"

狄青应命而出。少年时憧憬建功立业的梦想，十多年在禁军中辛勤的苦熬，至此终于找到了喷发的当口。他浑身披甲，策马当先，勇不可当，朝着西夏军阵迎头杀去。

让人惊诧的是，他披头散发，脸上还戴着一个铜铸的面具！

这是为什么呢？

西方中世纪的骑士，人人都穿得跟罐头盒一样，大家脸上都戴着金属面罩，早已见惯不惊。而中国历史上的将军，通常头顶盔，身披甲，一般不戴面具。历史上也有几位将领是戴面具的。较早的有晋朝大将朱伺，他在镇压杜弢率领的流民叛军时，戴上了铁制的面具。不过朱伺并非每次上战场都戴面具。那一战双方在火力对射，两边都是乱箭齐发，朱伺戴面具是为了保护自己的面部。南北朝时期，西魏的名将韦孝宽在迎战东魏军队时，也曾命令士兵戴上铁面罩，同样是为了防范敌军的弓箭。

相比之下，北齐兰陵王高长恭的面具更为著名。这位南北朝猛将戴面具不是为了保护自己，而是为了吓唬敌人。原来高长恭皮肤白皙，长相柔美，酷似女子。他觉得自己这种柔美的模样，实在太缺乏威慑力了。因此，专门用木头雕刻了一个青面獠牙的可怕面具，打仗时就戴着面具冲锋。高超的武艺配上可怕的面具，威震敌胆。

狄青戴面具的原因，应该和兰陵王类似。据现有史料，狄青虽然身材魁伟，但和兰陵王一样，也是皮肤白皙，相貌俊秀，实在不像个征战沙场的猛将。这样的长相上了战场，难免被敌人看轻。而且狄青还没有兰陵王这样尊贵的身份，没准自己手下的士兵都要开玩笑。为了显示自己的威严，狄青专门打造了铜铸的面具。

多年后，有一位南宋文人周辉，他的《清波杂志》记载，自己曾经在狄青的五世孙狄似家中拜访。狄似曾拿出祖先狄青佩戴过的铜面具，上面雕刻着真武大帝的像。在北宋时期，真武大帝的信仰非常热门，狄青所属的禁军中还流行祭拜真武大帝的活动。传说真武大帝是威力强大的战神，荡妖除魔，所向披靡。而真武大帝的形象也确实是披头散发。这样综合起来看，狄青佩戴真武大帝的面具，披发出战，既是掩盖自己秀美的真容，同时也包含借真武大帝的形象来威震敌胆、鼓舞宋军士气的意义。事实上，待到狄青屡立战功之后，西夏人往往把他看作天神，确实有人传言他就是真武大帝下凡。

回到宝元二年（1039年）十一月的保安军，西夏军气焰嚣张，忽见一彪人马劈面而来，当先大将戴着铜面具，披头散发，骤马摇枪，势不可挡。西夏将士上前邀战，才近身，却被狄青一枪一个，纷纷刺落马下。狄青越战越勇，左冲右突，枪马所到之处，西夏将士无不披靡。狄青部下的骑兵也相随而进。不多时，杀得西夏军前队纷纷溃败。

古代冷兵器战争，与近现代火器战争有很大的差异。现代战争中，如果双方兵器技术和士兵素质接近，几倍的数量优势足以碾压一切。而古代战争中，有时候双方的士气、斗志才是决定性的。西夏军被狄青这一冲，前队损伤惨重，队伍大乱，军心也跟着动摇起来。后方兵马钤辖卢守勤见状，也鼓起勇气，挥军掩杀。双方的攻守之势发生了逆转。

元昊及其西夏将士，素来轻视北宋军马，抱着"群虎扑羊"的心态直取保安军，打算先一闷棒敲晕西北宋军。不想在这里遇上狄青这个硬茬。眼见己方处于不利态势，元昊毕竟一代枭雄，并非不知进退的匹夫。他深知，西夏人口、财力还不到大宋的十分之一，自己带西夏军打宋军，只能充分发挥机动性，利用宋军兵力分散的态势，集中打其一路，每每以泰山压顶之势断其一股。若是打成杀敌一万自损五千的惨胜，对西夏而言就是得不偿失；若打成消耗战，那就更是自取灭亡。眼下在保安军遭遇狄青，泰山压顶的突袭之势已挫，再打下去，待宋军各路援兵赶来，只怕吃亏更大。想到此处，元昊挥军后退。

至此，第一次宋夏战争的首次正式交锋结束。在战术层面，西夏军占了便宜，斩杀宋军巡检刘怀忠。但在战役层面，还是宋军得手，击退了西夏对保安军的突袭。西夏雄主元昊野心勃勃，企图给大宋一个下马威，不料初战就栽了个跟头。此后西夏军攻击延州东北的承平寨，也被鄜延部署许怀德、兵马都监张建侯杀退。

前线的消息传回，大宋君臣大悦，十二月传下令来，对保安军的胜利论功行赏：

刘怀忠英勇殉国，儿子刘绍能授为右班殿直，继承父亲的巡检职位。

鄜延路兵马钤辖卢守勤作为主将，击退西夏军有功，加左骐骥使，调任陕西钤辖。

其他官兵，按照功劳大小，各有升赏。

这位卢守勤公公虽然打仗不行，但人品应该不算太坏，对自己手中的王牌狄青还是比较照顾，把狄青的功劳原原本本报了上去。朝廷公文写得明白，巡检司指使、散直狄青功劳尤其大，特别连升四级，提拔为右班殿直。

右班殿直，就是在皇宫中担任皇帝身边护卫的高级军士或低级军官。几十年后这个官职改了个名，叫"保义郎"。名字是不是有些耳熟？《水浒传》中宋江受了招安，封他的官衔就是保义郎。狄青立下大功，一战升四级，才爬到这个职位。

这个职位到底多大？说起来没多大。宋朝官职分九品十八阶。比如太师、太尉是正一品，枢密使、郡王是从一品，尚书是从二品，县令是正七品，等等。而这个右班殿直，是正九品，就是十八阶中的第十七阶。也就是说，狄青连升四级，也不过从没品不入流的军士，升为品阶倒数第二的低级军官。

不管如何，狄青为自己的军旅生涯走出了漂亮的一步棋。

但是对大宋而言，保安军初战的胜利，反而对后续战争起到了副作用。宋仁宗君臣原本就瞧不起西夏，认为元昊是"蕞尔小贼"，只要天兵一到，必然轻易荡平。在备战上也是马马虎虎。现在卢守勤、狄青他们以保安区区一军，击退元昊率领的主力，更是强化了大宋高层统治者这样的错觉。范雍拼命向朝廷告急，希望增派援军，朝中高官却置若罔闻。甚至连陕西前线的不少大将都轻视西夏军，认为一个太监卢守勤加上一个戴面具的毛头小子狄青，就能杀退元昊，这西夏兵不怎么厉害嘛！

另一方面，西夏皇帝元昊初战失利，并未沮丧。他甚至在从保安败退之时，还故意指使部下抛弃一些辎重，显得慌乱，以加重宋廷对他的轻视。实际上，元昊早已打定了主意：

既然西边的保安军不好过，那就换条路，从北边走！

延州城北边有个军镇，叫金明，是延州下属的重镇。金明守将是都监李士彬。李士彬能征惯战，号称"铁壁相公"，对大宋忠心耿耿。金明周围有三十六个归顺大宋的少数民族寨子，总兵力数万，形成一体化防御。但李士彬也有缺点：一是有勇无谋，二是对待部下过于严厉，很多人对他不满。元昊采用汉人谋臣张元、吴昊之计，先试图用反间计，被大宋识破；又派人利诱招降李士彬，也被拒绝。接着元昊使出撒手锏：暗中收买了李士彬的下属作为内应，又故意安排许多部族去投奔李士彬。范雍是个老好人，命令李世彬把这些投降的部族全部收编，安置在三十六寨。这样，金明内外已经全是卧底了。元昊还派人去延州联系范雍，表示自己见识了大宋天军的厉害，愿意改过自新，进一步麻痹了

第二章 边关挫西夏

以范雍为首的宋军的神经。

康定元年（1040年）正月，元昊卷土重来。他先派出一支人马，做出很大声势，再度攻打保安军。这时卢守勤已去延州，狄青等守将竭力防守。范雍听说后，立刻令鄜延、环庆路副都部署、老将刘平带兵从庆州往东，鄜延路副都部署石元孙带兵从延州往西，两路驰援保安军。谁知元昊等宋军一动，立刻亲率十万大军，从北路直扑延州而去。延州城中的范雍、卢守勤得知，大为惊恐，一面令李士彬严守金明城挡住夏军，一面令刘平、石元孙等迅速回援。

正月十八日清晨，元昊大军兵临金明城下，卧底开了城门，李士彬被活捉，号称十万的边防大军不是被消灭，就是降敌。随后元昊作势南下延州，实则围点打援。二十三日，刘平、石元孙等率领的万余宋军精锐，急于赴援，在延州以西的三川口遭到李元昊主力埋伏。经过连番苦战，宋军主力覆灭，部分败逃，刘平、石元孙被俘。这一战史称"三川口之战"，是李元昊对宋军的一次重创。

摧毁延州宋军主力后，元昊一面分兵夺取各处军寨，一面围攻延州城。当时延州城中只剩下数百士卒，被十万西夏军围得水泄不通。文人范雍和太监卢守勤，这两位狄青的上级大眼瞪小眼，急得涕泪涟涟，甚至想去跟元昊求和。

幸亏其余各处宋军将士还在奋战。延州西北方向的狄青在保安军戴着面具浴血厮杀，挡住了西夏西路别动队的屡次围攻。延州东北方向的许怀德、张建侯在承平寨再度击退了西夏东路别动队，使得西夏军不能放心大胆三路会师。人心惶惶的延州城中，一位勇敢的老卒站出来，拍着胸脯保证说："大家放心，围城战我见得多了，这种危险程度没什么大不了的，党项人不善于攻城。咱们守城万无一失，不然到时候请砍我的头！"靠着他巧妙的鼓励，大家坚持了七天。此时天降大雪，加上有其他路州的宋军反攻西夏本土，元昊最终撤了延州之围。

但是，鄜延路的宋军兵力损失大半，宋夏边境横山山脉的数十处城寨被西夏军占领，已经大大破坏了北宋在西北的战略态势。二月，狄青的恩公范雍被降职为安州知州，顶头上司卢守勤被贬为湖北都监。狄青结束了与这二位相处的短暂岁月。

范雍黯然离开陕西前线，六年后去世。这位不善军务的老好人在抗西夏战争中的表现实在乏善可陈，但是范雍心中应该也没什么遗憾，因为他保下来的狄青，已经成长为对西夏作战的新秀。范雍虽然来不及对狄青施加什么教导，但狄青心中，始终把范雍当作自己的恩师。此后狄青官阶逐渐高升，每次到范雍家，都要到家庙参拜范雍的灵位。对范雍的遗孀，狄青执弟子拜见师母的礼节，毕恭毕敬。狄青对范雍的子侄们，也使用当时门生故吏对待恩师子侄的"郎君之礼"。

对狄青来说，恩公范雍的离开，也意味着新的际遇、新的贵人。

恩师范仲淹

康定元年（1040年）初的三川口之战中，升为右班殿直的狄青虽然在保安军浴血奋战，击退了西夏的西路军，但金明的李士彬所部数十城寨及数万守备军马尽数被西夏吃掉，刘平、石元孙等率领的延州宋军主力也被西夏军摧毁，元昊漂亮地赢下了一回合。

范雍被调走后，接替他知延州的是赵振。赵振在任上同样表现平平，畏敌如虎。但另一项人事调动对狄青有很大意义。三月十九日，泾原路副部署葛怀敏，征召尹洙来此，担任泾原、秦凤经略安抚司的判官。

狄青生命中又一位贵人出场了。

尹洙（1001—1047），字师鲁，西京河南府人，北宋时期大臣、散文家。他比狄青年长七岁，在天圣二年（1024年）考中进士。尹洙很

第二章 边关挫西夏

有才能，但是性格比较极端，为人高傲，气量狭小，容易和人起争执。景祐三年（1036年），他的好朋友范仲淹因为指责宰相吕夷简被贬，尹洙主动提出："我和范仲淹亦师亦友，我就是范仲淹一党，要贬连我一起贬。"于是也被贬到地方。尹洙在第一次宋夏战争期间表现比较活跃，累迁至右司谏，知渭州，兼领泾原路经略公事，但后来再次被诬陷，又贬监均州酒税，庆历七年（1047年）去世，临终托孤给范仲淹。而他之所以被诬陷，还和狄青有很大关系，这个后面再说。

总之，这人一生吃了脾气臭的亏，屡屡碰壁也不曾悔改。尹洙和许多热血文人一样，做着一个儒将之梦，一生都很关注边庭战事，也写了不少军事论文。面对康定元年年初，宋军对战西夏军的一败涂地，以及各路州文武将官让人无语的种种劣迹，尹洙自然是痛心疾首，各种抨击。

尹洙到任后不久，某次狄青来经略使司办事，与尹洙相见。一个是底层小兵破格提拔上任的下级军官，一个是因为性格而仕途不顺的科举进士，按说身份、地位、教育背景的差异都很大，但是一向眼高于顶的尹洙，对狄青非常欣赏。为什么呢？当然不是欣赏狄青长得帅。或许是狄青不卑不亢的态度，又或许是狄青眼中渴望为国立功的神光，让尹洙看到了他与众人不一般的气质。

据说，尹洙和狄青越谈越投机，居然讨论起兵法来。一般而言，文人善辩，哪怕对事情一知半解，总能翻来覆去说出一堆道理来。带兵打仗固然是武将的专业，但纸上谈兵耍嘴皮子，还是文人胜面大，更何况尹洙本来就是个喜欢谈兵、才华出众的文人。但是，狄青面对咄咄逼人的尹洙，有理有据，结合实践反驳。两个人说得唾沫横飞，尹洙始终占不了半点便宜。

这让尹洙非常惊喜。这个年轻俊美的军官，既没有对自己阿谀奉承，也没有被自己说得哑口无言，更没有被自己激怒，拔拳相向，人才啊！他感叹道："虽古之名将，莫过于此！"

不过，尹洙虽然赏识狄青，此时他也只是一个判官，还没法给狄青太多的支持。这时，在东边的首都开封，又来了一轮新的人事变迁。

狄青的同龄人韩琦，在这几年担任右司谏，因敢于诤言直谏，抨击权贵，举荐名臣，名震朝野。宝元元年（1038年），韩琦任太常卿、昭文馆直学士，又任"同三司省国用"、起居舍人、知谏院、知制诰、知审刑院等职，更被任命为益、利两路体量安抚使。狄青刚刚升为正九品低级武官时，韩琦已经是名副其实的朝廷三品大员。

面对西北边疆糜烂的局势，韩琦也是心急如焚。在他看来，西北的问题很多。既有元昊的凶悍，也有大宋在军事方面的孱弱，而宋军缺乏有能力的统帅也是重要原因。要解决西夏的困局，只有靠一个人，那就是范仲淹。因此，他不顾招惹"结党营私"的嫌疑，向宋仁宗推举不久前被贬饶州的范仲淹。之前宋仁宗专门下诏书，表示很多人都在向他举荐范仲淹，这分明是在结党营私，必须严加警惕！而韩琦举荐范仲淹时，先消除了皇帝的疑虑。他上奏说："现在陛下为了西北的局势，如此焦虑，我作为大臣，岂敢为了避结党嫌疑就缄口不语！我举荐范仲淹确实是为了国家，如果涉及结党营私，甘愿满门抄斩！"宋仁宗接受了他的谏言。

于是，范仲淹在康定元年三月被召回京城，任天章阁待制、知永兴军，随即改任刑部员外郎、陕西都转运使，接着又与韩琦同任陕西经略安抚副使，共同辅佐夏竦主持西北战事。

范仲淹（989—1052），字希文，后世也有人称其谥号"范文正公"。祖籍陕西邠州，后移居苏州吴县，是北宋时期杰出的政治家、文学家，被称为"天地间第一流的人物"，后世配祀孔庙，并在"历代帝王庙"里与岳飞、文天祥并列。范仲淹比狄青年长19岁，幼年丧父，母亲改嫁，成为朱家的"拖油瓶"。大中祥符八年（1015年），范仲淹进士及第，历任参军、县令、秘阁校理、通判、知州、权知开封府等职。范仲淹胸怀大志，秉公直言，因此多次得罪皇帝和权贵，屡遭贬斥，而他毫无懊悔畏惧，下次遇事照样凭良心直言。朋友梅尧臣作《灵乌赋》劝范仲淹少说话、少管闲事，范仲淹则回作《灵乌赋》，强调自己"宁鸣而死，不默而生"。宋夏战争爆发前，范仲淹在官场上就已经是"三起三落"。在宋夏战争中，范仲淹算是对战局看得比较明白的一位文臣统帅。他虽然也没能在军事上讨得多少便宜，但至少选择了相对有效的战略，也采取了一些正确措施。第一次宋夏战争烽火暂息后，范仲淹又主持了政治改革，史称"庆历新政"。

对狄青来说，范仲淹也是他人生贵人中最可敬的一位。

范仲淹被召回京城是在三月，但正如他在名篇《岳阳楼记》中所说，他"处江湖之远则忧其君"。之前他身在江西抚州，却关注着牵动天下的西北战事。二月里范仲淹就曾上表朝廷，希望升赏在保安军英勇作战的狄青和张建武。需要说明的是，狄青宝元二年（1039年）十一月在保安军作战的功绩，早已在当年十二月连升四级，范仲淹不可能觉得连升四级还不够。因此二月里范仲淹上奏所指的，显然是狄青和张建武在三川口之战中的功劳。那一战虽然范雍、刘平、李士彬等率领的宋军主力被摧毁，但狄青、张建武等人的偏师却打出了值得褒奖的战绩。

到三月，已经入京的范仲淹又给朝廷上了一道奏章。他听闻狄青、王信等基层将领经常冲锋在前，浴血杀敌，认为这样的将领是国家宝贵的财富，要是因为过于勇猛激进，被狡猾的西夏人用诡计埋伏甚至杀害，那损失就大了。因此，范仲淹希望朝廷专门给狄青和王信下达旨意，要求他们为了国家，必须珍惜自己的生命，不得擅自带队冲锋。这让人想起近千年后的第二次世界大战期间，苏联红军中的政委惯于身先士卒，带头冲锋，死亡率很高。为此斯大林专门下令，要求政委不得带队冲锋。范仲淹的这份奏折，既反映狄青、王信等素来的英勇，也可见范仲淹早在前往陕西之前，就已经对宋夏战争的状况颇有了解。

待到范仲淹与韩琦两人以陕西经略安抚副使的身份到达陕西之后，他俩的老朋友尹洙立刻推荐了狄青。范仲淹、韩琦早已听闻狄青大名，当即召狄青前来相见。

一见之下，年长一辈的范仲淹和与狄青同岁的韩琦，都对他大为欣赏。尤其范仲淹，对狄青更是相见恨晚。忧国忧民的范仲淹，对大宋建国以来对外军事行动接连败北的格局非常痛心，他认为这是由于"承平日久，中原无宿将"。而眼下的狄青，不正是难得的将才吗？年轻有为，武艺高强，军功赫赫，而且还识文断字。这是天赐大宋的良将胚子，也是天赐他范仲淹的良才美玉！

于是，范仲淹传授了狄青《春秋左传》，并对他说："当将军的人，如果不能通晓古今，终究只是匹夫之勇。"

范仲淹这话，并非出于文人的傲慢。古代文武两途，各有偏废。文人饱读经书，对于治国安邦的大道理知道许多，但在军事上短于实践，难免纸上谈兵；而武人虽然具有实操层面的经验，但学识不多，思维容易狭隘，难以提升格局，在战场之外的为人处世更是短板。大宋以文制武的策略，其实也并非全无可取之处。优秀的文官在战略层面上的把握，确实比一夫之勇的武人更加优秀。

范仲淹要狄青读《春秋左传》，就是希望他突破武人原有的局限，吸取文人的所长，加上本身优秀武将的素质，实现文武兼修。《春秋左传》既是儒学经典，又是战乱年代的史书，记载了许多战争的故事，也分析讲述了决定战争胜败的智谋和将帅之道，是前人智慧的结晶。古今名将，多喜欢读这本书。

狄青也没有辜负范仲淹的期望，从此在军务劳顿之余，努力读书。

范仲淹的长子范纯祐，这时也跟随父亲在军中担任监簿，与将领们经常打交道，他也对狄青非常欣赏。据说范纯祐也曾教授狄青《春秋左传》。从年龄上说,范纯祐比狄青小十岁左右,但在学问上,多年读书的范纯祐当然比狄青要强。狄青读《春秋左传》遇上疑难问题,总不能老是去麻烦军务繁忙的范仲淹,于是就请教范大公子了。

当时还有一位文人何涉,是个广博的大学问家,史书记载他"凡六经、百家及山经、地志、医、卜之学,无不贯通。过目终生不忘"。据说何涉被范仲淹推荐担任推官,每到一处军营,都会给众位将领讲《春秋左传》。狄青也曾和一群大老粗将领们坐在一起听何先生讲课。

狄青就这样努力学习,不光读范仲淹传授的《春秋左传》和《汉书》,也读其他书籍。他读书是有侧重的,主要还是偏向战争军事方面的书,后来能做到"自春秋战国至秦汉用兵成败,贯通如出掌中"。

狄青先前打仗,主要凭借个人的勇猛拼杀,以精湛的武艺和恐怖的直接杀伤力,对敌人形成压迫,并带动自己的部下一起突进,取得战斗层面的压倒性优势。这是典型的"匹夫之勇"。统领百人千人摧锋突阵,自然是绰绰有余。如同狄青一样英勇冲锋的宋军将领,在西北战场上还有好些。但知识和格局最终决定了他们的职业天花板。最终能走到武人巅峰的寥寥无几。

要再上一层台阶,在战役层面乃至战略层面都得有自己独到的见解,还必须补足文化短板。狄青阅读《春秋左传》和其他书籍,不仅学习了历史上的战例,而且将古人的军事思想与他自己的实践经验融会贯通,眼界更为开阔,最终成长为真正的一代名将。

范仲淹、韩琦、尹洙三位文臣,是继范雍之后,狄青遇到的又三位贵人。他们都对狄青非常赏识,给了狄青在仕途上的支持。尤其是范仲淹,还指点狄青脱胎换骨,实现能力和格局上的飞跃。尹洙曾写信给范仲淹,建议派狄青驻守保安军西南的德靖寨。后来当地人称德靖寨为"狄家城"。

狄青对这三人也同样非常敬重。史书记载,尹洙被贬官身死后,狄青尽力帮助他的家族。韩琦虽然在之后与狄青发生过不愉快，但狄青对韩琦及其家人始终彬彬有礼。

狄青对范仲淹的敬重就更为突出。范仲淹在皇祐四年（1052年）去世，那年狄青已经是枢密副使，位高权重。范仲淹为官清廉，虽然收入不错，但经常赈济宗族孤寡，所以去世后，家里没有什么财产。韩琦、富弼等至交大臣纷纷馈赠财物，而狄青赠送恩师的财物则远超过这几位。此外，狄青还主动向朝廷建议，把范仲淹的儿子范纯礼改派到河南府任职，使得其可以更方便地为亡父上坟尽孝。可见，对这位恩师，狄青是真的抱有无上的感激。

康定大反攻

康定元年（公元1040年）的秋天，虚岁三十三岁的狄青在西北边区迎来了一个比较好的局面。自己初战得到朝廷认可，升官了。上级领导从宽仁而不会打仗的范雍，换成了范仲淹、韩琦和尹洙组成的"铁三角"。

范仲淹整体来说比范雍要能干多了，至少敢于脚踏实地去想办法、承担责任。据说西夏人称尊长为"老子"，为了区别范仲淹与年长八岁的范雍，就把范雍称为"大范老子"，把范仲淹称为"小范老子"。他们说："小心啊，小范老子胸中有数万甲兵，没有大范老子好欺负！"

范仲淹到任后，一方面改组军队编制。原本部署带兵万余，兵马钤辖带兵五千左右，兵马都监带兵三千左右，敌军来犯时由官小的先出战，这是一种"下军棋"式的作战机制。范仲淹把它改为全州的机动兵马一万八千余人分别编组六部，每部约三千人，由一个将军带领，打仗时根据敌人数量的多少调兵出战。这种战法更加灵活。

在年初的三川口之战中，因为延州主力溃败，元昊趁机夺取和捣毁

第二章 边关挫西夏

了延州北部诸多城寨,使得大宋原本部署在宋夏边境这一带的防御体系基本被摧毁。范仲淹上任后,于八月开始调兵遣将,一面修复被西夏军破坏后放弃的城寨,一面武力收复被西夏占领的城寨。在这个过程中,狄青作为范仲淹寄予厚望的爱将,担任先锋之职。而元昊自然不肯乖乖将上半年夺取的成果拱手相让。双方遂在边境各寨之间展开了此进彼退的争夺战。

此时的狄青,刚刚开始按照范仲淹的教导阅读《春秋左传》,作战的方式还是简单粗暴的。遇见西夏军,就戴上真武大神的铜面具冲杀出去,带动士兵们一起拼命,把西夏军队杀败,然后趁势攻取城寨。

这日,狄青率军直取安远寨。

安远寨位于今天陕西省靖边县一带,是宋夏边境道路上的要隘,地势险要,有三道寨墙,易守难攻。元昊攻克金明之后,接着便攻打安远寨,在守军的坚守下,久攻不克。西夏军一度突入第二道寨门之内,守军派遣敢死队从第三道寨墙上缒下来攻击敌人,最终把突入寨内的西夏兵全部歼灭。没奈何,元昊只好绕过安远,直扑延州。后来延州大军被元昊击溃,各地一片混乱,元昊再度兴兵围攻安远,接替范雍的赵振贪生怕死,不发援军。安远寨被围数月,在五月沦陷。

如今这坚固的城寨,却换成了敌军守卫。西夏军守城的技术不如宋军,而彪悍善战远在宋军之上。狄青虽然曾受范仲淹教诲,打仗不要逞匹夫之勇,为了国家要爱惜自己的生命,可是强敌当前,作为将军不带头拼命,如何激发士气?于是他照样冒着枪林箭雨,当先突进。西夏军对这个戴面具的宋将早有耳闻,如今人到眼前,果然如传言般威猛,禁不住慌乱起来。经过一番血战,安远寨终于被拿下。狄青冲锋在前,乱军中被西夏军用箭射中,受伤很重,倒卧在地休息。

狄青刚刚接受了草草的包扎,忽闻西夏军的增援骑兵杀来。此时安远寨刚刚夺下,尚未布置防守,若是被敌人生力军一冲,只怕前功尽弃。狄青顾不得还在流血的伤口，一跃而起，翻身上马，指挥众军迎着敌人冲去。他在铜面具之下咬紧牙关，狂呼策马，众军见状士气大振，争先恐后跟着狄青杀上去。西夏援军看安远寨已经被宋军收复，又见传说中的神将迎面而来，不禁胆战心惊，纷纷溃败。安远寨终于回到宋军手中。

九月，范仲淹令环庆路部署任福率军攻打白豹城。白豹城位于环庆路的庆州东北，在今天的甘肃华池一带，与保安军一样，是环庆路、鄜延路和西夏三处交界的要地，几年前元昊入侵庆州，在此筑城，作为威胁大宋环庆路、鄜延路的据点。范仲淹布置反攻，这个据点当然要拔除。而元昊也必然不肯轻易让宋军得手。为了防止西夏军对白豹城增援，范仲淹又令狄青带兵攻打距离白豹城东边四十里的金汤城，作为牵制。此时狄青在安远寨受的伤还未痊愈，依然挥师而出，"破敌金城"，为任福攻克白豹城出了一份股肱之力。

至此，元昊入侵造成的环庆路、鄜延路的危机已经解除。范仲淹再接再厉，开始往西夏边界修堡垒群。他派狄青、黄世宁继续从金汤城往北进兵，攻打芦子平。这一战，狄青再次大获全胜，不但斩杀了不少西夏军，而且还活捉了许多西夏的妇女。这些妇女可能是西夏将士的眷属，更有可能是西夏特有的兵种——娘子军（西夏语叫麻魁）。狄青把战火烧到了西夏境内，真正让元昊感到肉痛了。

夺取芦子平后，范仲淹命令鄜州判官种世衡在延州以北二百多里的清涧筑城，狄青奉命率军配合、掩护。这样，狄青与另一位名将种世衡又结下了忘年之交。

种世衡（985—1045），字仲平，河南洛阳人。洛阳种氏本是经学大儒世家，种世衡却是以文人出身带兵成为名将，开创了宋朝赫赫有名的种家军一支。《水浒传》中的花和尚鲁智深在出家前，是老种经略相公部下的将官。而这老种经略相公，历史上叫种师道，就是种世衡的孙子。

种世衡比狄青大二十三岁，基本差了一辈。此后没几年他就去世了，官职不过从五品的兵马钤辖，与狄青后来担任的枢密使一职相差很远。但在当时，他的资历和经验是远在狄青之上的。

种世衡在清涧筑城，本来就是他自己向范仲淹提出的建议，他认为在此地筑城，既可以作为延州防御的桥头堡，也可以作为运输河东粮食的中转站，还可以从此地出发威胁银州、夏州。这个方案获得朝廷通过后，范仲淹就让种世衡执行。筑城的条件非常艰苦，当地没有水，最后凿地一百五十尺碰到石头，凿穿了石头才得到泉水，所以宋仁宗赐名青涧城。同时西夏方面也不会眼看着宋军在自己眼皮子底下筑城，不断派军队来进攻骚扰。这时候，就靠狄青带兵出击掩护了。一老一少通力合作，终于筑好了这座城池。

据张舜民《画墁录》记载，种世衡非常勤奋，白天忙军务，夜晚还要阅读处理军事文件，直到深夜。这时候，其他军官们都睡了，只有狄青没睡，种世衡有什么事叫一声，狄青应声就来。而且狄青进去的时候，两只手洗得干干净净，洁白如玉。细节彰显态度，细节决定成败。种世衡因此觉得这个年轻人很上进，很靠谱。于是，种老爷子把自己多年的兵法知识，以及带兵经验传授给狄青，也在范仲淹面前称赞狄青。

小贴士

种世衡与狄青结交的时间

也有人认为，种世衡夜查军书，狄青因手白如玉而得到重用，这个记载可能说的是狄青保安军血战升官之前的事。不过按多数史料记载，狄青在保安军大战之前的上级确实是太监卢守勤，而种世衡没有在这一方面的记录。

种世衡的赏识与教授给狄青带来了不少好处。因为种世衡是经学家族出的将军，属于从文转武的人物，一身兼修文武，他的素质远非那些纯粹的大老粗武人可比，单就军事方面来说，也比范仲淹、韩琦这样的谈兵文人要务实得多。狄青自己虽然已经有十多年军龄，但长期担任基层军士，眼界有限。范仲淹推荐他看《春秋左传》等史书，作为理论补充，但理论要转化为实践，又隔了一层。如今种老爷子现身说法，悉数传授，等于直接给狄青补充了内力，帮助他打通了理论与实践之间的"任督二脉"。狄青从年长二十多岁的种世衡那里学到了不少东西，成为与之齐名的北宋名将，并在最终超越了自己的老师。

康定元年（1040年）秋冬之际，在范仲淹主导的反击中，狄青表现出色，屡立战功。因此到这年十一月，狄青晋级为右侍禁、阁门祗候、荆州都监。这里面，右侍禁与他之前的殿直官阶一样，都是正九品。阁门祗候是从八品，而荆州都监是正八品。当然，狄青在宋夏边境作战，与荆州八竿子打不着。

在"庞太师"麾下

康定元年（1040年）末，狄青再次升官的同时，宋夏战局又发生了变化。康定元年的逐步反攻初见成效后，当地人纷纷传言："军中有一韩，西人闻之心胆寒；军中有一范，西人闻之惊破胆。"以此来称颂韩琦和范仲淹的功绩。然而在如何继续打仗这件事上，狄青的几位恩公之间产生了分歧。

韩琦和尹洙认为，经过几个月，宋军已经填平了范雍、赵振挖下的坑，眼下兵精粮足，士气旺盛，正好大举进攻，迅速击破西夏主力，取得决定性胜利，免得旷日持久作战，劳民伤财。而范仲淹与在朝中的杜衍、欧阳修等大臣则认为，宋军野战力量还是弱于西夏，现在决战条件不成熟，还是应该积极防御，不断修筑堡垒，同时寻觅战机，小规模出击，逐渐压缩西夏的生存空间。"铁三角"分为两派，他们的上司，名义上陕西方面最高指挥官夏竦却谁也不得罪，直接把分歧上报朝廷。最终宋仁宗决定采用韩琦、尹洙的决策，准备在次年（1041年）初出动主力，与西夏军决战。

狄青在这次争议中立场不明。从之后的一些史料来看，他可能倾向于韩琦、尹洙这一派，而与恩师兼顶头上司范仲淹意见相左。

这边大宋打算主力会战，那边元昊也在寻找战机。他先前在鄜延路被范仲淹及其手下的任福、狄青等人数次挫败，加上现在延庆路的堡垒逐渐修筑完备，之前的软柿子已经成为硬核桃，再从这边进攻难度太大。于是元昊转往西边的泾原路。那里虽然有几座兵多将广的军城，但只要绕开这几座城，还是大有发挥空间的。穿插迂回，牵扯宋军调动，然后再攻击其薄弱环节，这本来就是元昊的拿手好戏。

康定二年（1041年）二月，西夏军作势直扑渭州。负责泾原路的韩琦原本就计划和西夏决战，当即命令环庆路副都部署任福率数万大军出击，还专门强调，要任福迂回到西夏境内，截断西夏主力军的退路，或者设下埋伏。他一心想重创西夏主力。

然而元昊进攻，本身是为了围点打援。任福大举进攻，正中他的下怀。二月十四日，西夏军主力在六盘山下的好水川伏击宋军，宋军大败，任福以下四十多员将校战死。此战史称"好水川之战"，是第一次宋夏战争中宋军的第二次大败，损失比三川口之战更重。元昊十分得意。他的宰相张元在边境题诗一首：

夏竦何曾耸？韩琦未足奇。满川龙虎辇，犹自说兵机！

得胜之后，元昊气焰嚣张，意图一举攻入渭源，夺取长安，后来在各路宋军的阻击、牵制下撤退。愤怒的宋仁宗把陕西的几个大官都降了级：降夏竦为豪州通判，范仲淹为户部员外郎、耀州知州，韩琦为秦州知州。当然，这种降职只是行政职级上的惩罚。宋仁宗并不傻，知道抗击西夏还是要靠这几位大臣。没多久，他又重新调整陕西的军区结构，让四个大臣各管一路：庞籍负责鄜延路，范仲淹负责环庆路，王沿负责泾原路，韩琦负责秦凤路。四位大臣分别兼任四路首府延州、庆州、渭州、秦州的知州，同时兼任本路的马步军都部署、经略安抚沿边招讨使，各司其职。宋仁宗也认识到范仲淹的以守为攻才是正确的方略。他在这一年（1041年）改元庆历。

驻扎鄜延路保安军的都监狄青，则迎来了他的第三任上司：庞籍。

庞籍（988—1063），字醇之，单州成武人，家庭世代为官，庞籍自己官至宰相。他比狄青年长二十岁，于大中祥符八年（1015年）进士及第，曾得到夏竦的赞许，是韩琦、范仲淹的好友，也曾提携司马光等人。他是狄青生命中的又一位贵人。在鄜延路，庞籍还只是作为一个比较不错的上司与狄青配合。他真正给狄青大力支持，还要再等若干年，狄青进入中枢之后。

让人无奈的是，在后世关于宋朝的演义小说中，却塑造出一位以庞籍为原型的"庞太师"。这个"庞太师"有时候叫庞洪，有时候叫庞吉，还有时叫别的庞什么，总之是个大反派，经常勾结西夏，和包公、杨家将等正派唱对台戏，有时还被狗头铡斩首。在小说《万花楼》和《五虎征西》中，庞洪也是陷害狄青的主要奸臣。狄青泉下有知，了解恩人的形象被如此扭曲，只怕也要伤心的。

庞籍在担任鄜延路指挥官之前，早已是陕西转运使，对宋夏战争的信息了然于胸。他上任后，沿用范仲淹的政策，一边修葺辖区内的堡垒，一边招募士卒进驻堡垒，形成密集的防御网，使西夏人无机可乘。同时训练精锐部队，寻找战机发动小规模会战。会战如果取胜，则趁机逐个夺占要地，然后继续修堡垒，这样一步步挤占西夏人的空间。勇将狄青则是庞籍手中的一张王牌。毕竟修堡垒不光要工程师，也要武装保护。西夏是不会眼睁睁看着宋军修建堡垒的。

元昊通常是从北面通过金明威胁延州。庞籍研究地理，发现金明西北边有条山谷叫浑州川，土地肥沃平坦，是西夏入侵的必经之路。于是庞籍选择浑州川的尽头处一个叫作"桥子谷"的狭窄地方，派狄青率领万余人马，修筑堡垒，取名"招安砦"（又叫"招安寨"）。庆历元年（1041年）九月，狄青率队前往，开工修建营寨，经过许多日辛勤修筑，又击退了西夏军多次袭扰，终于完工。这样一来，就卡住了西夏军入侵延州的咽喉要道。狄青还招募百姓在谷中肥沃的土地上进行耕种。前有壁垒，后有金明和延州，此地生产不受打扰，收获的粮食可以作为军需之用。如此一来，等于在西夏入侵必经之路上平添一座自给自足的堡垒，延州的安全度大大提高。

狄青在庆历元年下半年，遵庞籍指示，与鄜延路其他将领一起，从西夏人那里收复了许多城寨，又修筑了十余座新的城寨，继续完善鄜延路的防御。他当时的最高官阶是正八品都监，按惯例可以统率三千兵马。但宋朝官阶和具体担任职务并不完全一致，高官可能担任一个小职务，低级官员也可能肩负重任。同时宋夏战争期间，为了应对战事，招募了大量新兵，超过编制数量。狄青作为被范仲淹、韩琦、尹洙、庞籍等文臣大佬们赏识的青年名将，统率万人以上应该是常有操作。

在这一阶段，狄青不再单纯是上阵冲锋杀敌的猛将，还需要担任某一路战守。在这个过程中，狄青熟读《左传春秋》等典籍后获得的智谋也渐渐显露出来。

据沈括《梦溪笔谈》记载，狄青麾下的禁军中，有一支精锐部队，番号是虎翼军，战斗力很强。另有一支人马，属于万胜军编制，名头看起来挺威风，其实是新招募的士卒，训练不足，战场经验也不够，遇上西夏人常被打得大败而逃，西夏人都很轻视他们。有一次西夏人马来犯，狄青吩咐虎翼军迎敌，却打着万胜军的旗号出去。西夏人一看是万胜军，哈哈大笑，认为此战无非砍瓜切菜、追亡逐北，于是全军蜂拥而来，生怕万胜军跑了。谁知冲到阵前，却遭到虎翼军迎头痛击，几乎全军覆没。这件事按沈括记载，是在宝元年间，但宝元年间狄青只是一个散直，还无权调度两支兵马。因此推测这件事更大可能是他在庞籍麾下筑城期间发生。

庆历二年（1042年），朝廷专门就修筑招安砦的事情，对庞籍和狄青进行了嘉奖。加上其他的功绩，狄青在四月再度升官，为鄜延路都监兼西上阁门使。鄜延路都监比起先前的荆州都监，从州都监升为路都监，官阶从正八品升为从七品。而西上阁门使则是武官的正六品荣誉职位。狄青现在已经是不折不扣的中级将领了。

狄青在朝廷的知名度也大幅度提升。当时北方辽国趁火打劫，要求大宋割让关南十县，不然就要联合西夏夹攻大宋。眼看西边、北边一起点火，朝廷发愁得紧。在这种情况下，知谏院张方平上书给皇帝说："陛下，现在防守北边的这些大将，众所周知，个个都是饭桶，让他们守住这些要地，您能睡得着觉吗？相反，西边和西夏打仗的有些中下级军官表现很优秀，三年来还没得到皇上您的接见。所以建议皇上您借着酬谢功臣的名义，选取几个像狄青这样优秀的中下级将官到京城来，接见他们，提拔他们，让他们的待遇和防守北边的那些军官们持平。然后，如果辽国真的打过来了，就让狄青他们去抵挡；如果辽国还是遵守盟约，再让狄青他们回西边。这样万无一失。有人说，抽调狄青到北边，西边怎么办？我说这是杞人忧天。西边战区那么大，成百上千的将领，哪有说抽调狄青等几个人就要崩溃的啊！"

从张方平的这封奏章可以看出，狄青确实已经作为优秀将官名声在外，以至于朝中大臣不但想要调遣他北防辽国，甚至还有人担心抽调了狄青，西边对西夏的战争不好打。

庞籍、狄青在鄜延路打得有声有色，狄青个人的威望在提升，但宋夏战争的大局不容乐观。元昊见在鄜延路占不到便宜，环庆路的范仲淹也不好惹，就再次把矛头指向泾原路。这年闰九月，元昊采纳谋臣张元的计策，出动十万大军兵分两路进攻泾原路的首府渭州。负责泾原路的经略安抚招讨使王沿命副使葛怀敏阻击。葛怀敏轻敌违令，又不听部下劝谏，于二十一日、二十二日在定川寨附近遭到西夏军迭次夹击，主力万人几乎全军覆没，葛怀敏等多名将领战死。元昊乘胜挥师南下，直抵渭州，纵横数百里。后来环庆路经略安抚使范仲淹率军来援，元昊才大掠而还。这就是"定川寨之战"，是第一次宋夏战争中北宋的第三次大败。

原本宋仁宗听了张方平等人的奏章，已经在安排把狄青调到首都来。宋辽之间的外交危机，已经通过给辽国增加保护费的方法解决了，短时间内不会有辽国入侵的危险。但宋仁宗实在想看看这个久闻大名的狄青。结果定川寨之战一打，前线吃紧，狄青也抽不开身。宋仁宗就吩咐："那你们把狄青的画像给我送来，让我先睹为快吧。"

陕西方面遵照圣旨，给狄青画了一张画像，送到开封皇宫。宋仁宗一看，龙颜大悦："这个狄青，真是朕的关羽、张飞啊！"

这里其实稍微有点怪。因为狄青虽然打仗勇猛无比，但长相白皙俊美，以至于上阵还要戴着铜面具，免得被敌人看轻，并不是关羽、张飞那种"熊虎之士"。宋仁宗却称赞狄青是"朕之关张"，那么只有两种可能：要么画家开了"美颜"，把狄青从清秀俊逸的白脸小生画成了威武雄壮的山西大汉；要么，宋仁宗看见俊美的狄青非常喜欢，随口说出这句夸赞，并没有去计较狄青是不是真的像关羽、张飞这种虎背熊腰的粗壮大汉。

总之，狄青人生中地位最高的贵人就此和他搭上了线。

看完了狄青的画像，宋仁宗一琢磨，前面有人建议把狄青调到北边对抗辽国，现在辽国没打下来，西边战线却出了篓子。泾原路已经被西夏人啃了两回了，每回己方都是吃一大败仗，不如让狄青就近施展才华吧。

十月，狄青被任命为泾原部署、秦州刺史、经略安抚招讨副使，官阶升到了从五品。

就这样，狄青离开了自己奋战数年的鄜延路。狄青自宝元元年（1038年）以散直身份到鄜延路，到庆历二年（1042年）调往泾原路，连头带尾在鄜延路待了五年，其中与西夏军正式交战四年，先后跟随范雍、范仲淹、庞籍几位上司，在对抗西夏第一线表现出色。他参加大小二十五战，每战都披头散发、戴铜面具，冲突敌阵，势不可挡，八次中箭受伤，前后歼敌上万。西夏人对他非常畏惧，称之为"狄天使"。狄青除了攻陷金汤城，还曾攻打西夏本土的宥州，剿灭龙咩、岁香、毛奴、尚罗、庆七、家口等部族，焚烧西夏储备的粮食数万石，收缴帐篷二千三百顶，俘虏五千七百人。除了建招安寨扼守桥子谷之外，还曾筑建丰林、新砦、大郎等城堡，扼制西夏的要害之地。

宋夏战争的将官何止百人，狄青已成为其中的出类拔萃者。西边的军民把他叫作"狄天使""狄天神"。更有人给他送了个"敌万"（狄万）的绰号，意思是他和关羽、张飞一样敌万人。

天使镇泾原

庆历二年（1042年）十月，虚岁三十五岁的狄青调任泾原部署、秦州刺史、经略安抚招讨副使、知原州，在泾原路遇上了几位老熟人。

首先，王尧臣出任泾原路安抚使。王尧臣比狄青大八岁。天圣五年（1027年）狄青刚投军时，他考中了状元，此后历任将作监丞、通判湖州、秘书省著作郎、直集贤院、知光州、三司度支判官、右司谏、知制诰、翰林学士、知审官院等，也曾担任宋夏战争的体量安抚使。庆历元年（1041年），宋军好水川兵败后，宋仁宗罢韩琦、范仲淹之职，是王尧臣挺身而出，谏言二人皆当世英才，又说韩琦、范仲淹部下的种世衡、狄青都有将帅之才。也就是说，王尧臣对狄青也是有举荐之义的。如今，王尧臣任泾原路安抚使，成为狄青的搭档。

其次，文彦博出任渭州知州、泾原路都部署、经略安抚沿边招讨使，后来又调任秦州知州、秦凤路都部署、经略安抚沿边招讨使。

文彦博比狄青大两岁，也是在狄青参军那一年考中的进士。他是汾州介休人，与狄青乃同州的老乡，历任翼城知县、通判绛州、监察御史、殿中侍御史等职。宋夏战争爆发后，文彦博先后任河东转运副使、都转运使，现在也到了泾原路，是狄青的直接上级。

泾原路的统帅工作，则由狄青的老上级范仲淹和韩琦共同主持，范仲淹同时兼环庆路，韩琦兼秦凤路，形成三位一体的防御体系。文彦博调到秦凤路后，狄青在鄜延路时的老上级张亢调任泾原路都部署、经略安抚招讨使、渭州知州。另外，范仲淹的好友滕宗谅也调任环庆路安抚经略使，知庆州。早期赏识狄青的尹洙也担任知渭州，兼领泾原路经略公事等职。

总之，狄青现在已经是西北战场上屈指可数的大将，人际关系还是比较和谐的，周围共事的大佬们不是他的恩公，就是老上级。在各方面，这些人都尽可能与狄青配合。

尤其是尹洙，这位性情偏激、喜欢张口喷人的狂士，对于狄青却非常推崇。尹洙留下的文集，多次提到狄青。他说，"泾原这么多将军，能干靠谱的只有狄青"；"狄青忠纯可信任，厚重可倚靠，我常和他讨论军政大事，而临阵机变他也非常出色。我只担心，因为拘泥于朝廷的程序，不能尽狄青的才能"。他甚至认为，只要狄青不败，泾原路根本不用担心西夏入侵。他希望上级把泾原路的几万精锐部队全部交给狄青一个人，并且准许狄青不拘泥于朝廷陈规，自行决定战场进退，这样必然能打败西夏。

实际上当然不可能像尹洙设想的那样，让狄青统率所有机动部队，毕竟这是在重文轻武的宋朝。即使如此，因为朝廷调遣了这么多谋臣猛将聚集在泾原路，使得泾原路如同之前的鄜延路一样，从之前的"软柿子"变成了"硬骨头"，元昊也不敢再发动大规模进攻了。

枭雄元昊颇有智谋：他不去与大宋进行主力会战，而是集中机动力量，选择宋军薄弱环节入侵，迫使宋军增援，然后在宋军犯下错误、露出破绽的时候再全力一击。不过，三大军区中，中间的环庆路一直是堡垒密集，不好攻打。元昊最初选择东边的鄜延路作为突破口。随着范仲淹到达鄜延路，大修堡垒，提拔狄青等良将，使得鄜延路防务一新，元昊就转而攻击西边的泾原路，两次围点打援，歼灭宋军主力。现在狄青到了泾原路，这一头也被补齐，元昊基本就找不到什么很有利的突破口了。

虽然没有发动过大规模进攻，但小规模的战斗还是不断。而狄青在这个过程中，进一步淡化了过去戴着面具猛冲猛杀的作风，展现出有勇有谋的智将风范。

据《全宋笔记》记载，狄青"善用不满千人之法"。狄青担任部署之后，按惯例可以率领上万人，而狄青的"不满千人"之法，就是率领几百人的小部队作战。当然，这几百人都是武艺高强、勇猛不怕死、战斗力强悍的精锐。

一般的将领，都喜欢自己麾下兵马越多越好，狄青为何反其道而行之？从狄青之前的战例我们大概可以看出这样选择的原因。

其一是多数宋军孱弱胆怯，如果带几千人出战，一大半都是这种"水货"，敌人一来，阵中多数士兵吓得战战兢兢，一触即溃，反而把少数能打仗的兵都给冲散了，还不如一开始就选择精锐。

其二是部队人数多了，如果加上训练不足、纪律不佳，难免行动迟缓，贻误战机。李元昊袭击大宋的战略就是神出鬼没，使得宋军抓不住他的主力，他却可以打击宋军的薄弱环节。狄青以快制快，自己也要迅疾行军，捕捉战机，所以兵贵精而不贵多。

所以，狄青善用人数少的军队，不过是一种无奈的选择。

能用少数精锐部队冲锋解决问题，这毕竟是一种理想情况。真实的战场，不可能总是有足够的精兵给你带，大部分的孱弱士兵也必须用起来。

宋夏战争的整体对比，大宋当然在人力、物力、军力方面都更强大，但大宋同时还要与辽国为敌，而西夏可以全力对宋。加上宋军在陕西分为四路，而李元昊则可以集中全国机动兵力攻其一路，所以到具体战场上，宋军并没有什么兵力优势。而狄青只是泾原路的部署，时常需要面对有数量优势的西夏军。

狄青作为将领，首先做的便是提升麾下士兵的战斗力。据余靖记载，狄青用诸葛亮留下的八阵图训练士兵。诸葛亮当年凭借八阵图，以蜀汉的步兵在渭水平原对抗曹魏的骑兵不落下风，狄青也借此以步兵为主的宋军对抗西夏的骑兵。经过严格训练后，狄青的部下不管行进、休息、宿营，都严格按照队伍阵列。哪怕是仓促遭遇敌人，军队也不会混乱。

狄青带兵，"外刚重静，锐而内宽"。他对待麾下的士兵恩威并举，一方面军纪严明，对违抗军令者严惩不贷。另一方面，他又与士卒同甘共苦，不搞特殊化。部下立下功劳，狄青绝不隐瞒，还常常把自己的功劳分给部下。这样，将士们对他既敬畏，又感激。一旦打起来，不管局势如何恶劣，士兵们都争先恐后，奋勇杀敌，没一个人裹足不前。遭到狄青队伍攻击的西夏军，往往是望风而逃。

这种作风，狄青保持始终着。后来他担任征南军主将和枢密使时，同样深得军心。

提升己方的战斗力只是一个方面，要打胜仗还需要谋略。狄青作战，是"以治待乱，以逸待劳"，首先充分评估双方实力，进行深远谋划，使得我军在部队状态上胜过敌军，再选取有利的时机和地形，在时机成熟后才开战，这样就能立于不败之地。除此之外，狄青作战不拘一格，时不时能出敌所料，夺取主动权。但同时，他又绝不贪功，始终做到持重，避免误入陷阱或遭遇意外。

某一次狄青与西夏军对战，面临着敌众我寡的局势，狄青用了一个小花招。当时的西北战场上，宋军习惯用钲声作为行军号令，大致就是敲击一种带长柄的钟，发出"当当当"的声音。打仗前，狄青专门对士卒说："这次咱们玩个新花样。待会儿跟西夏兵打仗，双方前进时，听到第一遍钲声，你们就停下步子；听到第二遍钲声，你们列好队伍；听到第三遍钲声，你们千万不要冲，而是做出害怕后退的样子；等到第三遍钲声结束，你们再猛然向前突进。"

不多时，宋军与西夏军在战场相逢，双方都缓缓朝对方逼近。眼看距离很近了，宋军阵中响起敲钲的声音。一遍钲响，宋军停下步子。二遍钲响，宋军开始整队。西夏军都以为宋军马上要冲上来。不料伴随第三遍钲响，宋军居然往后慢慢退去。西夏军愕然，继而大笑："哈哈哈，谁说'狄天神'勇猛啊，士兵都吓得逃跑了！"正在这时，第三遍钲响停止，宋军忽然变了脸，个个勇猛前突。刚刚还在懈怠的西夏军措手不及，被杀得大败，自相践踏，死伤无数。

还有一次，狄青带兵与西夏军交战，大获全胜。残余的西夏兵狼狈逃走，狄青乘胜追击。两军一前一后沿着山路狂奔。追了几里路，忽然前面西夏军停了下来。宋军将士都很高兴："准是敌人前面遇上了障碍，跑不掉了！咱们正好追上去把他们一网打尽！"狄青却下令全军停步，不许追击。西夏残兵趁机逃走。后来去查看,果然前面有一条深涧挡住去路。副将们都懊悔不已,觉得主帅过于谨慎,错过了全歼敌人的机会。狄青却不以为然,对他们说:"正在逃命的敌人,忽然停下来,谁知道是不是有计谋想要伏击我们?反正之前我们已经大获全胜,残余这点敌军要不要全歼,其实意义不大。就算全歼他们也没多少好处,万一中了埋伏,那就得不偿失!我宁可像现在这样,不要追了后悔!"

狄青的这个决策,从战略角度看是完全正确的。虽然大概率是歼敌的良机,但是全歼残敌的收益远远比不上中埋伏的损失,这时候选择稳妥并无不当。但在战场上,杀红了眼,杀得兴起,又有几个人能压住"宜将剩勇追穷寇"的战意?元昊素来善于诱敌伏击,第一次宋夏战争中宋军的三次大败仗:三川口之战、好水川之战和定川寨之战,都是因为主将轻敌冒进,给了西夏军可乘之机。狄青正是吸取了他们失败的教训。

单说这次战斗,事后证明确实是狄青多虑,错失了全歼敌人的机会,将士们有所抱怨也难免。而狄青能够坦然应对,这恰好说明,狄青早已不是当年那个只知道戴着面具身先士卒冲杀的猛将,而是胸中有甲兵十万的大将之才。他不但懂得如何激发士兵们的战意,也懂得必要时候抑制士兵们的战意。他追求的不是在某一次战斗中把能占的便宜都占完,而是先立于不败之地,再求长远之胜。

总之,狄青在第一次宋夏战争全面爆发后,经历了最为顺风顺水的一段人生。短短几年间,狄青数次升迁,从一个没品级的散直,飙升到从五品的泾原部署、秦州刺史、经略安抚招讨副使。这在重文轻武的宋朝,对于出身基层士卒的军人来说,已经是一个奇迹了。相比狄青自己,先前入伍十多年才当到散直,这段时间也说得上是意气风发了。

这个奇迹的产生,除了狄青本人出色的才能意志,以及西夏入侵给良将创造机会之外,也离不开一路支持他成长的贵人们。这些贵人大都是文臣,无论是宽和无能的范雍、有些偏激的尹洙、德才无匹的范仲淹,还是韩琦、庞籍、王尧臣等,他们都给了狄青或多或少的帮助。然而,文臣们之所以对狄青这么关照,一方面是这些文臣多是德才兼备的良臣,出于为君王和朝廷考虑的立场,他们确实需要狄青这样勇猛的将领来抵御外敌入侵,另一方面则是狄青官职较低,尚未掺和到文臣的政治斗争中去。对这些文臣而言,武将狄青就好似一块璞玉,正好雕琢培育,也能显示文臣们的知人善用。

随着狄青地位逐渐提高,成为国家的一方大员,他不可避免地卷入高层之间的争斗、纠葛。到那时,狄青才会明白,之前与西夏这种只有敌我矛盾的状态,是多么的单纯;而那些曾给予自己温暖关怀的文臣们,在进行内部斗争的时候,又有多少让他畏惧的手段。

第三章 文武之争

公使钱案

庆历二年（1042年）十月，狄青担任泾原部署、秦州刺史、经略安抚招讨副使、知原州。此时，第一次宋夏战争也不再如之前数年一样烽火频仍。西夏国主元昊虽然在三次大战中歼灭宋军主力数万，但大宋毕竟国力远胜于西夏，随着范仲淹、庞籍、韩琦、张亢、狄青等一批良臣名将在前线各路部署到位，元昊再想占到之前的便宜已经很难，反而时时在小规模冲突中吃亏。另外，西夏原本土地贫瘠，物产匮乏，宋仁宗下令断绝两国贸易，釜底抽薪，已经严重打击了西夏的经济，引发内部动荡。内外交困之下，元昊向北宋递出了橄榄枝，而宋仁宗因为旷日持久的战争也非常头疼。双方开始讨价还价。

最终宋夏双方的议和在庆历四年（1044年）年末达成。不过，早在庆历三年（1043年）初，双方的使者就已开始往来。四月，宋仁宗把主持西北军务的两大巨头范仲淹和韩琦都调回开封担任枢密副使。这是官职上的晋升，同时也是要他们主持"庆历新政"改革。两人同时调离，也可以看作西夏战事在北宋统治者眼中权重降低的信号。

随着宋夏战争的降温，针对西线文武将帅的清算也悄然到来。

实际上，官场斗争本来就是常态，这与对错无关，甚至也与人品无关。同样心怀天下、忧国忧民的官员们，照样会因为派系冲突和路线问题对掐，最多在斗争的手段和立场上分个高下。之前元昊气焰嚣张，西北战局吃紧，所以大家基本能团结一心共抗外敌。等到局势缓和下来，各种内部斗争的明枪暗箭就开始了。

几年间从散直晋级为大将的狄青未能幸免。

狄青被卷入的第一个案件，叫"公使钱案"。所谓公使钱，相当于现在地方政府的招待经费，由地方官员花销。这笔钱怎么花出去，理论上当然要遵循规范，且要有明确的账本。但实际上很难完全按这个来。尤其宋夏战争期间，各地军政大员少不得要弥补战争损耗、安抚少数民族、犒赏士兵、收买间谍，乃至给朝廷中的大官和派下来的专员们塞点红包什么的。这些花钱的账很难记全，一般大致说得通就行。可是如果存心要鸡蛋里挑骨头地查账，那十个人怕是有九个半逃不掉。

庆历三年初，朝廷任命郑戬（992—1053）担任陕西四路经略安抚使。郑戬比狄青大十六岁，天圣二年（1024年）中进士科举第三名（探花），还是狄青恩师范仲淹的连襟，娶了范仲淹的姨妹李氏。这个人比较有才能，也有政治抱负，就是为人严苛，在官场上通过"严惩违法乱纪"来扬名立万。他担任开封知府时，查办小吏冯士元受贿和藏有禁书的案子，居然一路追查到宰相吕夷简、知枢密院盛度、参知政事程琳身上，最后逮捕了吕夷简的儿子，罢免了盛度、程琳，连庞籍等人也被牵连，威震朝野。

郑戬看现在对西夏战争马上就要告一段落，打仗不再是最紧要的事情了。既然如此，不趁机查查西北这些将帅的账，岂不可惜？狄青的老上级，渭州知州张亢与郑戬素来不和，郑戬就拿张亢开刀，说张亢挪用公款做生意来赚钱。庆历三年（1043年）七月，朝廷罢免了张亢在泾原路的一切军政职权，另外安排尹洙接替其知渭州并管理泾原路的事务。

打倒张亢后，郑戬没有收手，而是扩大打击面，更广泛地查账。他又告发滕宗谅在泾原路"枉费公用钱十六万贯"。九月，滕宗谅也被免职。宋仁宗龙颜大怒，要彻查此事，严惩不贷。他派太常博士燕度为钦差大臣，专门设立法庭来追查此事。张亢和滕宗谅都一度下了监狱。

燕度为了彰显自己的业绩，存心把这案子做大、做严，收拾一批官员。查账的风潮一刮起来，那就没人可以独善其身。一时之间，陕西各路人心惶惶。很快，泾原路屈指可数的大将狄青也被拉下了水。

那么，狄青的财务到底有没有问题呢？以现有材料来说，狄青大概是没有贪污公款，中饱私囊的。但是在陕西前线几年，你要他交出清清楚楚的一本账，那也是不可能的。几年后狄青在河北担任一方统帅，文彦博就曾公然派门客向他索要财物，在当时的环境下很难做到财务上完全没有瑕疵。事实上，狄青的上级张亢也没有贪污。他为人豪爽，对部下和盟友很慷慨，赠送给这些人的财物很多，造成公使费用不够。他把公款拿去做生意赚钱，就是为了填补经费的短缺，不是为了自己发财。滕宗谅也没有贪污。所谓十几万贯公费的花销，那是定川寨之战后，泾原路空虚，李元昊时刻都计划着乘虚而入。滕宗谅为了守住城，紧急征调数千壮丁。当时人心惶惶，滕宗谅购买了不少粮食、柴薪、酒肉振奋军心，这才守住了城。另外兵败之后，数千将士的眷属到衙门哭诉，滕宗谅为了安抚他们，也是尽力抚恤。所谓十几万贯的缺口，大都是如此造成的。

至于狄青，他对这些条条框框的规定一向有点大大咧咧，当初在老家当职时也出过财务漏洞，后来在泾原路担任军队的实际统帅，上面的领导又都是比较和蔼的人，估计类似的财务纰漏也不少。真要按燕度那种搞法，只怕是在劫难逃。

所幸，朝中还是有公道在的。

范仲淹第一个站出来为自己的同僚辩白。他多次向仁宗皇帝上表，说明边庭将帅们使用公使钱的各种情形，大部分确实不太符合流程，但确实也是为了公事，为了国家。如果对这些事情斤斤计较，以后边庭将帅们再也不敢见机行事，只会让大局崩坏。他说：像张亢这样挪用公款，但是最终还是用于公事，而非流入私人腰包的，按说不应该治罪，如果张亢这样有罪的话，我和韩琦在前线也曾这样干，请把我和韩琦、张亢一起抓起来治罪！对于滕宗谅，范仲淹也表示自己愿意担保。如果查出来滕宗谅真有中饱私囊的行为，他甘心和滕宗谅一同受罚！

另一位名臣，年长狄青一岁的欧阳修（1007—1072）也挺身而出。他目睹钦差大臣燕度千方百计搜集证据、捏造罪名陷害边关将帅的酷吏行径，觉得非常不妥，就向皇帝谏言，说燕度这是"轻慢朝廷，舞弄文法"，通过把他人诬入监狱来作为自己升官的垫脚石，非常恶劣。现在西夏的局势还不明朗，正需要将帅效力。燕度到处抓人逼供，搞得边关人人自危，狄青、种世衡他们都没心思打仗了。万一元昊再度入侵，靠谁来为国家出力？

范仲淹和欧阳修等人力挽狂澜，使得"公使钱案"最终比较温和地处理了。张亢和滕宗谅等人被贬官调离，除此之外没有牵扯过多的人。滕宗谅在一年后再度遭到弹劾，被贬官岳州（即巴陵）。他在当地重修岳阳楼，后来范仲淹为此写下千古名篇《岳阳楼记》。

相对于张亢和滕宗谅，狄青在这次风波中更为幸运。朝中有大官站

第三章 文武之争

出来保护他。欧阳修写了一篇奏章，叫《论乞不勘狄青侵公用钱札子》，意思是"请不要再追查狄青侵用公款的事情了"。这篇文章大意是这样的：

> ……自从国家和西夏开战五六年以来，选拔出的有本领的边庭大将只有狄青、种世衡两个，他们忠诚、勇敢，是优质的武将人才，不能如对待张亢、滕宗谅一样。我想狄青本是个武夫，不知法律，纵然在使用公款方面犯了错误，一定不是故意贪污，无非有失检点，违反了财务流程而已。如今大宋和西夏还在议和，万一议和不成就是开战，那就需要勇将。狄青这样的良将再也找不出两三个来，如果因为一点点公用钱，就在这用人之际把狄青等抓起来，这要让西夏人知道了，他们必然自以为得计，再产生别的妄想和阴谋。所以希望查张亢就查他一个，别再牵连太多。尤其狄青，就算真犯了错误，还是希望免除处罚……

从这篇奏章可以看出，欧阳修是在真心实意地帮狄青说话，希望皇帝不要处罚他。但是，欧阳修的立足点在于两点：其一，狄青打仗本领很高，人才难得，处罚他会削弱大宋的国防力量；其二，狄青是个武夫，就算犯错误也不是故意的。至于狄青到底有没有贪污，欧阳修根本不关心。他只是把狄青当成一个好用的工具人，劝宋仁宗珍惜这个工具，毕竟狄青这样的名将全天下也就一两个。最后他还要专门强调，自己和狄青非亲非故，只是担心燕度坏了皇上的大事。

而接替张亢知渭州的尹洙，也为狄青仗义执言。他的奏章叫《雪部署狄青回易公钱》，意思是"为狄青洗雪挪用公款的冤屈"。

尹洙的奏章大意如下：

我过去见很多武将，把朝廷发下来的公使钱爱怎么用就怎么用，基本当成自己的钱花。而狄青对于公用财物，一分一厘都没有私用。自从宋夏战争以来，泾原路增加的兵马、文武官员都比过去多了好几倍。狄青经常和官员们办理公务，对军中官兵也经常犒赏慰问，所以花费很多。狄青为人一向谨慎畏惧，小心翼翼。他作为武人，不通朝廷的法律，听说上面在查，以为真要一条一条全部对账，心里怕得很。我再三劝告他，他还是怕。他还说，自己先前在延州，刚刚被任命为泾原部署的时候，就跟庞籍大人说过，不愿意出头领公使钱，就是怕搞不清楚使用流程，结果现在还是栽了。哎，看狄青不断诉苦，情真意切，真让人觉得可怜。在我看来，朝廷既然提拔狄青，三年就从殿直提拔到刺史，委以一路兵柄，必然是因为狄青的忠诚和才能有过人之处，希望他能奋勇为国出力，报答朝廷的破格重用。如今因为一点点财务瑕疵，就让他怕成这样，万一西夏贼兵再来侵犯，需要狄青带兵出战，像他这样忧虑，只怕不能好好打仗，耽误国家大事！希望皇上慈祥，专门传下圣旨安抚狄青，叫他别怕，好好处理边疆的事。

很显然，尹洙这篇奏章就比欧阳修的要大胆得多，公然表明自己站在了狄青一边。他既担保狄青不会贪污公款，又说狄青对公使钱一直都很怕沾手。最后的逻辑和欧阳修看似一样，都是说边疆需要狄青，但欧阳修说的是"就算狄青有错，也不要把狄青抓起来"，而尹洙说的是"狄青现在很害怕，请皇上安抚狄青，让他放心"。

宋仁宗本来对狄青就很欣赏，一年前才把狄青称为"朕之关张"。他根本没想到要处置狄青，完全是燕度胡乱攀咬引起的。如今既然有欧阳修和尹洙等人保狄青,"公使钱案"的旋风在狄青头上打了个旋儿,过去了。

"公使钱案"是狄青遭遇的第一次官场斗争,虽则他在其中只是无辜被牵连,而且有惊无险地顺利过关,但此事已经昭示了朝廷暗流的复杂。就在此时,另一桩公案已然在酝酿。而这一次,狄青直接卷入了漩涡的核心。

水洛城风波

庆历三年(1043年)秋,狄青靠着范仲淹、欧阳修、尹洙等人的保护,有惊无险地躲过了"公使钱案"。但就在此时,另一桩大风波悄然酝酿着。这件事的开端并不坏,最终却搞得大家灰头土脸。

当时在宋夏前线有一个将领,名叫刘沪,字子浚。刘沪也算是大宋的皇亲国戚。他们老刘家本是大宋皇室赵家的保塞老乡。他的曾祖姑母,就是宋太祖赵匡胤、宋太宗赵光义的奶奶简穆皇后。按这个辈分算,刘沪是宋太祖、宋太宗的表侄儿,是宋仁宗的表叔。当然,到他这一辈,亲戚关系已经比较远了。刘沪的祖父刘审琦是赵匡胤手下大将,后来为国战死。他父亲刘文质也活跃在西北边区,曾抵抗过李元昊的爷爷李继迁。刘沪兄弟有十多个,他哥哥刘涣是范仲淹的亲密战友。刘涣、刘沪也都饱读诗书,却愿意在边庭作为武将为国出力。

刘沪的出生年月不详。他父亲刘文质比狄青大四十多岁,哥哥刘涣比狄青大八岁,刘沪年龄应该略大于狄青或者差不多。按说他的家庭出身是比狄青好的,才能也不错。在第一次宋夏战争中,曾经击破党留等部族,斩杀骁将,缴获马牛橐驼万计。任福在好水川兵败时,元昊铁骑四出,各处的边城都紧闭城门,城外的居民牲畜多被劫掠,只有刘沪开城保护了百姓。刘沪在庆历三年的官职是左侍禁(正九品)、阁门祗候

（从八品），大致接近狄青三年前的职位。其中阁门祗候还是韩琦和范仲淹保举的。

当时秦凤路和泾原路之间有一块地区，在今天甘肃省庄浪县一带，中间有一座城叫水洛。此地水土肥沃，出产银和铜，聚居着数万家少数民族，以羌族为主，还有不少逃亡至此的汉人。该地区基本位于秦州（天水）和渭州（平凉）之间，却形成一个独立王国，在宋和西夏之间保持中立。多年前大将曹玮就曾想经略这块地，没有成功。后来范仲淹给宋仁宗的对付西夏的建议中，也提到可以在水洛修城。刘沪想完成曹玮未竟的事业，落实范仲淹绘制的蓝图，把水洛这一带拓展为大宋疆土。何况他之前已经在泾原路的章川修了一座城，获得了数百顷的肥沃土地，眼下正好趁热打铁，再接再厉。

刘沪先派人去游说当地的城主铎厮那，说服城主归附大宋，然后报告郑戬。郑戬大喜，命令刘沪带兵一千前往接收。谁知到了那里，城主又反悔了，聚集几万人夜里包围了宋军，一边放火一边呐喊，要把宋军一网打尽。刘沪面对四面楚歌，从容不迫指挥，一战击溃了这些乌合之众，把他们都打服了，愿意诚心归顺。随后刘沪又击溃了前来进攻的临洮族。

郑戬向朝廷报告此事，建议在水洛修筑城池驻军。他说："只要在水洛筑城，这几百里肥沃领土就成了大宋疆土，附近十多个羌族部落，可以征召好几万藩兵，抵挡西夏！"

但是，郑戬还长了个心眼。他在报告中说，这件事最好不要让韩琦参与讨论。

宋仁宗看到这个报告，非常高兴，觉得这既可以增强边防力量，又可以开疆拓土，而且少数民族请求归附，正说明自己作为"仁君"，有"怀远之德"。

当时第一次宋夏战争已近尾声，范仲淹、韩琦、富弼、欧阳修等人

第三章 文武之争

正在努力实施"庆历新政"。宋仁宗就这个报告，又询问庆历新政一把手，曾经主持西北军务的范仲淹。范仲淹看了这个报告，觉得逻辑上没问题，在水洛修城符合自己以守为攻的堡垒战术，也是自己过去曾设想的方略。也许范仲淹还看在刘沪哥哥刘涣与自己曾共事，郑戬又是自己连襟的份上，同意了这个方案。

宋仁宗大笔一挥：准奏，修吧！还提拔刘沪为内殿崇班（正八品）。刘沪就调集了大批材料和施工队伍，大张旗鼓在水洛修起城来。郑戬也派著作郎董士廉带兵三千前往协助。一时间，水洛城工地热火朝天。

然而宋仁宗和范仲淹都犯了个错误，他们应该先征求下韩琦的意见。毕竟过去韩琦与范仲淹分担西北防务时，范仲淹主要管环庆路和鄜延路，而秦凤路和泾原路都是韩琦负责。对当地的情况，韩琦显然比范仲淹更了解。等郑戬的修城报告打到朝廷时，韩琦已经以枢密副使身份去陕西巡查宣抚，错过了这次中央决策。更别说郑戬还专门向朝廷建议，不要让韩琦参与这件事的讨论。于是等韩琦在关中得知此事时，水洛城已经开工了。

然而韩琦可不是随便就能糊弄过去的人。你越不让我管，我越要管！庆历三年（1043年）十二月，韩琦在泾原路与秦凤路统帅文彦博、泾原路统帅尹洙、泾原路大将狄青等人商量之后，结合当时西部的实际情况，综合评估，觉得修水洛城一事不妥。他上奏章请罢修水洛城。奏章大意如下：

> 现在西北边区，在朝廷已经控制的土地修城堡，军民已经苦不堪言。只不过，修他们自己居住的城堡，总还有话可说。如今再要调遣他们去修水洛城，太难了。
>
> 水洛城无论往秦州还是泾原路，上百里都是尚未归化的少数民族（生户），要想维持一条可以通行的道路，至少还要再修

两个大寨，十个小堡，才能相互救援，维持这条线不被切断。算起来，单是土工就数以百万计，还需要到山林伐木修建敌栅、战楼、军营、廨舍和守城器具。就算完成了，又需要朝廷正规军三四千人驻扎，大量囤积粮草，才可能守住。

花费如此大的代价，仅仅为了在秦州和泾原之间增加一条通路，有必要吗？这条新路，比起现在常用的从秦州通过仪州经陈山进入渭州的黄石河路，也不过近了两驿（几十里）而已。再说，刘沪既然已经降服了水洛城一带的羌族，最近李中和又降服了陇城川的部族。如果官兵调动，至少是五六千人的大部队，沿途的部族又怎敢阻拦？就算不在水洛修城驻兵，照样可以用这条路调动人马。

现在我们连已有区域的城堡都还来不及修完，实在没必要去那么远的地方劳民伤财。所以，请皇上派刘沪、李中和担任泾原路、秦凤路巡检，让他们带兵熟悉水洛、陇城川道路，确保万一有需要可以通行，这样就可以了。现在修城，先修已经控制区域的城，水洛城缓缓再说。皇上若不信我说的，可以派人问文彦博、尹洙、狄青他们。他们更熟悉本地情况。

韩琦这份报告，应该说结合了泾原路、秦凤路的实际情况，主要在于两点：一是修筑成本太高，目前很难承担；二是水洛城作为交通枢纽的意义其实不大，没必要耗费巨资在这里修城。韩琦自己在秦凤路和泾原路任职多年，这份报告又结合了尹洙、狄青等当地高官的意见，是比较有说服力的。

所以宋仁宗看了后，大笔一挥：准奏，那就别修了。

韩琦的报告十二月初打上去，到庆历四年（1044年）正月初五，朝廷的诏书就下到了陕西，叫停修建水洛城。考虑到陕西到开封的路途往

第三章 文武之争

返,这次的效率算比较高了。尹洙和狄青接到诏书,立刻派人通知刘沪和董士廉停工。

但是,朝廷下诏书容易,事情却没有这么简单。

首先,一个工程项目,一开始叫停容易。从郑戬十月上奏得到批准,现在水洛城已经开工两个多月了。这时候半途而废,先前投入的人力物力都打了水漂。

其次,水洛城当地的居民,包括汉人和愿意投归大宋的羌族人,他们既然投了大宋,当然愿意此地修一座城保护他们。所以开工后他们也算大力支持。现在停工,他们当然会不满。

而更主要的问题还在官场层面。对于是否在水洛修城,官场已经分成了两派。韩琦、文彦博、尹洙、狄青等是反对修城的,而郑戬、范仲淹、欧阳修、富弼等人是赞同修城的。

同时,刘沪和董士廉也都不是好打发的人。刘沪勉强也算是皇亲国戚,醉心于通过为国开疆拓土立下功名。董士廉呢,则是一位关中豪侠,有学问,有本事,更有志向,有脾气。他和尹洙同在天圣二年(1024年)中进士,那时候狄青还没参军,其资历比狄青高得多。董士廉的官职,现在不过是从七品的著作郎,难免不能尽意。他也是一心想要建功立业,而兴建水洛城,就是他最好的立功机会。他又是京官,不受尹洙、狄青管辖,直接对郑戬负责。郑戬给这俩人打气,让他们赶紧修,生米做成熟饭,难道朝廷还会把修好的城拆了不成?

这样一来,两人居然公然抗命,继续修城!

尹洙和狄青连续写了三封信叫赶紧停工。第三封信中,尹洙从同年好友的角度劝告董士廉:

> 修水洛城这事儿吧,不是说修就一定错了,不修就一定对了。我和狄青主要考虑到现在咱们兵力不够,修好了城也派不

出兵来驻防。你如果为国家考虑，真的觉得修才对，也不妨暂时停工，咱们再到朝廷辩论一番。是否继续修，以朝廷最终旨意为准。再说，水洛城原先是少数民族区域，到底该归秦凤路的文彦博管，还是归泾原路的我管，这都没有定论，别弄成越权了。

按说，尹洙这话已经够给董士廉面子了，并没有把修城的路堵死，现在圣旨叫停，你先停下来咱再讨论下也行啊。但他们越这么说，董士廉和刘沪越不肯停，反而修得更来劲了。

韩琦也知道这事儿是郑戬在背后搞鬼。他向朝廷上表，在二月二十一日把郑戬从原先的陕西四路都部署、经略安抚招讨使的位子上撸下来，担任永兴军知军、永兴军都部署。这样郑戬就管不到泾原路、秦凤路的事儿了。可是郑戬调任之后，还不肯放手，一边继续向朝廷上书，说修城如此这般的好处，一边继续鼓动刘沪和董士廉加紧修城。

尹洙见郑戬这么搞，很是不快。他和狄青商量后，又上了《论城水洛利害表》，指出了在水洛修城的四个害处。

第一，分散兵力。现在宋军对西夏的短板，不是控制地盘不够大，而是兵力太少。虽然宋军在西北方向的总兵力对西夏是有优势的，但分为几个路，每个路的大部分兵力又都用于驻防各城寨，能出动的机动兵力有限，因此面对西夏人常常寡不敌众。泾原路能让西夏人害怕的只有狄青的部队，还不到两万人。其他城寨守卫部队只能勉强自保。如果修了水洛城，又必须派军队驻防，这样机动兵力更少，实际上为西夏创造了有利的进攻态势。

第二，损耗民力，浪费财物。六盘山外一向不征税纳粮，几年战争驻军数量暴增，百姓困苦，官仓匮乏。如果再建水洛城，当地驻扎部队的补给又要数百里运送，成本太高了。

第三章 文武之争

第三，大宋在西北的敌人是元昊，水洛城一带的蕃部本来对大宋没有仇怨，在当地筑城反而可能引发怨恨，如果最终激化矛盾使他们与大宋为敌，等于又多出一个元昊来。

第四，修了这座城，反而可能引发元昊来攻打。到时候还得奔驰几百里去救援，得不偿失。

至于郑戬等人提到，可以通过水洛城构建秦州和渭州之间的交通线，必要时出兵救援，尹洙认为，救兵需要出敌不意，现在城修好了，等于告诉西夏人救兵会从哪里来，也就起不到效果了。

因此，修水洛城是"有四害而无一利"，应该停工。

宋仁宗拿到双方的奏章，又犹豫了。三月，他派盐铁副使鱼周询、宫苑使周惟德去陕西，同都转运使程戬一起调查兴修水洛城的利弊。

朝廷使者还没到，尹洙就先发作了。

按尹洙的看法，在使者到达之前，朝廷已经有停工旨意，现在也只是派使者来看看，那你就该按照之前的要求先停工，等使者来了再分辨是非。不能一边修一边争论。这不是强行把生米做成熟饭吗？尹洙和狄青派人几次叫停工，叫刘沪、董士廉回来，他们不听。尹洙又派瓦亭寨都监张忠去代理刘沪的职位，刘沪也拒不交接。总之，管你什么命令，我就是要赶着把城修好！这是我的心血，这是我的命！

尹洙本来就是个性情比较偏激的人，见他们软硬不吃，大怒，派狄青去把这两人抓来，不听话就砍了！

狄青这一方面，修城这件事，单从人情上，赞同修城的范仲淹是他的恩师，反对修城的韩琦、尹洙也对他有知遇之恩，谈不上偏袒谁。站在地方统帅的角度，他倾向于不修城，但如果朝廷一定要修，那就修呗。可是如今，朝廷明明已经下诏书叫停工，刘沪、董士廉居然拒不听从，这是公然的抗命啊。对这种行为如果不惩治，还带什么兵？

狄青毕竟是武将，令行禁止是最基本的思维。他没想到背后有这么复杂的关系网,更没有考虑所谓的潜规则。他在庆历四年(1044年)三月带兵奔驰数百里,直奔水洛城,把刘沪与董士廉逮捕,戴上刑具,押送到德顺军。

这个过程中,双方发生了冲突。刘沪、董士廉都有各自的背景,尤其董士廉还是资历颇深的文臣。面对行伍出身的狄青,他们大概不会束手就擒,甚至可能出口嘲讽,而狄青也并不是菩萨脾气,不会客气,揍一顿什么的少不了——或许还不止揍了一顿。

在狄青看来,这事儿算解决了,违抗朝廷旨意和上级命令的人已经逮捕了,"违章建筑"也停工了。下一步无非这俩要怎么惩罚,违建工地要不要彻底清理,这些都听上级的不就行了吗?

但狄青没料到的是,这时候水洛城事件已经不再是单纯一个城要不要修的问题。他逮捕、捆缚和拷打刘沪、董士廉的举动,在朝廷激起了一场很大的风波。

配角"躺枪"

庆历四年(1044年)三月,狄青带兵逮捕了擅自修筑水洛城的刘沪、董士廉。在他自己看来不过是严肃维护法令,惩戒抗命的下属。但出乎狄青意料,此举引发了风波。

一方面,水洛城的少数民族部族在刘沪被逮捕后,发动了骚乱,抢夺财物,杀害官吏百姓。这其中可能有部分人是敌视大宋,过去被刘沪镇压不敢轻举妄动,现在搬去了头上的大山,正好肆意作为;也有的可能是亲近刘沪的人,借此表达对刘沪的声援。这场骚乱没有演化成叛乱。等鱼周询等钦差到达后,当地人停止骚乱,集体上访,为刘沪鸣不平,控诉尹洙、狄青的恶行。

钦差回到开封向皇帝汇报,宋仁宗一看,脑子更乱了。停止修城引发这样大的麻烦，似乎还是修城更好？

水洛城到底修还是不修？单从业务上说，皇帝听取最新汇报，更改先前的决策，这样"反复折腾"，对皇帝来说是很寻常的。但从程序规范上，即使皇帝改变主意，依然存在两个问题：第一，在皇帝改主意之前，刘沪、董士廉确实是违背圣旨和上级命令，执意修城，这事该怎么定性，要不要处罚？第二，相应的，尹洙和狄青逮捕刘沪、董士廉这件事，又如何定性？

这事能否处理明白，可比修不修水洛城重要多了。

关于这两个问题，朝廷官员们展开了激烈的讨论，远比之前要不要修城的争议激烈。这场争论实际上还有另一个内在因素：狄青作为底层小卒出身的武将，居然给文臣出身的董士廉戴上了枷锁，甚至严刑拷打，这已经违反了优待文臣的惯例。许多官员因此不满，自然站到了郑戬、刘沪、董士廉一方。

狄青的恩师范仲淹，立场倾向于刘沪，但也想维护狄青。在范仲淹看来，双方都是为了对西夏的边防，用心都是好的。路线分歧，不要搞得如此水火不容，最好是尽快把这事和谐处理了。范仲淹跳过圣旨的事，先说刘沪、董士廉修城是有郑戬指示，不算擅自行动，却没提到当时二月郑戬已经被解除四路总领的权力。他虽然也说两人应该暂时停止修建，不该抗拒，但又分析刘沪坚持修城，可能是担心修城这个项目中道废除，会遭到上级责怪，说当初乱立项，因此希望通过赶紧修好城来免罪，情有可原。

接下来，范仲淹又说：

> 董士廉是朝廷京官，不是将佐，也被狄青戴上枷锁，这大概是狄青比较粗俗，不懂得朝廷礼仪吧。万一这两人死了，只怕家属反过来起诉尹洙、狄青。所以，请皇上慈悲，派使者去

> 把刘沪、董士廉从德顺军的监狱里提出来，先送到邠州关起来，再慢慢商量处置吧。

从范仲淹这话来说，刘沪、董士廉两人估计被狄青揍得够惨。这发生在狄青身上倒也不突兀。当初他刚到陕西，也传言曾因为用酷刑惩罚犯错误的士兵而犯下死罪，被范雍赦免了。若刘沪、董士廉真是挨了毒打，也就不奇怪那么多朝廷官员对狄青不满了。仁宗觉得有理，就把董士廉和刘沪先移到了邠州，脱离了狄青的掌握。

此后，朝廷大臣在四月五日、六日间接连上奏，就这个问题各抒己见。

谏官孙甫认为：

> 主张修水洛城和不修的都各有其道理，刘沪坚持修城和狄青逮捕刘沪也都可以理解。一方面，刘沪是一员勇将，功劳很多，而且最初修城也确实有朝廷命令。现在因为主帅（狄青）的话而怪罪，恐怕不但伤了臣子之心，也让招募来的少数民族惊惧。另一方面，狄青是一方主帅，属下不听命令，而朝廷却不惩罚，这样又怕狄青因此不满，何况狄青是当世不可多得的良将。这事儿实在太难处置了，皇上和各位大人好好商量下吧！

孙甫这话，大致一看，就是两面都不得罪的废话，但注意，他暗中其实是在帮刘沪开脱，故意把刘沪被捕前违抗圣旨的事情略去，说得好像刘沪被捕仅仅因为不遵守狄青个人的命令一样。

谏院右正言余靖也站了出来。他说：

打仗的时候违抗军令,是必须严惩的。但现在刘沪是因为修城堡的事,根据利害做出自己的决断,这与违反军令是不同的。再说水洛城本来就如何如何好,刘沪降服羌人,建立城池,不能说有罪。狄青的观点当然也有道理,因为刘沪和他观点不同就发怒逮捕了刘沪。如果为了给狄青撑腰怪罪刘沪,既让后来人不敢立功,也失信于少数民族。但如果因为狄青仗着权力泄私愤就责怪他,只怕以后部将会轻易违反主将的命令,这也不好。两害相权,我觉得吧,只有刘沪才能镇守那些羌人,不如先责备刘沪的罪,然后宽恕他,让他守城,戴罪立功。然后给狄青私下做工作,说刘沪这个城已经修好了,既然你担心守不住,那就让刘沪去守,这是为了边防安危,不是偏袒刘沪,后续如果水洛城遭到西夏攻击,千万不要因为这观点分歧而幸灾乐祸,不去救援啊!

前文提到过,余靖比狄青大八岁,后来成为狄青的"粉丝",但当时他对狄青很有意见。他这篇看似"两全其美"的奏折,实则偏袒刘沪,不但故意忽略刘沪违抗朝廷命令的事,而且故意混淆概念,说修城的时候自作主张不算违抗军令,还给狄青扣上了"仗着权力泄私愤"的帽子,最后又故作担忧地污蔑狄青可能因为此事报复刘沪,下笔真是狠毒。

欧阳修则表示,"狄青、刘沪等皆是可惜之人,事体须要两全,利害最难处置。"可是接着他又强调刘沪修城"之功不小,于秦州之利极多。韩琦……非以水洛为不便,但恐难得而成。今沪能得之,又有以城之,正宜责其必成,而狄青所见不同,遂成衅隙"。

欧阳修不愧是唐宋八大家之一,笔头比余靖更狠。原本最初是韩琦反对修城,尹洙、狄青只是赞同和执行韩琦的意见而已。现在欧阳修这么移花接木，倒好像韩琦对修城并不反对，是狄青在挑事一样。

接下来欧阳修列举了几个难办的地方。

第一，"大将无权"是近来国家的难事，如果释放刘沪，不光狄青会有意见，边庭的大将也都会有挫折感。

第二，刘沪凭借一己威名使得番族降服，如果现在惩治刘沪，那这些番族难免惊疑甚至再度反叛，而且今后恐怕再也没法招降了。

第三，刘沪奋然修建水洛城，眼看要成功却半道获罪，今后谁还敢为国家冒险出力？

第四，水洛城的粮食需要渭州援助，现在刘沪得罪了狄青，就算城修得好，狄青如果泄愤报复，支援不力，这个城还是要丢。

第五，如果说把狄青调到别的路去吧，等于为了一个区区八品的刘沪，调走一个五品的狄青，说起来尴尬。

欧阳修这五点，看起来四平八稳，完全是绵里藏针。对刘沪，他说功劳是客观的，对狄青，则只说狄青地位高，不能伤了他的威信，而且还直接假设狄青未来会因挟私报复而不支援水洛城。

最后欧阳修给出自己的建议，大致就是分别派人安抚狄青和刘沪，对狄青说"修城不比行军打仗，刘沪为了立功，不能加上违令的罪名。现在朝廷不想直接释放他损害你的威名，你自己去释放他吧"。对刘沪说"你违抗军令本来就有罪，但因为修水洛城有功，让狄青赦免你，你要努力戴罪立功"。等城修好后，再告诫狄青不要故意不救援水洛城。这样一来，上面几方面问题都可以解决了。

从上面这几位大臣的发言中，可以看出，他们几乎都把焦点集中到了狄青头上。本来在水洛城争议中，韩琦才是反对派主将，狄青只是个"打手"，但这几位基本都把"修水洛城是一件功劳"作为前提，似乎水洛城修不修已经无须争辩，修就是了，主要矛盾变成了协调狄青和刘沪之间的"不和"，在这个基础上再提出一些和稀泥的方法，整体来说就是肯定刘沪的功劳,照顾狄青的权威,仅此而已。

眼看朝堂上几乎一边倒,郑戬可得意了。他也上了个奏章,赤裸裸攻击尹洙、狄青:

> 尹洙说他屡次下令停修水洛城,刘沪、董士廉不从,这完全是胡说!我明明和尹洙打过招呼的。尹洙明知道城已经修好了,又听说朝廷派了钦差大臣来调查,生怕被发现真相,这才陷害刘沪、董士廉,出动军队把他们抓起来。只怕这样会引起百姓惊慌,相互仇杀,给边境带来危险,皇上不可不察啊!

在郑戬的笔下,刘沪、董士廉毫无错误,反而是尹洙、狄青在颠倒黑白、陷害忠良了。

这么多人都站在刘沪、董士廉一方,软耳根的宋仁宗不由得不听。四月下旬,他下令把刘沪、董士廉从邠州监狱放出来,叫他们再回去修城。至于这样反复折腾是不是打朝廷的脸,也顾不得了。

水洛城是确定要再修了,但狄青、尹洙和刘沪的矛盾还得处理。欧阳修又上了一道奏章:

> 现在刘沪能够镇守一方,水洛城应该修,这事已经是朝廷公论了。但狄青、尹洙和刘沪发生这次冲突,恐怕也难以再一起共事。以我看来,宁可把尹洙调走,不要调走刘沪。建议不要动狄青,然后把尹洙平调到其他路去,这样大家也不会说是为了刘沪而委屈主帅了,可谓三全其美。
>
> 武将们一般都怀疑朝廷偏袒文臣,如果文武相争,哪怕武将理亏,他也不服,觉得朝廷是文臣把持,重文轻武欺负他。首先,刘沪和尹洙之争,刘沪确实有功,并不理亏,要是治他

的罪,边境武将们必然有怨气。其次,和西夏打仗这些年,提拔那么多将帅,立功的少,只有范仲淹修筑大顺城,种世衡修筑清涧城和刘沪修筑水洛城这几件。刘沪尤其艰难,功劳不在范仲淹、种世衡之下,如果委屈了他,怕今后武将都不为朝廷出力了。再说刘沪如果不在水洛城,别人也没法安抚当地的少数民族。利害比较,请陛下决断。

欧阳修这第二封奏章进一步给"修水洛城是好事"定了调。而且他的笔法极为巧妙。在狄青、尹洙与刘沪、董士廉的争执中,先用武人狄青逮捕(很可能还拷打)文臣董士廉作为激起公愤的突破口,然后又把文臣尹洙与武将刘沪提出来,说明如果委屈了刘沪,可能引发武将的不满。真是翻云覆雨,两头道理都被他占了。

余靖也来火上浇油,除了重复"水洛城修了有好处"、"刘沪事出有因,不算违令"、"水洛城离不开刘沪"、"狄青为了泄私愤而抓人"等陈词滥调,并坚决主张让刘沪驻守水洛城之外,余靖还建议"仍以此意诫敕狄青、尹洙,今后行事,不可如此仓促"。甚至提出"朝廷若以沪与青等既有私隙,不欲令在一路,则宁移青等,不可移沪,以失新附之心",也就是说,为了一个刘沪,一个水洛城,竟要把尹洙和狄青都调离泾原路。

面对这些文臣的妙笔生花,狄青估计都呆了。他想不到这帮大才子们居然能玩出这么多迷踪拳、无影脚。他辩无可辩,估计只能生闷气。至于尹洙,虽然文采出色,但性子偏激,而且自己同样成为矛盾的核心,没准已经给气病了。

眼看己方的两位好同事受这等委屈,韩琦自然不能置身事外。他说:"郑戬当初上奏修水洛城的事,专门说不要我参与。可是我在陕西前后干了五年,就只是泾原路、秦凤路,水洛的事我知道最多,怎么能为了自己清闲就不把真相说出来呢?"于是韩琦列举了十三条利害。

（一）水洛修城对元昊没有损害。

（二）成本太高。

（三）还要几千兵马驻守，运送粮草又是一笔损耗。

（四）通过水洛城连接泾原路、秦凤路并没有近多少。

（五）现在陕西城寨太多，兵力不够守，再多一个水洛城又要分走几千兵，而这几千兵驻扎在那里，根本不能影响元昊入侵。

（六）修好水洛城，把道路修整好了，这个道路反而可能被西夏的奸细和军队使用，对我方构成威胁。

（七）有些投机分子惯于借着修筑新城霸占土地牟利，西夏兵打来了他们就逃，对国家没好处。

（八）水洛城离渭州太远，如果元昊大军围困该城，渭州必然去救，去救就可能被西夏军围点打援，重演定川寨的惨剧。

（九）说修水洛城还可以收复蕃部，但泾原、秦凤一带的部族多得很，水洛城一处根本管不了多少。

（十）修水洛城连接泾原、秦凤两路，需要两边一起修路。现在秦凤路负责人文彦博坚决反对，没法修。

（十一）真正为国家考虑的人，做事必须通盘考虑，有头有尾还有后续措施，而有些人只图搞出结果来自己出风头、升官，哪管遗留下烂摊子，给国家带来无穷后患。

（十二）先前泾原路刚下令停止修路时，水洛城只修了几百步、二尺来高的城墙。刘沪仗着郑戬撑腰，轻视本路主帅，不肯停工又不肯交接，所以狄青抓了他报告朝廷。如今皇帝听信郑戬等的污蔑之词，反变成刘沪没错，狄青、尹洙有罪，从此服从军令变成一句空话，危害太大。

（十三）陕西四路，泾原路本来就危险，所以派尹洙、狄青镇守。

近来虽说西夏派人来和谈，但还没结果，谁知道元昊有何诡计。现在部将不听主将命令，不仅不必受惩罚，反而怪罪主将，只怕麻烦还在后面。

韩琦的十三条，前面十一条主要讲修水洛城的利弊，以及剖析对手兴建水洛城的动机，最后两条则是对"违令无过，上级有罪"的荒唐逻辑进行批驳。怎奈此时朝廷中大的风向已定，更何况从庆历三年（1043年）十月到现在，已经修了半年，生米基本上也快煮成熟饭了。过了两天，钦差鱼周询等人又发回报告，说现在水洛城基本完工，只差女墙，废弃实在可惜。都到这一步了，当然只能是催促尽快完工了。到六月，水洛城修建完毕。

人事方面，刘沪镇守水洛城，不过降了一级。董士廉调离陕西，另外罚了一笔款。相反，尹洙则被调离泾原路。为了给尹洙一个台阶下，本来想采用欧阳修的建议，让知渭州的尹洙和知庆州的孙沔交换，后来因为孙沔不肯去渭州，改把尹洙调到晋州。集贤效理王益柔为尹洙鸣不平道："水洛一障耳，不足以拒贼。沪裨将，洙为将军，以天子命呼之不至，戮之不为过；顾不敢专执之以听命，是洙不伸将军之职而上尊朝廷，未见其有罪也。"但此时尘埃落定，已经无力回天。

发生在庆历三年至四年的"水洛城事件"，最初只是要不要修筑一座城这样的技术问题。其实修城有成本有收益，修与不修并不是什么决定性的问题。但由于这个过程中牵涉文武之争，众人选边站队，朝廷态度又朝秦暮楚，最终酿成很大的政治风波。赞成修城的一派看似取得完胜，但代价也很大。刘沪因这次事件染病，最终在庆历七年（1047年）病逝。死后半个世纪，宋徽宗为他立"忠勇庙"，当地将其供奉千年，但人生的步履终究止步于此。

董士廉经此事后怀恨在心，再次构陷尹洙，甚至翻出了公使钱案的旧账。真要往死里查，公使钱的使用很容易查出漏洞。尹洙为了保全狄青，自己把事情认了下来，因而遭到贬官，也和刘沪在同一年去世。

此次争斗双方的范仲淹、欧阳修、韩琦、尹洙等都是庆历新政的推行者，也就是革新派的一次内斗，某种程度上削弱了改革的力度。

"水洛城事件"是狄青经历的又一次官场斗争，其烈度比先前的公使钱案要厉害得多。狄青原本只是按规章办事，却稀里糊涂被卷入斗争中心，并一度成为文官攻击的对象。虽然最终得以留任泾原路，但这次走上前台，尤其是他对文官董士廉的捆绑拷打，却在很多文官心中留下了不好的印象。这种负面影响，将在后续岁月里逐渐显现出它的威力。

小贴士

董士廉保命

《默记》上记载此事，说狄青带兵只是抓了刘沪，而董士廉当时已经回了开封，狄青向朝廷请求把他抓了回来，准备送到渭州处死。一路上狄青派的兵监视严密，不许董士廉和人说话。囚车路过华阴县，知县姚嗣宗是董士廉的好朋友，就给董士廉打手势，董士廉明白了意思。等到了渭州，狄青坐在大堂上，两边摆满兵器，准备好好收拾董士廉。董士廉在囚车中大喊道："狄青！你这回算是称心如意了！你就是嫌我董士廉碍着你，今天杀了我，你就可以称心如意了！"狄青一听反而吓住了，不敢杀董士廉，只能把他送到监狱，后来董士廉得以脱身。董士廉脱身后，反过来跟尹洙打官司，最后把尹洙给掀翻，使其郁郁而终。

这则故事的细节颇有不合常理之处，狄青身为边区武将，居然叫人抓捕已经回开封的京官董士廉。如果真干出这样的事来，文臣集团这一轮争议的时候绝不会不说。

知渭州之争

庆历四年（1044年）夏天，"水洛城风波"告一段落。狄青所在的"阵营"失败，但狄青自己因祸得福。在风波中，先是陕西四路都总管兼经略、安抚、招讨使郑戬被韩琦调去专管永兴军。接着知渭州、领泾原路经略公事的尹洙又遭到朝官的围攻被调走。本待让尹洙与庆州的孙沔对调，孙沔却称病不愿意更换，还是赖在庆州不走。这样一来，渭州知州和泾原路经略安抚使的位置就空了出来。先前在水洛城事件中意见相左的范仲淹和韩琦，这次达成统一，决定由狄青兼任空出的职位。

于是，狄青身兼泾原路安抚使（统帅）、知渭州（行政官员）、部署（军事长官）三大职位，集军政大权于一身，俨然是一方诸侯。作为士卒出身的武将到达这个位置，在宋朝是非常罕见的。

也因此，引发了新的争议。这次站出来的，就是后来狄青的大"粉丝"余靖。先前在水洛城风波中，余靖就站在支持刘沪，反对尹洙、狄青的立场上，甚至说出"宁可调走狄青，也要留下刘沪"这样的话。如今刘沪固然留下，狄青却军政大权集于一身，这让怀着偏见的余靖非常不爽。

余靖在朝廷担任谏官，是当时谏官中战斗力特别强的一位，对看不顺眼的事情都要弹劾。甚至对皇帝，余靖也是毫不客气，经常犯颜直谏。加上他平素不修边幅，衣服也不勤洗勤换。有一年夏天，他上奏的时候，汗气熏人，弄得宋仁宗非常苦恼。他退朝后回到内宫，对左右说："太惨了，今天被一个浑身汗臭的家伙熏死了，还把口水喷在我脸上！"这里既可以看出宋仁宗为君的宽宏，也可见到余靖作为谏官的"杀伤力"。

宋朝史书《续资治通鉴长编》里面，那段时间几乎每个月都有他的

第三章 文武之争

奏章。这次针对狄青兼知渭州的事情,余靖居然连上四封奏章,可谓火力全开。

这四篇雄文中,既有开篇铺陈的大道理,也有反复叙说的车轱辘话,笔者对其适当精简后翻译成白话文,以观其大意。

第一篇奏章,余靖说:

> ……同样的罪过,惩罚应该一致。狄青、尹洙都因为用刑具折磨刘沪而犯错,结果尹洙调离,狄青加官,这是赏罚不明,处置失当。最开始朝廷只是为了顾全统帅的面子,把尹洙平调,将狄青留在泾原路。现在只是因为孙沔不肯换过来,结果反而让狄青升官,这样有六大害处。
>
> 第一,关西四路,泾原路最危险,需要用"天下才智第一"的人来总负责。现在让狄青这个"刚悍之夫"上,这怎么行呢?
>
> 第二,朝廷一直因为武人粗暴,怕他们遇上事情不够精细,所以让文臣领导他们进退。现在狄青一个人兼有军政大权,失去制约。
>
> 第三,狄青是从小兵当起来的,说是勇猛,其实没遇上什么大敌,没建立什么奇功,朝廷对他过于褒奖重用了,人心未服。今天让他成为一路的最高长官,肯定没有才能让部下佩服。再说,之前让尹洙这么出色的人才和狄青搭档,尚且闹出这种事来,现在单独任命狄青这个"刚狷之人",必然坏事。
>
> 第四,本来用狄青,是因为他勇猛,当作"斗将"。斗将是要善于野战。而知渭州,相当于守城,需要智将。如果敌人来了,狄青出战,还应该安排其他智将守城,哪能一个人兼任两职呢?
>
> 第五,先前狄青、尹洙欺负刘沪,朝廷嫌他们粗暴,所以

把尹洙调走。结果狄青反而升官,变成了朝廷专门惩罚尹洙。狄青是个"粗率武人",只怕欺负刘沪就是他主谋,现在全算到尹洙头上,不妥当。

第六,凡是暴发户都容易骄横,狄青从基层士兵当上一方统帅,"粗豪之气,固已显露"。上次朝廷派去的医官还是京官,狄青一时发脾气居然用鞭子打他。这么胡来,难道也是尹洙教他的吗?朝廷归罪于人,也要实事求是。

所以,希望另外选"才智之人"守渭州和统帅泾原路,狄青还是让他专门干"斗将"的活儿好了。

余靖这第一篇奏章,充满了文臣对狄青这个武将的傲慢与偏见。比如认为主持泾原路的"天下才智第一"的人选只能是文臣,认为狄青是"刚悍之夫""刚狷之人""粗率武人""斗将"等等。甚至对于狄青在陕西的战绩,他都掩耳盗铃地认为狄青没遇上什么大敌,没立过什么奇功,似乎是运气好才被朝廷提拔到高位。

从后来的言行看,余靖算是一位忠心为国的文人。他对狄青的贬损,除了受整个社会重文轻武氛围影响,也因为之前他长期在京城,并未去过陕西,未曾亲自体会宋夏战争的艰难,所以拍脑袋构想出对狄青的这等差评。这反过来也可见狄青在当时的环境下有多么不易。

当然,余靖对狄青的指责也非全无道理。比如狄青鞭挞朝廷派去的医官,这很可能确有其事。狄青脾气确实比较粗暴,容易冲动,好像挺喜欢打人。刚到延州就重罚士卒,估计刘沪、董士廉也被狄青揍得不轻。总之,他在面对敌人时,脑子转得快,当机立断,比谁都想得周全,可是遇上处理同僚之间的事情,就总是脑子差根弦,大约真是不适合官场吧。

第三章 文武之争

一篇奏章上去没有反应,余靖再出第二篇。第二篇除了重复第一篇的意思,又说道:

> 泾原路如此重要,当初定川寨兵败后,朝廷本来想让范仲淹管,范仲淹都觉得一个人管不下来,要韩琦一同经略,再让张亢担任知渭州管政,狄青担任部署管军。庆历三年,韩琦、范仲淹入京变法,又派郑戬担任经略,尹洙知渭州。结果现在狄青一个人兼领三个职位。范仲淹是朝廷最厉害的臣子,都不敢独当一面,孙沔也是朝廷精英,居然称病不敢去,这么重的担子,狄青一个匹夫哪里挑得起来?
>
> 有人说,韩琦、范仲淹两年来已经定下规范,狄青照着办就行了。这可错了。现在幸好西夏还没来侵犯,要是来侵犯,照样出乱子。朝廷就是怕尹洙和狄青待久了一个鼻孔出气,行事偏差,所以才换孙沔来管理狄青,这样有个商量制约。现在因为孙沔称病,就让狄青一个人专任,难道天下之大,居然再无第二个奇才可以担任渭州知州,与狄青共事了吗?
>
> 狄青行事粗暴,朝廷不问罪,反而让他独掌兵权。狄青没有大功,而且性格粗暴,人品低下,手下都不服,所以刘沪敢骂狄青。让这种人当一路主帅,会坏国家大事。鄜延路的统帅庞籍也有王信等将领辅佐,反而不如狄青一个人担任最难的一路,只怕庞籍也会有意见……

余靖的第二篇奏章,通篇就在翻来覆去地说狄青如何差劲,不如这个,不如那个,这些人都不曾在一路专权,狄青他算老几,凭什么这么特殊?结尾余靖更是说出狠话:"如果未来西夏人入侵泾原路,狄青真能打败敌人,我愿意以欺君之罪被杀头!"这简直是赌上性命诅咒狄青了。当然,他也知道,宋朝按惯例是不会因为这种言论杀大臣的。

第二篇奏章上去还没反应,余靖又来了第三篇。这篇除了重复前两篇的意思,又强调说:

> 我说干了口舌大臣们都不听,料想你们的借口无非两个,一说现在没有合适人选,二说武将在边疆经常被文臣牵制,不如专门派武将。这两条都是胡说。大宋人才众多,怎么可能连一个知州都找不到?就算找不到奇才,选一个差不多的,也比让狄青一个人专权好。韩琦、王沿这种朝廷精英也有好水川和定川寨之败,狄青怎能一个人挑起担子?至于说文臣会牵制武将,这话是胡说。范仲淹、韩琦自己当主帅的时候,说谋臣能镇守边疆,等他们回朝了,就开始炒作文臣牵制武将的概念了。按这个逻辑,其他三路的主帅庞籍、文彦博、孙沔也都可以免职了,都让武将独掌大权岂不为好?

在这里,余靖直指赏识狄青的范仲淹和韩琦,说他们"双标",并用归谬法指出不该让狄青独当大任,倒是比较符合逻辑的。这篇的后面,余靖又再次攻击狄青粗暴骄横,没有将帅之才。最后还扬言:如果我的进言错了,干脆把我免职吧,不然朝廷要谏官来干什么呢!

第三篇奏章上去,还是没有回音,余靖又来了第四篇。第四篇除了重复前面三篇,还说:

> 你们非要狄青一个人揽权,万一西夏军队入侵,围攻某个城,狄青必须带兵去救吧?狄青去救了,那谁守渭州城?如果元昊兵分两路,一路缠住狄青,一路攻打渭州城怎么办?有人说给狄青派个能干的通判作为助手就可以了。小小通判怎么可

能镇住大局？还是要派个能臣去当渭州知州，与狄青分权。

最后余靖还恶狠狠地说："皇上都同意我的意思了，你们这些大臣就是不肯，是何居心？"

平心而论，余靖认为不该让狄青一个人身兼三权，确实有合理性。纵然狄青才能出众，也应该文武配合。只是他为了证明自己的观点，对狄青横加了诸多的诬蔑之词，扣了不少无中生有的帽子。

因为余靖这接二连三的奏章，还抬出皇上，暗中指责大臣们架空皇帝，范仲淹和韩琦等终于抵挡不住了。他们安排王素担任泾原路的主帅。王素比狄青大一岁，也是狄青参军的天圣五年（1027年）考试得进士的。

不过，狄青当时已经上任了，如果直接把狄青的知渭州和泾原路经略安抚使之职免去，未免太伤狄青的面子。因此朝廷来了个偷梁换柱，从名义上，先把狄青调去担任秦州刺史及并州、代州部署，由王素接任知渭州和泾原路经略安抚使。决定是六月下的，实际上王素八月才到达陕西。

狄青担任泾原路最高长官的时间并不长，但也留下了一则趣事。当时有一位"陕西豪士"刘易，属于有游侠之风的文人，喜欢游览边关，谈论兵法。韩琦在陕西当宣抚时很欣赏他。刘易为人狂放。他有时写诗，韩琦为他把诗写在石头上，刘易不满意的话，一点面子也不给韩琦，直接怒气冲冲地洗掉，而韩琦丝毫不生气，和颜悦色再给他写。尹洙担任泾原路经略安抚使的时候，也把刘易待为上宾。

后来尹洙因为水洛城风波去职，狄青接任，照样毕恭毕敬招待刘易。刘易有个嗜好，喜欢吃一种叫"苦马菜"的蔬菜，每顿都要吃，没有就发脾气，摔盘子砸碗。这个菜当时陕西并没有，需要从内地采买，很麻烦。狄青想了个办法，先从内地弄了很多苦马菜来，然后每顿都给刘易上这个菜，且只给这一种菜。再好的东西天天吃也受不了，更别说这只是个偏门蔬菜。刘易吃了几天苦马菜，吃腻了，见到苦马菜就想吐，只好要求狄青提供其他菜肴。这样一来，刘易这个毛病改掉了，后面再招待他，寻常的佳肴也能吃了。知道这个趣事的人，都说狄青特会治这种人。

刘易和狄青的这种相互"伤害"，不过相当于损友之间的玩笑。朝中才有真正狠毒的明枪暗箭。

就在已经确定狄青暂调并州、代州，王素接任泾原路经略安抚使的时候，郑戬一党的陕西都转运按察使、天章阁待制程戡又把水洛城事件翻出来，重复狄青迫害刘沪、董士廉的陈词滥调。他把当初赞同尹洙、狄青观点，认为水洛城不该修的泾原路官员，比如兵马钤辖高继元、著作郎石辂、大理寺丞李仲昌等都称为"狄青一党"，说担心这些人心怀不满，阴谋破坏水洛城防务。他建议，在王素上任前，应该专门提醒王素留心这事，最好把这些"狄青一党"统统调走，否则必有后患。这种无中生有的诛心之论，就纯属在内部挑拨离间了。而且如果真的挑出来乱子，黑锅正好扣狄青头上，实在是险恶至极。

所幸朝廷并没有上他的当。狄青虽然挂着秦州刺史，并、代两州部署的名号，其实一直留在泾原路主持当地事务。到了八月王素到任，狄青又晋为惠州团练使（正五品）、捧日天武都指挥使（正五品）、泾原部署，核心职务还是继续担任泾原部署，和王素军政配合。

王素也是具有一定才能的文臣，但是他与狄青的默契度，比当初的范仲淹、庞籍、韩琦、尹洙都要不如。

这时候，宋朝和西夏之间的和谈基本已经达成，边境战火也接近平息，王素和狄青的主要任务就是做一些未雨绸缪的工作，或者讨伐边境不听话的小部族。在环州和原州之间，有一些羌人部族，其中明珠、密藏、康奴三族最大，北面又有两条山谷，连接西夏。早在庆历二年

(1042年),范仲淹就建议修建细腰城,截断这些部族连接西夏的道路,使得他们不敢勾结西夏作乱。但当时忙于应付西夏,没能实现。现在宋夏之间停火,此事就由泾原路知原州的蒋偕会同环庆路知环州的种世衡共同完成。狄青见恩师当年的谋划逐渐实现,西北防务趋向齐备,自然也很欣慰。

接着,王素、狄青又按范仲淹的安排,命蒋偕再修建大虫堡。这次却遭遇了麻烦。城堡还没来得及修好,就遭到羌人明珠、密藏部族的袭击,宋军被打得大败,蒋偕从小路跑回来,到王素的衙门前面跪地请死。

王素大约想学习秦穆公对待孟明视,叫部将知耻而后勇。他赦免了蒋偕,还让蒋偕再带兵去继续完成这个任务,立功赎罪。

狄青不同意。他觉得蒋偕为人轻佻,缺少智谋,又很残暴。之前蒋偕和明珠部族打仗,抓了一批俘虏。蒋偕吩咐大摆酒宴,把俘虏都带过来,就在堂前剖腹、凌迟,残酷杀害。鲜血流了一地,惨叫声不断,宾客们都吓得吃不下饭,只有蒋偕自个儿面不改色,吃喝谈笑,不亦乐乎。蒋偕或许是为了显示自己的大将之风,却不自觉扮演了东汉末年的残暴军阀董卓。狄青认为,派这样的人去,必然会再次失败。

王素对狄青的进言不以为意。他笑着说:"蒋偕要是真的失败战死了,再请您亲自前去。"这样一来,狄青也就没话说了。蒋偕第二次去,无惊无险,圆满完成了修筑城堡的任务。王素就更得意了,瞅着狄青:"还是我的眼光高一筹吧。武将毕竟不如文臣啊。"

这一回合的看人,仿佛真是狄青失算了。然而蒋偕的毛病是客观存在的,这次成功不过是运气好而已。常在河边走,哪能不湿鞋。等到几年后,蒋偕奉命镇压侬智高叛乱时,因为疏于防范,遭到叛军袭击而战死。狄青当年的预言也不过迟了几年实现。有意思的是,最后还是狄青镇压了侬智高,为蒋偕擦屁股。

庆历四年（1044年）十二月八日，宋夏双方正式达成和议。宋仁宗册封元昊为西夏国主，承认西夏现有疆域，每年赏赐银七万两、绢十五万匹、茶三万斤，恢复双方贸易。元昊去帝号，对宋朝称臣纳贡。第一次宋夏战争正式结束。三年之后的庆历八年（1048年）初，西夏发生皇室内乱，元昊受伤后不治身亡。一代枭雄就此退场。

在这次宋夏战争中，作为最高统帅，元昊不但远远胜过宋仁宗，在军事方面也胜过北宋的重臣如范仲淹、韩琦、庞籍等人，而且西夏举国进退的军事机制，比大宋的文武分权制衡更适用于战争。之所以最终双方以和局收场，除了因为本身国力的差异，使得大宋能够承受比西夏更大的损失，能用经济手段来扼杀西夏之外，也因为宋军一批优秀将领在前线浴血奋战，使元昊纵然取得三次大决战的胜利，却始终无法摧毁宋朝的防御体系，最终只能接受和约。这里面，狄青的功劳显然是首屈一指的。

庆历四年（1044年），范仲淹给朝廷上书，列举他心目中的十五名优秀将领，包括一等的九名，二等的六名。这里面，狄青列一等第一名，评价是"有度量，果勇，能识机变"。相对第二名王信的"忠勇敢战、身先士卒"，还有第三名种世衡的"足机略，善抚驭，得蕃汉人情"，我们可以看出，在范仲淹的心目中，王信主要是一名勇猛之将，种世衡善于治军和安抚民众、部族，而狄青则是真正的统帅之才。

狄青和战友们的浴血奋斗，为大宋赢得了暂时的和平，也终结了元昊的野心。

衣锦还乡

庆历四年（1044年）冬，宋夏议和达成后，西边的局势缓和下来。狄青被改调河北的真定府定州等路副都总管，以防备辽国。

第三章 文武之争

从宝元元年（1038年）狄青到陕西，到庆历五年（1045年）离开，狄青连头带尾在陕西待了八年，从没品级的散直晋升十余级到正五品。

从陕西到河北，要跨过山西。狄青做了一件早就想做的事：顺道回乡探望。

现代人有飞机高铁，千里之外也是半天就到。古代交通和通信都远不如现代发达，古人离开家乡谋生，很可能多年都不得机会回去。所谓"少小离家老大回，乡音无改鬓毛衰"，狄青离开家乡到开封参军时，年方二十，刚刚在书吏的岗位上出了问题而逃走。参军后先在开封以基层士卒的身份干了十余年，又在面对西夏的前线磨砺了七八年，如今回到家乡，已经是三十八岁的成熟男子、大宋王朝的高级将领。

炫耀、攀比的虚荣心，是很多人都有的。炫耀、攀比的对象，最好是自己从小认识的熟人。有的人哪怕自己过得不如意，只要看到老同学、老熟人过得更不如意，心中就会有些许快慰。假如自己过得还不错，那就更要在熟人面前显摆。连当年力拔山兮气盖世的楚霸王也不能免俗，夺取咸阳后竟然说出"富贵不还乡，如锦衣夜行"的名言。

狄青当年因逃避罪责而离乡，如今以高官名将的身份回来，若是高头大马，前呼后拥，耀武扬威，顾盼自雄，尽量铺张那大将军威风八面的架势，大家也能理解。年轻时自己在故乡担任书吏，因为账目出问题被逼着逃亡投军，当初那些追查自己的人，还有在的吧？就算不必学习三国的法正一样"睚眦必报"，至少稍微对这些人抖抖威风，出一口恶气总行吧？

然而狄青却表现得分外的谦虚。他去见西河县的县令，既不骑马，也不坐车，也没有大摇大摆，而是小步趋入，毕恭毕敬地拜会家乡父母官。当然，县官是不敢接受狄青这样恭敬的对待的。两个人一番推让，彼此客客气气，很有礼貌地见过了。大家看狄青功成名就，还这样谦逊有礼，都觉得非常得体。

之后，狄青又回到自己居住的村社。当年的长辈，近二十年后已经去世了一批，但尚有人健在。年纪相近的同辈，如今都已成中年人。狄青设下酒宴，款待父老乡亲。酒宴之上，只按年齿辈分相叙，不去计较官职大小、爵位高低。秋高气爽，美酒佳肴，令人快意。而更让人快活的，是弥漫在酒宴上的这种亲切、热烈、随和与温暖的气氛。大家说着笑着，聊聊当年的趣事，谈谈一别二十年各自的境遇。这里没有定州路副都总管，只有一个离乡多年的游子狄青，抛却了战场上的刀光剑影、鼓角争鸣，暂忘了官场中的明枪暗箭、冷嘲热讽，敞开心扉，卸下重担，与老朋友、老邻居、故乡长辈宴饮笑谈，共度难得的快乐时光。

酒酣宴罢，狄青馈赠了父老不少金钱礼物，然后带着留恋的心情，重新踏上旅程。这次回乡探望，让当地乡亲深以为荣，回味无穷。直到多年后，当狄青已经去世，甚至接待过狄青的人皆已去世时，当地人还在口口相传着当时的盛况。

狄青到达定州以后，熟悉新的环境，研究对辽国防御的态势。但他依然关注着刚刚离开的陕西前线。毕竟他曾在那里战斗多年，而且谁知道凶悍的元昊会不会遵守和约，会不会卷土重来？庆历五年（1045年）六月，刚到河北上任不久的狄青又向朝廷上了一个报告，建议在宋夏边界挖掘壕沟抵御敌人。报告大意是这样的：

> 之前西夏骑兵入侵，不管道路、山谷、山岭，放马就奔驰过来，咱们的农民、牧人根本来不及躲避，往往被他们掳掠。现在不打仗了，边区民众稍微空闲，可以让他们挖壕沟，少数民族部落的军民也叫他们在自己领地内挖壕沟。壕沟宽五尺，深五丈，可以让西夏骑兵不敢猛冲。不需要限定日期和进度，反正让他们有空就挖，慢慢挖，这样要不了几年，可以挖出一大片壕沟区域，让本地官吏维护着，这样不用花费太多人力物

力。等到西夏骑兵或其他敌人入侵，靠这个阻拦，可以让边民来得及扶老携幼躲避。这不是应急的策略，而是长远之计，请朝廷颁令执行。

狄青这个报告的思路没有大问题，让老百姓在闲时慢慢挖壕沟，紧急时多少能派点用场，颇有些"日拱一卒"的意味。所以朝廷也颁布下去，让陕西四路按狄青这个计划执行。只不过，五丈深也就是十几米深的壕沟，工程量可真不小。而且人都是好逸恶劳的，在不规定具体进度的情况下，以封建时代的组织能力，边区军民是否真的能在闲暇时积极去开挖壕沟，可行性也要打个问号。故而，狄青这个策略虽被朝廷采纳，但最终成果如何也没下文了。毕竟宋夏之间再度大举开战，是在第一次议和二十年后，当时狄青已经去世多年了。

狄青到定州这一年，范仲淹、韩琦、文彦博、欧阳修等人先后出京，"庆历新政"失败。

此后几年，狄青就在定州当着副都总管。这期间基本没什么战事，甚至史书上狄青的名字都很少出现。对于将军而言，这或许是幸事，说明天下太平。狄青的官职也有变迁，从庆历五年（1045年）到庆历八年（1048年），历任侍卫步军殿前都虞候（从五品）、眉州防御使（从五品），步军副都指挥使（正五品）、马军副都指挥使（正五品），官阶稳步上升。

在这几年间，狄青的恩公范雍、尹洙，还有水洛城事件中与狄青作对的刘沪等人先后去世。

同龄人韩琦

庆历八年（1048年），狄青在河北任职已经进入第四年。这一年初，西夏皇帝元昊在内部政变中被自己的儿子刺伤，流血过多而死。三个月后，其遗腹子继位。主少国疑，西夏对北宋的威胁进一步下降。宋朝的防御重点也进一步转为在河北防范辽国。五月，宋朝设置了河北的四路安抚使。狄青的另一位恩公韩琦担任定州安抚使，成为狄青的直属上司。

韩琦与狄青是同龄人，这一年都是四十一岁，但两人的人生轨迹是迥异的。出身官宦世家的韩琦，在天圣五年（1027年）二十岁的时候，就考中了进士榜眼，踏上仕途，而农家子弟狄青则刚刚参加禁军，两人的起点之别何止云泥。

宝元二年（1039年）第一次宋夏战争爆发时，距离韩琦中进士、狄青当禁军十二年，两人同为三十二岁。此时韩琦已经历任将作监丞、通判淄州、太子中允、太常丞、直集贤院、监左藏库、开封府推官、度支判官、太常博士、右司谏、假太常卿、昭文馆直学士、起居舍人、知谏院、知制诰、知审刑院、益利两路体量安抚使等职，官居三品。调到对西夏战场后，韩琦任陕西安抚使，是数一数二的地方大员，而狄青只是没品级、不入流的散直，任指使。在保安军血战立功后，连升四级，也不过是正九品的殿直。

此后十年，狄青依靠战功，官职稳步上升，升迁速度超过大多数文武官员，韩琦由于起点高，此时是起起落落，两人官阶的差距大幅度缩小。庆历三年到五年，韩琦任枢密副使，成为朝野内屈指可数的执政大臣，和范仲淹一起主持了庆历新政。即使在庆历新政失败后遭到贬官，韩琦依然是三品的资政殿大学士，而狄青的最高官阶则是四品的节度观察留后。再加上宋朝以文制武的传统，狄青的地位比起韩琦，还是差距明显。

在过去十多年中，韩琦对狄青有知遇之恩。在康定元年（1040年），经过尹洙推荐后，韩琦和范仲淹都很赏识狄青，并有意提拔他，使得他在宋夏战场上获得了发挥才干的机会，逐级晋升。在抵御西夏的战斗中，韩琦和狄青作为上下级常常配合作战。在水洛城事件中，韩琦与狄青都是站在反对修城一边。狄青逮捕刘沪和董士廉后，韩琦为其在朝廷论战。尹洙被调离后，韩琦又和范仲淹共同确定由狄青接替尹洙知渭州，担任泾原路经略安抚使，短时间内一人兼任三职。

这么看来，狄青和老上级韩琦的关系应该是蛮不错的。如今在河北定州路，敌情没那么严峻，工作压力没那么大，两人相处得应该更融洽才是，然而事情没那么简单。狄青和韩琦在河北共事的时间前后大约四年。关于他们合作的功绩，史书没有太多记载。倒是宋人笔记小说中，提到了两人的几则逸闻。

一篇据说是出自韩琦自己的回忆录，说是之前那个关中豪侠、臭脾气的大诗人刘易，在被狄青喂够了苦马菜之后，又跑去找自己的"粉丝"韩琦蹭饭了。等韩琦到了定州，刘易照样蹭到定州，冤家路窄，又碰上狄青了。有一天，狄青设宴款待韩琦，刘易也在座。宋朝时候宴会，经常有歌舞、杂耍表演。这天的宴会上则有几个喜剧演员，表演了一个讽刺小品，主题是嘲讽儒生的。

宋朝时，读书人乃是不折不扣的社会精英、统治阶层，因此拿读书人开玩笑的段子也很多。本来嘛，高居社会顶层，就是要接受群众评论的。可是刘易却很受不了。他一厢情愿地认定，这个小品是狄青存心安排的，就是为了拿他寻开心！刘易的臭脾气再次爆发。他勃然大怒，朝着狄青就骂道："你这个脸上刺字的贼配军，竟敢如此无礼！"他对狄青骂不绝口，各种污言秽语层出不穷。骂到兴头，甚至把酒杯、盘子什么的朝狄青扔过去。

这时候韩琦暗中观察狄青，发现狄青神情自若，面不改色，根本没什么激动的，还很温和地笑谈。宴席到这里当然只好散了。第二天，狄青还亲自登门向刘易道歉。

据说，韩琦从此知道，狄青是个很有肚量的人。

这篇故事整体是夸赞狄青，类似古代那种夸人的小段子。不过仔细读起来，或许能看出一点别样的味道。首先，这个讽刺儒生的喜剧确实有可能就是狄青故意安排来气刘易的。狄青是个爱国将领，但绝不是个乖宝宝。从之前在渭州的苦马菜事件看，整治刘易，狄青是做得出来的。狄青之前在水洛城事件中受了文臣不少气，文臣得罪不起，那戏弄一下没有官职的文士也好。如果是这样的话，那刘易发怒之后，狄青想必是暗中窃喜。他装出一副宠辱不惊、彬彬有礼的样子，只是为了让刘易更生气。至于第二天上门赔礼道歉也可以理解，表面的礼仪总要尽到。这么一看，这个故事实在看不出什么肚量，狄青就是一个有些孩子气，同时又懂得分寸的可爱的武将。这样的话，韩琦所谓"看出狄青有肚量"也就成了被狄青的表演骗过，他也被狄青耍了。

另一种可能，如果这个喜剧真的不是狄青刻意安排的，那么面对刘易的忽然发怒，狄青的表现确乎显得很有肚量，很有礼貌。但是礼貌难道只是对狄青单方面的要求吗？刘易身为贵客，却和喜剧演员斤斤计较，还迁怒狄青，这本来就是失礼。狄青在这种情况下展示的肚量，也有些忍气吞声的味道吧。

于是第二个故事又来了。这次说的也是在韩琦与狄青管辖定州期间，有一次宴请宾客，有一位艺名叫白牡丹的陪酒女，多喝了几杯，有些醉意。她娇滴滴对狄青说："班儿，来喝一杯呗。"

"班儿"，就是"斑儿"，白牡丹是在讽刺狄青从基层当兵，脸上有刺字。在重文轻武的时代，这种称谓是极大的侮辱，尤其还是在大庭广众之下，面对诸多宾客之际。不知道白牡丹是否听说了先前刘易骂狄青的故事。

当时众目睽睽之下，狄青不好发作，但心里非常恼怒。等到第二天，狄青就把白牡丹狠狠鞭打了一顿。

这个故事也颇有趣味。如果此事为真，那么在白牡丹一边，喝醉后胡说八道，居然当众以侮辱性的绰号称呼上位者，受惩罚当然不冤枉。而狄青表现出的愤怒，和上次刘易看到讽刺儒生的小品时的愤怒如出一辙。只不过白牡丹这次的侮辱更加直白，更加赤裸裸，更加不合礼仪。不过狄青的涵养终究还是比狂生刘易强多了，忍到第二天才打白牡丹。武将刚直，碰到这种事，当场动刀动枪也不稀罕。

再一个，狄青真是很喜欢动手打人。他在刚到延州时，传说因为严厉惩罚士兵差点被砍头，刘沪、董士廉估计也被他打得够惨。按余靖的说法，他还打过朝廷派来的医官。不过，狄青对娇滴滴的白牡丹，应该不至于真的如对待士卒那样下狠手，不会打得血肉模糊。估计也就是小惩大诫，照着那打不坏的地方稍微鞭打几下消消气。白牡丹应该也不像刘沪、董士廉那样嘴臭，大概率挨打之前就开始哭得梨花带雨地求饶，皮肉伤不会太严重。

总之，这一则故事的立意和上一则不同，站在隐隐嘲讽狄青的立场上，讲了他的一件糗事，表现出的是狄青另一方面的性情，其实也蛮可爱的。

不过，如果多想一想，既然喜剧演员讽刺刘易有可能是狄青安排的，那么白牡丹发酒疯管狄青叫"班儿"，也有可能是韩琦暗中授意的。假若如此，则狄青第二天把白牡丹抓起来拷打一顿，没准也被韩琦看在眼里。

很快，第三个故事来了。

相对前两件趣事，这第三则故事可就严重多了。说是狄青的旧部焦用押解一队士兵经过定州，顺便拜会了老上级狄青。狄青留下焦用喝酒。这一喝酒可喝出麻烦了。焦用被押解的士兵投诉，说给他们的补给品不够。韩琦下令把焦用抓起来，准备处死。狄青听说这事，赶紧跑去，想为焦用说情。哪知道韩琦一点面子不给，根本不理狄青。狄青慌了，站在台阶下恳求说："韩大人，这焦用立下过不少军功，是好男儿啊！"韩琦道："好男儿？科举考试当上状元，东华门外唱出名字的人，那才叫好男儿。焦用这家伙算哪门子的好男儿？"于是韩琦当着狄青的面把焦用杀了。狄青吓得站在那里不敢动，害怕韩琦把自己也杀掉。后来韩琦的手下对他说："您站得太久了。"狄青这才战战兢兢地离开。

这个故事是非常血腥和残酷的。狄青的旧部焦用，既可能是狄青在河北的旧部，也可能是在陕西的旧部。既然狄青说他有军功，那么更大概率就是曾跟随狄青在宋夏战争中立功杀敌的部将。而韩琦也曾长期在陕西担任统帅，所以焦用同样可以说是韩琦的旧部，狄青强调这点大约也希望韩琦考虑到这点，手下留情。

可惜韩琦一点不留情。按说在宋朝制度下，士卒本来待遇就差，地位也低。他们投诉补给品短缺，到底是不是真的短缺？就算短缺，是否有客观原因，焦用有没有过失？就算有过错，是否就一定要杀？这些都是需要调查的。而从记载来看，韩琦雷厉风行，听到士卒控诉，马上就去抓了焦用要杀，似乎也没有做什么详细调查。当然，也可能焦用真是罪有应得或者被韩琦的威风吓到，直接招了。

当初还是一介小校的狄青犯了真该杀的罪，老好人范雍为国家珍惜人才，赦免了他，才有今日的名将狄青。而如今，韩琦直接就亮出了行刑的屠刀。他杀的哪里是焦用，他杀的是狄青的威风，是武将的威风。

所以狄青那句"立下过不少军功，是好男儿"，只怕反而激起了韩琦的反感。如果狄青说一句"焦用一介武夫，不懂事，大人您担待点，别和他一般见识"，没准还能救得焦用的性命。事实上欧阳修每次排解狄青的问题，都是说的这句话。而狄青作为武人，太直了，不会以曲为进。

面对狄青的求情，韩琦那句"当上状元……才叫好男儿"，显得分外蛮横和偏激。那时的主流观点确实是"万般皆下品，惟有读书高"，包括最赏识狄青的尹洙，也曾说过"状元登第，虽将兵数十万，恢复幽蓟，逐强虏于穷漠，凯歌劳还，献捷太庙，其荣亦不可及也"。但是，好男儿并非只有唯一标准，狄青也并没有说考科举的就不是好男儿，他只是想拿焦用的军功来求情买命。若按韩琦这个逻辑，每届状元只有一个，考中进士的也不过几百个，好男儿也就这些了。

总之，当初的水洛城事件，本来是韩琦、尹洙和郑戬、范仲淹的分歧，狄青却莫名成了出头鸟，遭到众文臣的乱枪扫射。如今，焦用则变成了韩琦敲打狄青的工具，还冤枉地掉了脑袋。狄青目睹旧部被杀，自然毛骨悚然。

值得一提的是，上面三则故事都是出自宋人的笔记，并非史书。狄青打白牡丹和韩琦杀焦用的故事出自《默记》。《默记》的记载里面，韩琦和狄青之间全是闹矛盾的事儿，而且狄青都是隐隐的反派。而从长期来看，韩琦和狄青关系不错，两个同龄人的下一代也曾合作愉快，后来狄青的孙女竞选宋哲宗皇后时，韩琦的儿子韩忠彦，这个半辈子随波逐流的重臣罕见地表现出坚定支持的态度，甚至在皇太后面前激烈争辩。所以，很多人认为《默记》只是穷酸文人为了"黑"狄青而编出来的段子。但不管这些故事本身的可信度如何，至少它们真实反映了狄青作为武人，作为基层士卒出身而非将门出身的武人，在北宋中期这个文人一手遮天的时代所遭遇的尴尬。

另外梅尧臣《全宋笔记》曾记载，狄青在河北定州时，他的同乡，正担任宰辅大臣的文彦博派出门客到狄青这里打秋风，要狄青给些好处。狄青对官场上的潜规则不是很懂，就给了此人一些钱物，不算太多。门客回去后一说，文彦博很不满意，专门写了封书信责备狄青，然后再派这个门客前往。这次，狄青终于懂事了，就厚厚地赠送了许多财物。文彦博这才满意。从这则记载上，也可以看出狄青确实有点单纯。面对身为宰相大人又是同乡的文彦博，他肯定不至于不懂得巴结，但应该是不知道该如何巴结。送礼也是有规范的,送少了固然不行,送多了也不妥。结果对这个尺度把握不到位,还要文彦博亲自写信调教。狄青之不惯于文臣官场,可见一斑。

入枢密院

皇祐元年(1049年),四十二岁的狄青被升为安远军节度观察留后,并加食邑五百户,成为拥有封爵的正四品大员。他在西夏前线的前辈周美升任检校兵部尚书、耀州刺史、充侍卫亲军步军副都指挥使、耀州观察使,加食邑五百户,实封二百户。宋仁宗的诏书是这样写的:

> 敕朕考崇祀于古,行孝飨于朝。三神顾諟而降康,四海骏奔而来助。思与内外,均穆善祥。以尔青,气节毅然,智略明甚。以尔美,宽能驭众,勇善知方。并积用边劳,而更制戎要。留总后事,将我劲兵,参卫岩除,讥呵行在,外嘉绥靖之效,中图拱翊之勤,咸因休成。第用甄表,进易翰垣之重,衍食井赋之饶。冠以勋名,茂兹恩数。往领朝赏,益励宏图。

安远军在今天湖北一带,狄青这个节度观察留后主要是虚位。

到了皇祐三年(1051年)左右,虚岁四十四岁的狄青又被提升为彰化军节度使、保大军节度观察留后。节度使和节度观察留后都是虚衔,没有任何实权,只是代表地位高低。节度使是从二品大员,狄青在官场上再度大大提升一步,单论品级已经足够参与中央事务决策。

不过这两个地方的位置很有意思。保大军对应的地区就在狄青刚开始战斗的鄜延路,彰化军则位于泾原路。皇帝这是要狄青重回陕西。狄青在河北定州路的职场生涯走到头了。

狄青从庆历五年（1045年）起担任定州路副都总管，到皇祐三年（1051年）离开，前后长达七年之久，几乎与其先前在陕西任职的时间相当。不同的是，狄青在陕西时多次杀敌立功，而在河北期间有记载的事情并不多。毕竟辽国虽然为北宋第一大敌，但当时两国已维持多年和平，两国之间武装冲突不多，最多是恐吓性质的军事调动。大体上，狄青主要负责训练兵将，以备万一。史书记载韩琦在河北大力整顿军队，恩威并行，诛杀品行恶劣的军人，重赏作战勇敢之士，又研究唐朝名将李靖兵法，设计出方圆锐三阵法，操练将士，使得定州军"精劲冠河朔"。狄青或许在这个过程中作为韩琦的助手，发挥了巨大作用。

皇祐三年（1051年）六月，狄青知延州，兼任鄜延路经略安抚使。他是北宋第一位以武将身份知延州的官员。

十多年前，狄青以禁军散直的身份刚来延州，在这里先后听从范雍、范仲淹、庞籍等诸位恩公的调遣，在他们的保护与赏识下，屡立军功，节节高升。如今，狄青重返故地，已经是鄜延路的一把手。

当年西夏铁骑往返，白刃映日、血花飞溅的惨景，如今不复存在。宋朝与西夏已经议和数年。尤其从皇祐元年（1049年）起，西夏与辽国之间展开战争，辽军大兵压境，甚至抓走了李元昊的遗孀，西夏则连吃败仗，疲于应对。这进一步保证了宋夏之间的和平。不过，延州依然是两国交界的重要边陲。西夏进贡宋朝的使团队伍，按规定出入的门户就是延州的高奴。狄青也再次为大宋镇守西大门，史称为"诸镇之首"。

据史载，狄青"著能政""边戎畏服""临民统军，未尝少有差失"。他少年时曾经担任乡间书吏，还会在财务上出错，如今统率边州，却做得面面俱到。

狄青自己是从基层士卒一路做上来的，他最知道底层官兵的疾苦。在皇祐四年（1052年）三月，他向朝廷上书，给延州、保安军的基层将官分配空闲的田地，帮助他们养家糊口。这个建议被朝廷批准。

狄青主持鄜延路的时间并不长，大概只有整一年时间。到皇祐四年（1052年）夏天，宋仁宗准备提拔狄青担任枢密副使。

这下可是一石激起千层浪，文官们纷纷炸锅了。

枢密院是北宋时期掌管军事的最高机构。宋朝为了防止五代时候军人专权的情况重现，专门设枢密院掌握军政、军令，而部队的日常管理则由三衙负责，打仗时候再临时安排武将带兵。从整个国家来看，最高国家大权掌握在宰相手中，但宰相的权力也受到限制，中书省负责政务，枢密院负责军务，三司负责财务。也就是说，枢密院分走了过去宰相拥有的军权。

枢密院的长官枢密使或知枢密院事，副长官枢密副使或同知枢密院事，都是一二品的大员。现在宋仁宗要狄青担任的，就是这么个炙手可热的高位。然而，枢密院这种位高权重的文人治军机关，怎能让狄青这样一个底层爬上来的将领担当？数遍整个大宋，二百余名枢密使、枢密副使，再没有这样的例子！

御史中丞王举正先跳出来，说狄青以"兵伍"出身担任执政，本朝绝无先例。这么一搞，只怕四方会轻视朝廷啊！

左司谏贾黯也说：

> 大宋朝立国之初，当时的那些武臣宿将，跟随太祖、太宗皇帝开国建业，有功勋的不可计数，但从没有起兵伍而登帷幄的人。如今要让狄青当枢密副使，五个方面不妥当。第一，四面的少数民族听到这个事情，会轻视宋朝。第二，"小人"没有知识，听到这个消息也会动荡起来，从而动摇人心。第三，朝廷大臣会耻于和狄青为伍。第四，这样做没有遵守祖宗的规定，而去学习王朝末代衰亡时期的乱象。第五，狄青虽然有才能又很勇敢，但并没有听说他有什么破敌之功。这样搞，失去了驾

第三章 文武之争

驭的规范,变换了激励奖赏的常法。

御史韩贽也附和这种说法。

站在今天的角度看,这几位谏官的逻辑是很牵强的。他们先预设了"基层出身的人不能当枢密使"这个前提,然后指出,在这个前提下,提拔狄青当枢密使,会造成人心大乱,国本动摇。这是大前提错误。尤其贾黯说狄青没有什么功劳,更是再次表明了文臣们的傲慢和偏见。狄青出身基层,他能当上这么大的官,本来就是依靠军功一步一步走上来的结果。如果没有功劳,贾黯自己又何以知道"狄青虽然有才能又很勇敢"呢?

宋仁宗对这些强词夺理的话都不理睬。十余年前,在宋夏战争最紧张的时刻,他就时时听闻狄青的大名,知道这个当时的中层将领建立了什么样的功劳,所以在十年前就想要召见狄青,一睹真容。狄青有没有功劳,宋仁宗比这些谏官记得清楚!这么些年,大宋在外面吃了那么多败仗,全靠狄青这样能打的将军撑住场子。再说,他让狄青当枢密副使,是要狄青干重要的活呢!

六月,朝廷正式下达任命,狄青离开鄜延路,前往开封,担任枢密副使。

谏官们的意见,皇帝可以不听。但是整个文官集团的意识形态,不是那么容易扭转的。而带着这种偏见的,又何止是文官?全社会都轻视当兵的人,甚至国家也有法律规定,"如果有良家子弟被人诱骗去当兵,没满一百天的,父母找回,可以让他退出军籍"。这是赤裸裸把军人作为下贱行业。由于军人脸上都刺了字,留下泛红的疤痕,因此开封一带的民众把军人蔑称为"赤佬"。

狄青接到朝廷诏书,从陕西前往开封。到了约定的日子,枢密院负责迎接的人等了大半天,狄青都没来。这时有人过来报到。枢密院的人就问:"新的枢密副使到了吗?"其实这个人是狄青的儿子,狄青因为路上耽误了行程,派他来打个前站,和枢密院的人沟通情况。负责迎接的这位官员不知道,一听说狄青还要等会才来,不由谩骂道:"这个赤佬,我们在迎接他,他居然一整天都不来!"

堂堂枢密副使,居然被骂成赤佬。后来这人得知对面的人是狄青的儿子,当然是诚惶诚恐。但狄青从此有了一个绰号:"赤枢"。

这个侮辱性的绰号在儒士的圈子中流传开来。狄青心里固然不是滋味,宋仁宗也不好受。他赞赏狄青的才能和忠勇,想要重用狄青。但狄青基层士兵的出身,确实让他有些犯嘀咕。不管是为了狄青的前途,还是为了朝廷的颜面,最好都处理下。

于是,他告诉狄青,可以给他高级的药物,也可以派出御医,帮狄青去掉面上刺的字。

狄青感谢并婉拒了皇上的好意。他回答说:"陛下提拔我,是因为我立下的功劳。我愿意保留这两行刺字,以此来激励天下的士卒,不要自暴自弃,要争相为陛下立功!"

仁宗皇帝听了,非常感动,更加看重狄青了。但是,这两行字看起来还是让他不爽。皇帝又叫王尧臣去劝狄青。比狄青大五岁的王尧臣,是狄青当兵那一年的状元,他恰好也在任枢密副使,比狄青早一年进去。狄青再次回答:"没有这两行字,就没有我狄青今天的荣耀。我不去掉它,是让天下的健儿知道,国家有这样的名誉和地位来等待敢于拼搏之士!"

狄青一番热忱,要激励天下士卒,让更多的底层士兵找到奋斗的方向,这固然可敬。但他拒绝去掉刺字,就等于拒绝了放弃自己武人的身份,拒绝与文臣同化。原本文臣看狄青就不顺眼,瞧不起他,现在这家伙居然还不肯去掉贼配军的标志,这是公然要和文臣划清界限啊!

很多人对狄青越发不满起来。比如王尧臣,他和狄青在天圣五年的

第三章 文武之争

起点，一个是状元郎，即韩琦口中真正的好男儿，另一个只是小卒。在过去，王尧臣作为文官一路顺风顺水，他也曾闻听狄青英勇作战的事迹，并曾举荐过狄青。但现在两人平起平坐，王尧臣由此产生了嫉恨。

有一次，他对狄青说："狄大人，几天不见，您脸上这两行字越发光鲜了啊。哈哈！"狄青面对这挑衅，淡淡回应："王大人您这么喜欢，要不我也帮您刺上一行？"王尧臣红了脸，这才不谈此事。

其实，狄青拒绝去掉脸上的字，这让宋仁宗也有些为难。宋朝重文轻武的传统他是知道的，为了狄青而得罪整个文官集团更是不划算。不过，眼下宋仁宗还顾不得这些。他把狄青提拔为枢密副使，实在是有重要的任务丢给狄青。

无论是在八九年前的水洛城事件，还是在狄青入枢密院引发的争论中，都有文臣攻击狄青"没什么功劳"。这固然是因为发言的文臣对宋夏战争前线了解甚少，张口乱喷，但也和狄青本人经历有关。狄青主要立功是在宋夏战争中，但宋夏战争爆发之初，他只是一个基层军士。后来逐渐晋升为中级军官，所带兵力有限，只能听从主将调遣。等他晋升高级将领后，宋夏之间战火又逐渐平息，之后调往河北，宋辽之战也没有开打。所以，狄青打的都是一些小战斗、小战役，或者以副将、部下身份参加的战役，确实没有那种拿出来让人无话可说的重要战果。

而现在，这个机会正在眼前。

第四章 南疆建奇功

侬智高之乱

狄青在皇祐四年（1052年）六月入枢密院担任枢密副使后没几个月，就接下了一个重要的任务：平定侬智高之乱。

这桩叛乱的起因，还得从多年前说起。

话说今天的越南北部地区，古代称为"交趾"，秦始皇时期被大秦帝国征服，成为中国领土。五代后期，交趾地区的军阀自己建国，在宋朝初期接受册封，成为大宋名义上的藩属国。这个国家内部照样打内战、改朝换代，不过对外一直是臣服于宋朝。

在宋朝直属领土和交趾国之间，还有一些地区，气候炎热，地形复杂，当地盘踞着大大小小的本土势力。宋朝中央政府对他们不好管，也

第四章 南疆建奇功

懒得管，就建立了一种叫"羁縻州"的行政区。简单说，这些地方名义上也是尊奉宋朝天子的地盘，有一个某某州的名号，实际上是地头蛇当土皇帝，家族世袭，独立行事。包括这些羁縻州内部的斗争，或者彼此相互吞并，只要不闹太大，朝廷最多也就打打官腔，并不会派出实际兵力干涉。靠近交趾国的地方势力，往往臣服于交趾国，接受交趾国的封号，给交趾国纳贡，宋朝也就默认他们属于交趾国的附庸，对此睁一只眼闭一只眼。

侬智高（1025—1055）就是这样一个羁縻州的首领。他比狄青小了十七岁。他出生时，狄青已经在故乡担任书吏了。有人说他生在安德州，也有人说他生在广源州。

侬氏家族长期接受宋朝册封，是当地豪门。侬智高的父亲侬全福原本挂着傥犹州知州的名号，后来又占领万涯州和武勒州。占了这么多地盘，总得找个靠山。相比之下，当然是选择当宋朝的附庸比较舒服，天高皇帝远，又省事，还能给赏赐。相反，交趾距离近，对各地勒索很厉害。侬全福想归附宋朝，宋仁宗本来想答应，却被转运使章戚制止。他提出的理由是管理这块地盘，投入太高，收益太少，不划算。

侬全福的归附请求被宋朝拒绝后，又夺取了笼州，在那里招募劳力开发金矿，捞了不少钱，日益富裕。眼看自己有钱有地，侬全福脑子一热，居然自称"昭圣皇帝"，建立了"长生国"，想要和交趾并立。交趾一看，你巴掌大的地方，还敢不给我进贡，反了！他们派兵袭击"长生国"，直接抓走了"皇帝"侬全福。

十几岁的侬智高成为新的首领。他为了赎回自己的父亲，向交趾进献了大量金银财宝和土特产，包括一块一百一十两重的生金。然而交趾背信弃义，还是在1039年将侬全福斩首示众。这一年，侬智高只有虚岁十五，而狄青则刚刚在保安军浴血奋战，立下军功，连升四级。

侬智高怀着仇恨，和他母亲逃到傥犹州，在1041年建立了"大历国",对抗交趾。交趾出兵镇压,把侬智高抓了。但或许是看侬智高在当地比较有名望,交趾幻想驯服侬智高作为统治当地的代理人。总之,交趾把侬智高释放了,还任命他为广源州知州,让他管理附近一片的地盘和土著人,两年后又拜为"太保"。

然而侬智高岂会轻易忘却杀父之仇?他被放回去后,卧薪尝胆,积蓄实力,又建立了"南天国"。宋仁宗庆历八年(1048年),二十四岁的侬智高逐渐占领了田州附近的少数民族地区,又以勿恶洞为根据地,再度反抗交趾,打败了交趾派来的军队。

侬智高打败交趾之后,有点得意忘形。他在宋仁宗皇祐元年(1049年)冬天,首次入侵广南西路的重镇邕州。之前侬智高打的都是羁縻州,属于土皇帝打土皇帝,大宋朝廷懒得管闲事。现如今这位土皇帝中的佼佼者侬智高居然开始入侵大宋正规的州县,那可就不能不管了。宋仁宗专门诏令江南、福建等路防备,并令将进入邕州地界的侬智高人马剿灭。这一年,狄青正和韩琦在河北定州路练兵。

宋仁宗皇祐二年(1050年),交趾再度出动大军攻打侬智高,二十六岁的侬智高寡不敌众,只能潜伏在山林中。广南西路转运司密切注意这一动向,上报朝廷。朝廷方面的对策是"诏本路严备之"。就是说盯着点,别闹出乱子。

广西转运使萧固命令邕州指挥使亓赟前往刺候侬智高的情况。亓赟和宋朝很多官员一样,把侬智高当成蛮夷的"贼"。长官叫他去侦查,他居然带着自己手下这点兵马,冒冒失失就去和侬智高开战!结果兵败被侬智高擒获,抓到了大本营中。

眼看大事不妙,亓赟为了保住性命,就吹牛说:"我不是来打仗的,是奉朝廷之命来招安的,谁知部下发生了误会,这才打起来。"侬智高呢,从他父亲开始就一心想抱上宋朝的"粗腿",一听朝廷要招安自己,那是求之不得啊!他赶紧给亓赟松了绑,摆上好酒好菜招待。亓赟吃饱

第四章 南疆建奇功

喝足，进一步摇动三寸不烂之舌，劝说侬智高归降大宋，不失封侯之赏。侬智高认为非常有道理，再三说："我们化外蛮人，早就有心归附天朝，那就全靠先生帮忙了！"他不但把亓赟毕恭毕敬地放了，还派了几十个人跟着去邕州，奉表请求归属宋朝。

广西转运使萧固觉得能把侬智高招安了也是好事，就在皇祐三年（1051年）二月向朝廷报告。可是朝廷认为，侬智高所在的地方，属于交趾的势力范围，要是宋朝直接收了他，可能引发交趾不满，就不同意。萧固说："侬智高能力比较强，如果不收了他，早晚会成为南方的祸患，还是随便封个官安抚下他吧，还能让他帮我们抵抗交趾呢。"朝廷大官们不同意，就问萧固："你能不能保证收了侬智高之后，交趾方面一定不会来和朝廷争这块地？能不能保证，侬智高永远不入侵内地？如果不能保证，那就别多事！"

萧固叹息说："侬智高这种蛮人首领，无非追逐利益，我哪能保证他一定不变卦呢？只不过如今朝廷没有余力在南方动武，所以侬智高这种当地的枭雄，还是安抚他为好。至于说交趾来争这块地盘，以侬智高的才能和性情，不会轻易屈服交趾的。就算争起来了，正好让侬智高抵抗交趾，两家自相残杀，咱大宋坐山观虎斗，又没损失。"但朝廷还是不同意。

侬智高在南方翘首以盼招安，却迟迟等不来消息，殊不知给他拍胸脯保证的"天使"亓赟因为假冒朝廷的意思，擅自承诺招安，给国家平添麻烦，已经被降职了。到三月，侬智高又上了一个表，说他愿意向朝廷进贡训练好了的大象和金银。朝廷回复说："你们广源州属于交趾管，如果你和交趾一起上供，朝廷就收。"

侬智高郁闷坏了，这宋朝皇上怎么搞的，他就是不想受交趾的气，才请求内附啊。

接下来的大约一年时间里，侬智高继续孜孜不倦地向宋朝请求进贡，请求宋朝接受他作为直接的附庸，不要隔着交趾。另外他还希望宋朝给他封个官。只要有了官，他就可以理直气壮地在当地称王称霸，也可以拒绝交趾的役使了。最开始侬智高希望获得田州刺史（从五品）的官职，朝廷没下文。第二次，他又请封一个教练使。教练使是唐朝、五代的职位，相当于当地驻军的教头、教官，属于一种职能，没有品级，但好歹是皇帝任命的，依然是有身份的。结果这个要求仍然石沉大海。第三次，侬智高官阶不要，职位也不要了，只求朝廷赐给他袍笏官服，这样哪怕没有任何职位，好歹身份上算大宋的属官，但这个要求还是没有得到回应。第四次，侬智高只求能向宋朝进贡黄金，同时希望能让广源州和邕管相互做生意。但这个一再退让的请求，宋朝还是没有同意。

宋朝拒绝侬智高的要求，首先是出于对侬智高的轻视。他们把侬智高当作一个蛮人，认为他相当于藩属国交趾国下属的一个蛮族酋长，或者说是土匪头子。藩属国的土匪头子越过藩属国，要求直接被天朝上国封官，那怎么行，这不是有伤宋朝脸面吗？再说，这样打交趾的脸，万一交趾不高兴，在南方闹出乱子那怎么办？

而更让人无语的是，后面侬智高再提要求，邕州知州陈珙居然直接给他扣下，根本不上报。大约是怕麻烦，怕被朝廷批评吧。

大宋自有朝廷的逻辑和地方官的考量，可是对侬智高来说，他和交趾国已经是不共戴天，指望靠宋朝接纳来当保护伞。现在保护伞不肯罩他，那继续留在交趾边境，岂不是死路一条？无奈之下，侬智高铤而走险，决定反过来攻打宋朝："今吾既得罪于交趾，中国又不我纳，无所容，止有反耳！"

侬智高并非有勇无谋的匹夫。他能文能武，不但会写诗，会写对联，还曾经考过进士，可惜落榜了。以区区几千蛮人，要撼动宋朝，他在力所能及的范畴内做了最精心的准备。他礼贤下士，得到了广州进士黄玮、黄师宓作为谋臣；他派出细作，侦察宋军的实力部署，又在邕州

第四章 南疆建奇功

城中安插内应；他招纳了大批亡命之徒，还传出谣言，说自己统治的部族发生灾荒，已经人丁流散，借此麻痹宋朝官兵的神经。

一切准备停当。皇祐四年（1052年）四月的一天傍晚，二十七岁的侬智高安排心腹，在自己的根据地四下放火。转眼间火势熊熊，侬智高手下的部族民众都很惶恐。侬智高脸色严峻，在跳动的火光下声嘶力竭高呼："咱们半辈子的积蓄，被这把天火烧光了，活不下去了，没办法想了！要活命的，跟我走，抢了邕州，再据广州，可以称王，否则就一起死吧！"部族民众没有退路，只能跟随侬智高造反。

侬智高率领几千人，首先沿着右江东下，攻下了横山寨，杀死寨主右侍禁张日新，邕州都巡检左班殿直高士安，钦、横州同巡检右班殿直吴香。他打开仓库分发粮食，又把寨里面的人都裹挟进自己的军队，这么一路滚雪球过去，直逼邕州。邕州知州陈珙这时候还不敢上报，生怕影响自己的政绩。五月，侬智高杀到邕州城，在早先安排的内应配合下，闪电般夺取城池。

城破之后，邕州知州陈珙被俘。侬智高发现自己上奏的表章居然还留在邕州衙门里，非常愤怒，问陈珙为何不替自己上奏？陈珙开始谎称已经在拟定表文准备上奏了，被揭穿后又苦苦求饶，对侬智高山呼万岁，表示自己愿意辅佐侬智高打下一片江山。侬智高心想，就你这种德性，辅佐我打江山我还不要呢！他把陈珙杀了。其他一些官员如通判、殿中丞王乾祐，广西都监、六宅使张立，权都监、三班奉职李肃，指使武吉等人，拒绝了侬智高的招降，不屈被杀。

侬智高确实是一个有勇有谋、野心勃勃的枭雄。他占据邕州城后，建立"大南国"，自称"仁慈皇帝"，年号"启历"，他仿照宋朝的制度封了官，同时大赦境内，收买人心，军队迅速从几千人暴增到一万多人。随后他沿郁江挥师东下。当时宋朝将岭南视为蛮荒之地，准备既不充分，兵力也很薄弱，侬智高大军到处，守将纷纷弃城而逃。侬智高在短短十多天内，接连占领了横州、贵州、龚州、藤州、梧州、封州、端州、康州。部分英勇抵抗的官吏，如封州知州、太子中舍曹觐，康州知州、太子右赞善大夫赵师旦，监押右班殿直马贵等壮烈殉国。侬智高占领了广西东部、广东西部大片领土，嚣张一时。

农历五月二十二日，侬智高包围了广州城。经过这些天，宋军总算是反应过来了，广州官兵和各路援军一起拼命抵抗，总算没有重演其他城池被侬智高秒夺的厄运，但依然是丑态百出。侬智高到来前，有人报讯说贼军来了，广州知州仲简认为是谣言，竟然下令："谁说贼军来了就斩首！"于是广州的老百姓一无所知，浑浑噩噩，毫无防备。侬智高的军队出现时，仲简才叫城外的人进城避难。可是人多城门少，难免拥塞。眼看如狼似虎的敌军近在咫尺，城外百姓争着拿出钱财，贿赂守城的人让自己先进去。大家不要命地往城门洞里面挤，踩死了无数，来不及进城的就都投降了侬智高。这使得侬智高的兵力更强大了。朝廷还觉得仲简守住了广州城有功，对他大加升赏，却不知广州百姓对他恨之入骨。

朝廷得知侬智高造反的事后，慌忙应对。五月二十八日，朝廷下令崇仪使、韶州知州陈曙从北面南下讨伐侬智高，第二天韶州就发生了士兵哗变。

六月，朝廷又各路调兵遣将。

余靖为秘书监、湖南安抚使、知潭州，后来改成广南西路安抚使，知桂州，到七月又加经制广南东、西路盗贼。

杨畋为广南西路体量安抚提举经制盗贼。

命同提点广南东路刑狱、内殿崇班、阁门祇候李枢配合陈曙围剿侬智高。

命广南东路转运司、钤辖司发兵增援。

调张忠为广南东路都监。

第四章　南疆建奇功

这里面，余靖是一位文臣，之前长期和狄青过不去。杨畋则是杨家将后裔，是"金刀令公"杨业的侄曾孙、杨延昭的堂侄孙，长期在南方对付少数民族，又是将门出身的文官儒将，光环亮得耀眼。张忠是个老江湖，本是开封人，参加禁军之后因为打死军中恶霸，流配鼎州，一度潜逃为盗贼，后来又投军，立功很多，累迁到如京使、资州刺史，历任真定府、定州、高阳关、京东西路兵马钤辖。虽然职位不算太高，但作战经验非常丰富。

即使调来这么豪华的阵容围剿侬智高，宋仁宗依然心里打鼓。完成上述调遣后，他立刻把狄青调入朝中，担任枢密副使。现在大宋最能打的就是狄青了。

有些文臣不愿意承认这点，他们总在奏章里说狄青只是"斗将"，说狄青没什么大功劳。但皇帝和执政大臣门儿清。侬智高这事要是再摆不平，只能靠狄青出手了（种世衡已经去世几年）。

凶悍的侬智高，让大宋整个南部的文臣们束手无策。而北宋第一名将狄青，将借这个强敌，来完成自己的封神。

全权大帅

皇祐四年（1052年）四月，侬智高造反，短短两个月之间攻陷了许多州县。狄青在六月被皇帝提拔为枢密副使，显然就是为了应对这种局面。

狄青进入枢密院之时，南方的战局继续恶化。广州城虽然没有被侬智高攻陷，但官军与叛军的交战胜少败多。侬智高围城五十多天后，因为担心宋朝援军四集，在七月十九日撤围而去。途经英州，又被知州苏缄布设了许多路障，只好绕道由沙头渡江，北上清远，再向连州、贺州进军。

广南东路都监张忠带兵过来拦截，两军一场大战，张忠奋勇杀敌，却不慎马蹄陷入泥泞，被侬智高的士兵用标枪戳死，随同的一票巡检、监押、参军纷纷战死。紧跟着，广东兵马钤辖蒋偕也吃了败仗，自己虽然保住性命，却有一批随同将佐殉难。

两员大将一败一死，宋廷更是慌乱。情急之下，诏令连出，惩办了一批面对侬智高作战不力、临阵脱逃的官员，对战死的官员进行追赠、抚恤。朝廷还颁布诏书，悬赏捉拿侬智高一党：捕获侬智高的，授正刺史，赏钱三千贯，绢两千匹；捕获侬智高母亲阿侬的，授诸司副使，赏钱三千贯，绢两千匹；捉住侬智高谋臣黄师宓、黄玮的，授东头供奉官，赏钱一千贯。

光悬赏是没用的，也得有人能领赏才行。朝廷又进一步调兵遣将南下。

这次，朝廷派遣原本的秦州知州孙沔担任荆湖南路、江南西路安抚使，后来又加广南东路和广南西路安抚使。一下子拿到四个路的安抚使之职，这权力可真不小。

孙沔这人年长狄青十二岁，资历很老，人品不太好，据说夫妻俩的私生活非常混乱，以至于遭到了言官的弹劾。但他与狄青的恩公庞籍关系很亲密，与各位士大夫交往频繁，又勾结宫中太监，所以官运亨通。孙沔私德虽有问题，智谋还是不错的。早在侬智高刚刚起事时，他就告诉皇帝，南方情况很难办，果然随后张忠战死、蒋偕兵败（之后战死）。宋仁宗觉得孙沔挺有先见之明，加上庞籍推举，就让他去南方。

孙沔虽然手握四路安抚使大权，但也深知这权力可是个烫手的山芋，毕竟要对付侬智高，风险很高。孙沔告诉朝廷，要平定侬智高，需要给他多调精锐步兵万人，骑兵千人。结果再三催促，朝廷只给他调了七百人。孙沔带着这点兵，不敢南下，更担心侬智高趁机越过南岭，攻打湖南、江西。这些地方目前的防备情况，其实比两广好不了多少，都

第四章 南疆建奇功

是兵力空虚。侬智高真要打过来，没准会重演扫荡两广各州县的旧剧。

因此孙沔用了个虚张声势的计策。他派人向湖南、江西各处传令说："朝廷已经调遣精兵二十万，南下平定侬智高，你们各地必须赶紧准备粮草、宿营，不得有误！"

这么一来，整个南方风传朝廷大军将到，侬智高也得到消息，就打消了翻越南岭北上的念头，专心在岭南继续纵横驰骋。

湖南和江西的威胁虽然暂时解除了，但侬智高在岭南的行动更加凶残。九月初六，蒋偕在贺州太平场战死。蒋偕是文人从军，曾在陕西做过狄青的部下。蒋偕修筑大虫堡失败，狄青认为他有勇无谋，轻率少备，担心他做不好。当时的主官王素没有听狄青的，还是派蒋偕再去，最终修好了城堡，当时仿佛打了狄青的脸。但狄青一语成谶，蒋偕还是因为轻率无备而死在侬智高手上，而且死得分外窝囊：蒋偕带着部队去贺州拦截侬智高，夜里宿营没有防备，被敌军冲入营寨，杀死在卧榻之上。恰好应了当初狄青对他的评价和担忧。何宗古、张达、唐岘等将佐随同战死。更具讽刺意味的是，蒋偕死后九天，朝廷的诏书到了，把他和作战不力的杨畋等一起降职。这个降职诏书若是早到十天，没准蒋偕反而可以保住一条性命。

九月十二日，侬智高又在龙岫峒击败宋军，桂宜柳州巡检、三班借职李贵战死。

九月十八日，侬智高攻破昭州，知州柳应辰弃城逃走。广西兵马钤辖王振伦等一批官员死难。这是侬智高在广州撤围后攻陷的第一个州城。由于现在岭南宋军有了防备，叛军再难像起兵之初那样所向披靡，侬智高也越发暴虐起来。昭州城外有几个山洞，许多老百姓进洞躲避，却被侬智高的军队放火活活烧死、熏死。东头供奉官、阁门祇候王从政被叛军抓住，骂不绝口。叛军大怒，用开水把他活活烫死。

此时侬智高麾下兵力已经达到数万，但多是乌合之众。眼看攻城略地比几个月前难度大了许多，又听闻大宋朝廷的"二十万精兵"正在南下，侬智高不禁怕了。

他之前几年本来一直求着内附，求着大宋朝廷封他个官，好让他不再受交趾的欺负。只因为一直不被准许，这才怒而兴兵，不想一下子戳破了大宋的老虎皮。可是，真要和大宋死磕到底，侬智高多少还是有点忐忑的。他向朝廷提出，可以投降宋朝，但要求朝廷任命他为邕州、桂州等七州节度使。

消息传到开封，枢密副使梁适抗声斥责："如果让侬智高有了这个名分，那么两广就不再是国家所有了！"是的，如果给侬智高这个名分，那等于是在岭南又弄出一个元昊来。岭南距离宋朝的腹地河南，可比西夏要远。侬智高若能取得立足之地，再招兵买马，模仿元昊逐渐扩张，不但可能夺取两广，甚至还可能威胁湖南、江西，绝非杞人忧天。

朝廷回绝了这个狂妄的要求。但是，前线派去的文武将官，纷纷被侬智高打败，已经死了一批，撤了一批；后来派去的孙沔和余靖看起来要强些，但也不靠谱。余靖上任后局势没有任何起色，孙沔甚至根本不敢去两广，缩在南岭北侧当乌龟。该怎么办呢？

庞籍站了出来："陛下，当然是让枢密副使狄青去了。您把他提拔到这个位置，不就是为此事吗？"

此时的庞籍，官拜同中书门下平章事、昭文馆大学士、监修国史兼译经使，也就是宰相。宋仁宗对他非常信任，令其独掌大权。

庞籍对狄青也非常了解。当初他担任延州知州和鄜延路都总管、经略招讨副使时，狄青是其麾下大将，功勋赫赫。如今狄青已入枢密院，论官位比庞籍也只差半筹。

宋仁宗对这个人选也很认可。毕竟狄青是他一贯欣赏的爱将，是他的"关张"。

狄青早就在关注南方战局，也曾经向朝廷上过关于岭南军事的奏章。或许是得到庞籍的提醒，他主动上奏朝廷，表示自己愿意领兵南征，讨伐侬智高。宋仁宗大喜，次日召见狄青。面对皇帝殷切的目光，狄青慷慨陈词：

"臣是行伍出身，除了在战场杀敌，也没有什么可以报效国家的地方。希望能调遣几百名蕃落骑兵（编入正规军的西北少数民族骑兵），再加上其余禁军部队，去将叛贼的头砍下来，送回京城，献给陛下！"

四十五岁的狄青，不再似三十余岁时的张扬，而多了沧桑与沉稳。但说到激昂处，依然意气风发，英姿飒爽。宋仁宗大为赞赏。九月二十八日，任命狄青为宣徽南院使，荆湖南北路宣抚使，提举广南东西路经制贼盗事。宣徽南院使理论上是管理皇宫内各机构、三班内侍、祭祀、朝会、宴席、进贡等事务的，相当于皇帝的大总管。当然狄青并不需要负责这一堆事情。加这个职位，主要是表明皇帝对他的看重。

真正的实权职位是后面的荆湖南北路宣抚使，提举广南东西路经制贼盗事，简单说就是独掌四省军政大权，全力剿灭侬智高。

当时朝中大臣曾公亮、蔡襄等人登门拜访，询问狄青打算如何用兵。狄青回答说："之前吃败仗，主要是因为军队的机制没有建立，赏罚也不分明。所以此去第一件事，就是要确立制度，明确赏罚，这样就可以了。"

文臣们觉得狄青光说整军思想，没有说军事上的举措，不过瘾。曾公亮又问："侬智高军队善用标枪、盾牌，我军难以抵挡，您打算怎么办？"

狄青笑道："标牌兵没什么了不起。他的标牌兵不过是步兵。步兵对步兵确实犀利，我只要用骑兵攻击就可以了。"

真正的名将，不会弄太多花里胡哨的玩意，制胜的因素很简单。对狄青来说，通过制度和赏罚让己方军队能令行禁止、士气旺盛，再用骑兵去对付敌人的步兵，胜算就很大了。

事实上，狄青在对皇帝表态时，专门强调了"愿得蕃落骑数百，益以禁兵"。狄青从军、带兵二十多年，从禁军基层小兵当起，对于禁军的状态他是一清二楚的。禁军虽然强于厢军，但多数部队的战斗力确实一言难尽，只能说调教好了勉强可以派些用场。要指望这些"少爷兵"去和亡命之徒的叛军殊死搏杀，难度很大。尤其两广地区山水纵横，侬智高的叛军多是当地部族，惯于翻山越岭，穿插小道。凭禁军的步兵很难抵挡。同时狄青在陕西征战数年，熟知西北少数民族的骑兵彪悍善战，而且对这些精锐骑兵的作战习惯非常了解。狄青希望带领这些出身少数民族的骑兵去平定侬智高之乱。

有人觉得不妥，骑兵明明适合在平地使用，南方地形复杂，北国骑兵怎么发挥威力呢？当时的枢密使高若纳帮狄青解释。他说："西北边境地区虽然多平原，也多山地，当地的部族善于射箭，而且能耐艰苦，翻山越岭如履平地，正好能克制侬智高的叛军。唯一不利因素在于西北干旱，岭南潮湿炎热，恐怕骑兵们水土不服。好在现在是秋末冬初，只要赶在比较寒冷、瘴气未起来的季节迅速南下，就能击破叛军了。"

于是，朝廷诏令西北的鄜延路、环庆路和泾原路，选择英勇善战的少数民族骑兵"蕃落军"及另一支禁军骑兵"广锐军"的精锐各数千人，由他们的将领带着，前往广南行营，听候狄青调遣。

这里面有一位将军在后世民间比较著名，就是杨家将中的杨文广（999—1074）。按演义小说，杨文广是杨延昭的孙子、杨宗保和穆桂英的儿子。实际上杨宗保和穆桂英都是小说虚构角色，历史上杨文广就是杨延昭之子。他比狄青年长九岁，又是将门虎子，按说各方面条件都优于狄青。但因为早期没有参与什么战争，升官机会有限，到庆历三年（1043年）才因为参与讨伐农民起义军而升为正九品的殿直，这个官职狄青在宝元二年（1039年）就当到了。后来杨文广得到狄青恩师范仲淹的赏识。侬智高叛乱时，杨文广是宋夏边境顺德军的知军，调任广西

第四章 南疆建奇功

铃辖,大致相当于从五品武官。他是有前线经验的,比起自己的堂侄儿、文臣杨畋来,杨文广官没那么大,但打仗方面更靠谱。

军队的调度齐备了,关于指挥权方面又起了纷争。北宋"重文轻武""以文制武",所以打仗的时候主帅往往是文臣担任,武将通常作为副手。如今选派武臣狄青作为主帅,已经算破例了,身边总得放个人制约着吧。

有人建议让太监任守忠担任狄青的副帅,也算帮皇上盯着狄青。真要按这么办了,那又得坏事。好在朝官中有明白人。谏官李兑说:"唐朝之所以最后完蛋,就是因为让太监当监军,使得主将干什么事都碍手碍脚。这个坏传统我们不能学。"

但谏官李兑只是反对太监干军而已。文臣集团并不喜欢让武将独揽大权,这样总会让他们想起唐末和五代时期的军人专权。右正言韩绛又出来说狄青是武将,不能独当一面。派太监不好,那就派一个文臣做他的副帅吧。

幸亏宰相庞籍又站了出来。他对宋仁宗说:

> 狄青出身武将,在大宋这个环境下,本来就比文臣弱势。如果安排文臣当他的副帅,狄青一定要受到牵制。这样一来,号令就不能专一,主将狄青和副将文臣意见不一的时候,部下听谁的?听文臣的吧,那狄青这个主将还怎么干?听狄青的吧,那文臣能服气吗?是不是反而引起更多的麻烦?所以,还不如别派副帅。

庞籍又进一步分析说:

> 过去王师屡次败北,就是因为主帅的权力被牵制,号令不

一，导致偏裨将佐都借着这个情况各行其是，遇到敌军，有的打，有的退，无法形成合力，自然打不过敌军。狄青出身行伍，军事上自有一套。如果您安排文臣或者太监去当副手，这个副手多半会漠视狄青的权威，狄青的号令没法传达全军，那就重蹈覆辙了。狄青赫赫威名，是大宋的头号名将，带着大军讨伐叛军，如果狄青再不胜，那大宋就没人能胜了，恐怕不光广东、广西不再为陛下所有，连湖北、湖南、江西等地也要担忧了！这个祸事一起来，那是后患无穷，陛下不可不慎重。狄青以前在鄜延路，是我的部下，他沉稳勇敢，又有智谋韬略。如果陛下把讨伐侬智高的事全权委任给他，让狄青先获得足够的权威，能够使上下一心，必然能击败叛贼，陛下不要再为此怀疑、担忧了。

庞籍本人是文官，又曾在西夏前线担任一路统帅，了解武人，也理解宋军中存在的弊政。他的话说得很实在。他并不反对本朝以文制武的机制，但是这个机制在消除武人擅权威胁的同时，必然降低军事行动的效率。而目前侬智高的叛乱，必须要狄青前去镇压，还要狄青能够全力发挥。这种情况下，就只好暂时放一放制约武人的机制。所谓两害相权取其轻，庞籍既相信狄青对国家的忠诚，也了解侬智高叛乱的危害程度。

值得一提的是，之前在宋夏战争时，元昊如此枭雄，宋朝也坚持以文官作为一路的最高统帅，狄青、种世衡等名将皆作为文臣的下属参与战争。如今虽然范仲淹、尹洙等已去世，但韩琦、庞籍、孙沔、文彦博等人还健在，他们都是曾担任过宋夏战争一路统帅的文臣。宋廷在对西夏战争时尚能维持这种机制，此刻庞籍却说只能专任狄青，某种意义上可以看出，侬智高乘虚而起，对大宋造成的威胁，紧急程度甚至超过了西夏元昊。而狄青在这种情况下，则是宋仁宗仅有的压箱法宝。

宋仁宗听了庞籍的话，觉得很有道理，于是下诏书：命令两广的所有将领都归狄青节制。另外，如果狄青安排孙沔、余靖各自指挥一方面的军事，那么这一方面的所有官佐也都要听孙沔、余靖的指挥。

简言之，皇帝把权力下放。不但主帅可以根据具体战况自行其是，而且主帅下面的官佐也必须完全听从指挥，不能再如过去水洛城事件那样，下面的人越级上报，绕过主帅自作主张。这在北宋历史上也是较少见的。在先前的宋辽战争期间，朝廷不但派文臣领军，主帅权力受到牵制，而且皇帝还会向主帅下发阵图，要求主帅必须按阵图来部署作战。这样的呆板机制，当然会贻误战机，弄得前线无所适从。如今，这个弊政也暂时取消了。余靖和孙沔虽然称为"副帅"，但他们完全是狄青的部下，并不能分散和牵制狄青的权力。

就这样，在宋仁宗的信任和庞籍的维护下，狄青获得了近百年来宋朝武将未曾有过的权力，终于可以放手一搏，与侬智高决一死战。

整军出师

皇祐四年（1052年）十月，狄青南下讨伐侬智高。他先去辞别了自己的母亲。

狄青的父亲狄普在宋夏战争时期已经去世，当时狄青正在打仗，因此无法守孝，但在刀兵之余，悲痛万分。后来狄青担任枢密副使，便将母亲侯氏和其他家人接来开封。狄青对母亲非常孝顺，而侯太夫人看见自己的儿子这般出息，把自己接到首都开封的府邸中，皇帝还时不时赏赐珍品，当然也足以安度晚年。

狄青奉命南征之际，恰好侯太夫人生了小病。狄青怕母亲知道他要南征侬智高，平添无益的担忧，因此要求家人都对自己南征的事情守口如瓶。对母亲只说奉命巡查湖南、江西一带。

外表不动声色，但狄青对于南征这一战如何打，心中已有通盘考虑。正如他前面对蔡襄、曾公亮所说，宋军接连败北，除了侬智高率领的叛军凶悍之外，很大程度是内部出了问题，也就是制度不立，赏罚不明。宋朝法度宽松，官场陋习很多，连行军打仗这种事关国家安危的大事，也有不少人仗着裙带关系、亲友师门，混入大军中挂个职位。这帮人平时占着茅坑不拉屎，遇到危难关头不但指望不上，往往还动摇军心，也让真正有志为国家出力的人寒心。之前孙沔担任南方的指挥官，自己不敢越过南岭，倒是提拔了不少与自己有裙带关系的人担任要职。这样一来，孙沔的大营自然是乌烟瘴气。

狄青担任统帅后，职权更在孙沔之上，自然也有不少人想要混入狄青军中。在他们看来，狄青既然是当朝第一名将，此去平定侬智高，又得到皇帝的专门重托，肯定能胜利。胜利之后，自己也好捞点功绩，加官进爵。他们各自请了朝中权贵说人情，一时之间狄青家里门庭若市，都是来推荐的。

狄青不好得罪说情的权贵，就把这些希望从军的人全部召集起来开了个会。会上，狄青很诚恳地对大家说：

> 诸位愿意跟着我狄青去打叛贼，这是我求之不得的事，哪里需要托人说情呢？不过咱们丑话说在前面。侬智高本来只是个区区小贼，现在却弄到要皇上亲自授权我出马的地步，可见局势已经很危急了。所有跟随我南征的人，只要和叛军作战有功，朝廷自然有重赏，我绝对会如实为大家报功请赏。但是如果去了后不能跟叛军作战，那军中的法律是很严厉的，该怎么处罚，我也不敢徇私包庇。所以，各位请仔细想想，再做决定。

第四章 南疆建奇功

听了狄青这番开诚布公的话，那帮想跟着大军混资历的家伙一个个吓得变了脸色，从此再也不敢说这茬了。至于听了这话后依然一心想跟随南进的，那就属于真心不畏艰险，想要为国立功的志士，狄青也愿意给他们这个机会。当然，狄青主要任用的还是自己平时熟悉的、确定有能耐的人，比如张玉、孙节、和斌、杨文广等。

狄青还在开封城外的琼林苑一带举办酒宴，款待准备随他从开封出征的禁军将士。宴席上，等将士们都坐好了，狄青端着酒杯，向大家高声道：

各位儿郎，此去岭南平定叛乱，乃是为国家立大功，光宗耀祖的事，但自然也有危险。你们如果肯随我前去博取功名的，我自然高兴。如果你们家有父母需要赡养，或者家里儿子幼小，害怕死伤不愿意去的，请现在就给我明说，悉听尊便。等到大军出动之后，所有人就必须奋力向前，到时候再临阵畏缩退避的，只有军法处置！

将士们看狄青这样坦诚，都感动得流下了眼泪。少数人确实不愿去的，狄青遵守承诺，准许他们留下。绝大部分士兵都相互鼓励，愿意跟随狄青。这样，等到了岭南，这些一起去的人反而爆发出更强的战斗力。

宋仁宗对狄青用人也是全力支持，在十月六日给狄青发下了宣头一百张、劄子一百张，都空着姓名，另外还有锦袄子和金银带各二百套，让狄青用来奖赏立下军功的将士。

当时宋军中流行的记功方式，是割取敌军首级上交。死人脑袋越多，功劳越大。狄青觉得这种方法弊端很多，战场上带着那么大的脑袋，既影响战斗力，又可能引发争夺脑袋的内讧，甚至杀良冒功。当时在岭南战场，邕州知州宋克隆就曾纵容士兵截杀躲避叛军的难民，把脑袋当作砍下的叛军脑袋交上去报功。此举不但破坏了国家的赏罚体系，还严重抹黑宋军的形象。狄青因此上奏宋仁宗说：

> 古代军队凯旋，用活捉的俘虏和杀死的敌人作为功劳，有时候会割掉尸体的鼻子耳朵，没听说有用脑袋的。秦汉以来才开始用脑袋记功，斩下上交一个"首"，功劳增加一级，所以叫"首级"。然而这开了个坏头。士兵们为了争夺首级，自相残杀。还有人把首级卖给没有功劳甚至没有参战的人去邀功，这样根本没法鼓励士兵奋勇杀敌。所以臣希望把这个制度废除。正确的方式是，如果军队打了胜仗，那么根据各支部队的辛劳程度，全军都要赏赐。如果没有功劳，则同理斟酌他们的罪过，全军都要受罚。这样才能使得全军上下一心，而不是每个人光为了自己的私人利益去想办法弄首级。此乃决胜之道。

宋仁宗对此完全同意。

十月初八，狄青向宋仁宗辞行。宋仁宗在垂拱殿设宴，为狄青践行。酒酣耳热，将军扬旌出发，皇帝目送远去。狄青刚走不久，宋仁宗忽然想起了什么，对辅政大臣说："狄青威名赫赫，侬智高一定也畏惧他，说不定会派人暗算！叫狄青一定严防，左右传令的人必须选用他的亲信，吃饭睡觉也都要严格防范叛贼的阴谋诡计！"他派出使者，飞马追赶出京的队伍，叫狄青小心提防。

第二天，宋仁宗又想起一件事。他写了一道诏书给狄青，内容包括：

> 逃避叛军躲藏山林的民众，速速招令他们恢复生产；

趁着叛乱当盗贼但没有杀人，或者被叛军裹挟后能够逃回来的，都赦免其罪；

因为上述原因已经被刺面的，可以给他文书，随他自便；

如果被人杀了冒充是叛军首级的，检验出来后，给粮食和钱抚恤家属；

遭到战火劫掠焚烧的，暂时免除这一户的差役；

正在服役的也给予休假，让他们修缮自己的房屋；

城墙曾被毁坏，如同没有城墙或者有城墙而不牢固的，都要修补完毕；

兵器铠甲损坏不能用的，也要好好修理。

宋仁宗这道命令确实是宽恤民众，同时也提到了善后的其他措施。不过，在余靖、孙沔南下时，宋仁宗并没有发下类似的诏书。大约一方面宋仁宗对狄青有别样的情感，狄青是他的"关张"，他当然自诩刘备，关羽、张飞南征，刘备自然要多叮咛几句。再则，也表现了宋仁宗对狄青的信心。狄青出征之际，皇帝已经开始考虑平叛之后的安抚政策了。

狄青还在南征途中，他的同事、枢密副使王尧臣又给皇帝上了一条建议，建议把广南西路的各州，在军事上分为三路。其中融州、柳州、象州、宜州为一路，首府在宜州；白州、高州、窦州、雷州、化州、郁林州、仪州、藤州、梧州、龚州、琼州、容州为一路，首府在容州；钦州、宾州、廉州、横州、浔州、贵州、邕州为一路，首府在邕州。这三个首府州，分别选派武臣担任安抚使都监兼知州。如果侬智高叛军入侵，则三路统率下属各州并力迎击。桂州派两制（翰林学士和中书舍人）以上的高官担任知州兼经略安抚使，总管这三路。安排两位兵马钤辖，在邕州驻扎。再安排两位监察官员担任走马承受，每季度入朝奏报前方情况。另外，招募澄海军、忠敢军、雄略军等属于厢军的精锐部队,补足过去的编制。以四千人屯驻邕州,两千人屯驻宜州,一千人屯驻宾州,五百人屯驻贵州。同时在广西、江南、湖南三路增调北方士兵。又谈到了运输钱粮、增修城墙等政策。

宋仁宗拿到王尧臣这条奏章,也不让朝臣讨论,直接派人转送给行军途中的狄青,让狄青决策是否可行。狄青抽空考虑之后,回奏皇帝"不错",于是宋仁宗传旨,依照王尧臣的奏章来安排。这个小小的插曲,再次足见皇帝对狄青的信任和放权。哪怕是大臣直接给皇帝的旨意,只要是关乎广南的,都让狄青来做决定。

狄青对皇帝的信任,自然感激,一心图报。然而他深知,要回报君恩,保国安民,决不能急。宋朝历来兵不知将,将不知兵,此次自己以枢密副使身份领兵出京,随同的禁军也都是毫不熟悉的。自己过去在陕西和河北训练的兵马,并不在身边。如果急于求成,火速南下,队伍散乱,匆忙去与凶悍的叛军决战,是可能吃亏的。

因此,狄青一方面传令南方各路军马,坚守城池营寨,不要轻举妄动,等他到达之后再做安排。另一方面严整队伍,从容进军。每日行军数十里,到达大州就停下来休整。行军与驻军之时,下大力度整顿军纪军容。禁军在开封城散漫惯了,骚扰民众也是家常便饭,简直就是一群披着国家编制的混混。如今在狄青的铁腕下,这帮兵痞吃尽了苦头。狄青要求,无论行军的队列,还是驻扎的营垒,都必须严格按照编制,排列整齐。包括运输粮草的后勤部队、修筑军事设施的工程部队这些辅助人员,也都各有队伍。令行禁止,违令者严惩不贷。之前余靖、孙沔的部队,沿途扰民不断,鸡飞狗跳。而现在,有士兵在途中抢了老百姓一把蔬菜,被狄青当场抓着拖到路边,斩首示众,全军悚然。

经过狄青数十日的调教,当初吊儿郎当的禁军焕然一新,队伍整齐,军容肃然,走在路上昂首挺胸,精气神十足。上万人的队伍,没人敢说话,走起来除了脚步声,居然听不到人声。沿途官民纷纷称奇。

第四章 南疆建奇功

皇帝叮嘱狄青要小心暗算,事实上即使皇帝不叮嘱,狄青也有准备。每到一处住下来,狄青都吩咐严密守御营寨四面,每一个门都有两个军官专门负责看守,谁也不许随便出入。但狄青也并不是闭门当缩头乌龟。凡是有事情要禀告狄青的,都可以迅速通报、传达到位。正所谓静如磐石,动如流水,军营的各方面功效都得到了最大限度的发挥。

行军多日,狄青到达湖南的永州城。永州距离南岭很近,过了永州再往南翻山越岭,就是侬智高肆虐的两广地界了。

在永州,狄青穿上便服,前去拜访了在家的文臣陶弼。陶弼(1015—1078)比狄青小七岁,在历史上的主要身份是诗人,之前的官职都不高。但他在侬智高叛乱的前期担任杨畋的参谋。当时他带着几十个人徒步前往杨畋的营地,经过贺州时,恰好狄青的旧部蒋偕战死,蒋偕的部下害怕回去被朝廷惩罚,情急之下,很多人投降了侬智高。陶弼多次遭遇这些散兵游勇,于是假托杨畋的命令,在道路上张榜宣布,说蒋偕的部下只要回归宋军营地,一律免去死罪。这么一来居然有一千五百多人跟随陶弼回归。杨畋被贬官后,陶弼回到故乡永州。狄青与他交谈,主要是为了了解前期战争中宋军存在的弊端。

在狄青的虚心请教下,陶弼指出了他认为的问题所在:

> 两广地区的地方官吏,多是贪墨不法之徒。他们甚至希望少数民族地区闹出乱子,好趁机从中渔利,中饱私囊,而不管朝廷安危、百姓苦难。这种恶性惯例一直持续到今天。侬智高能打到广州,根本不是他自己多么厉害,完全是官吏们胡作非为引诱他来的。不然,侬智高哪能有机会出他的巢穴来到广州!现在若能诛杀那些不用命的贪官污吏,真正掌握兵权,改变旧日的恶俗,区区侬智高,灭之易如反掌!

狄青原本对两广官场的黑暗就有耳闻，但从亲历者陶弼口中说出，又加深了一重印象。看来，不先治理内部这一摊污水，是不能肃清侬智高这股乱流的。狄青决心重症用猛药，快刀斩乱麻，尽快树立军威。

陶弼侃侃而谈，挥斥方遒，令狄青颇为欣赏。此后，陶弼担任宾州、邕州、广源州的知州。他在邕州任职时，专门在狄青帅府的旧址修建了"三公祠"，祭祀狄青、孙沔、余靖三位平南正副主帅。

神鬼难测

皇祐四年（1052年）冬天，狄青率军南下，暂时驻扎永州。

当时，永州有一位女异人，号称何仙姑。据传，她本是一个普通民女，在野外放牧的时候，遇到仙人，给了她几个枣子。吃完以后，就"成仙"了。她这成仙，也不会腾云驾雾，呼风唤雨，就是不食人间烟火，能知过去未来之事。她独自居住在一间小房子里，过往永州的士大夫都会尊敬地拜访她。

狄青带兵到此，也来拜见何仙姑，问道："仙姑啊，我征讨叛贼侬智高，胜败如何呢？"

何仙姑闭目掐指一算，神叨叨地回答："公不必见贼，贼败且走。"然后就再也不肯说什么了。

据说，狄青开始还不太相信。既然说侬智高要败走，那他为什么又不必见贼呢？但这毕竟听起来是个吉祥的兆头。几个月后，狄青击败侬智高，平定叛乱，而侬智高却逃亡大理国，并没有被狄青斩杀或者捕获，似乎正应了何仙姑的话。

那么，是何仙姑真的这么灵验吗？当然也有可能。但另一种可能性或许更大。

狄青的一贯表现，是"敬鬼神而远之"。如果真要借助鬼神，他不

第四章 南疆建奇功

会把希望寄托于莫测的天意，而会主动去营造一个"天意"来鼓舞人心。就在不久之后，他在桂州以南的灵顺庙，当众宣布抛铜币占卜胜败，其实却作弊用了两面钱。对狄青来说，如无必要，不必去问天意鬼神。既然要问，一定得预设好的结果。否则，冒冒失失去问何仙姑，而何仙姑出于某种原因，给出一个明显不吉利的预言，岂不是会让军心涣散吗？

由此可知，大概率是狄青预先给何仙姑打了招呼，两人串通起来表演双簧，给出一个对己方有利的预言，提振士气。

至于说，万一最后侬智高被狄青擒获或者斩杀，"不必见贼"的预言如何圆回来，这就更没问题了。"不必见贼"既可以解释为侬智高最终逃走，也可以解释为狄青没有见到活着的侬智高，甚至可以解释为狄青尚未见到侬智高就已经运筹帷幄，奠定胜局。反正人嘴两张皮，咋说咋有理。就算是最终圆不回来，反正已经打了胜仗，谁会去追究当初预言准不准呢？就算何仙姑的神通在永州当地破产，难道狄青不会给予她足够的荣华富贵作为配合演戏的报酬吗？

这时先前派遣的孙沔和余靖两位文臣主帅却又闹起了幺蛾子。孙沔是个老狐狸，知道兵凶战危，惧怕侬智高，就和副手太监石全彬留在湖南，等狄青到了才一起南下。而余靖早期就去了岭南，指挥一线作战。

这位余靖在朝堂上惯于口舌之争，纸上谈兵也是张口就来。当初在水洛城案件中，他打着理性客观中立的旗号，暗地里污蔑狄青。后来范仲淹、韩琦用狄青担任泾原路的统帅，余靖更是吃了火药一般跳出来，连上四道奏章抨击。在余靖笔下，狄青被形容成一个只有匹夫之勇，没什么才能的赳赳武夫，而且说狄青没为国家立下什么功劳，当一路统帅国家必定吃亏云云。总之，科举出身的余靖身上，傲慢与偏见十分浓厚。他自以为饱读诗书、博古通今，对付侬智高，定然也可以运筹帷幄、手到擒来。

待到余靖被任命为知桂州、广南西路安抚使，经制广南东西路盗贼事，终于有机会亲自带兵，去真刀真枪厮杀，建立他心中唾手可得的军功，这时候，他才知道战场打仗不像写文章那样容易。他带领的官兵面对侬智高败多胜少。前面吃的许多败仗已经讲过。等朝廷委派狄青南征，在狄青到达之前，侬智高十月里又连续攻克了宾州、邕州等地，宾州知州程东美、邕州知州宋克隆先后弃城而逃。后来宋克隆因为杀良冒功等罪过，被发配沙门岛。

余靖连吃败仗，又看同为文人大帅的孙沔居然躲在南岭以北，打死也不肯来拉他一把，不由得又怒又急。他担心侬智高勾结交趾国入侵，因此提出一条策略：一方面派人向交趾求援，请交趾派兵夹击侬智高；另一方面拉拢边界的侬氏、黄氏部族首领，给他们授予官职，让他们在侬智高背后点火。这叫"以夷制夷""驱虎吞狼"。有人质疑，这样做到底有没有效果？余靖很得意地说："就算他们不能真的打击侬智高，只要让他们不去帮侬智高，也算是断了叛军一条胳膊了！"

余靖这边自以为得计，朝廷却比较担心。十一月初，朝廷先传旨说余靖招募的那些少数民族部落首领，就算口头答应帮助宋军打侬智高，但他们到底安的是什么心不好说，让狄青、孙沔和余靖务必多加小心。当然，余靖拉拢少数民族首领这一条策略整体来说还是有些效果的。那些部族首领虽然没有马上背弃侬智高，但在宋朝的拉拢下，都存了观望的心思。后来当宋军取得优势时，这些人更是对侬智高落井下石，客观上加速了侬智高的崩溃，此是后话。

交趾国王李德政也向宋朝上表，称愿意率领几万大军帮宋朝剿灭侬智高。朝廷开始还不太愿意，想让交趾兵别来。余靖说："侬智高本来就是交趾的叛逃者，让交趾出兵剿灭他们是合理的。现在交趾几次发文书请求出兵，还是很有诚意的。就让他们出兵吧，哪怕不能攻灭侬智高，也算让交趾和侬智高之间彻底决裂。要是不让他们出兵，惹恼了他们，只怕反而去帮助侬智高，那就麻烦了。"朝廷怕麻烦，只好同意，传令拨款二万贯作为军费，等平叛之后再赏三万贯。余靖也在邕州、钦州准备了一万人的粮食，准备接待交趾援军。

狄青得知这个消息，赶紧向朝廷奏报：

> 李德政说要带步兵五万、骑兵一千增援官兵剿灭侬智高，这绝非实话。况且，为了剿灭国内的贼寇，却向外国借兵，这样是没有好处的。区区一个侬智高，纵横两广，蹂躏千里，我们自己的力量不能灭掉他，却要借交趾的兵，这样做是显示我大宋虚弱。交趾人贪得无厌，见利忘义，让他们小看我大宋，反而可能引发更大的动乱，那就很难控制了。

狄青的见解很有道理。想用交趾来对付侬智高，说起来是"驱虎吞狼"，实践起来很可能前门拒狼，后门进虎。大国的国家安全，主要靠自身力量保障，借用外国力量必须在己方能够把控大局的前提下进行，否则就可能遭到反噬。书生余靖卖弄纸面上的谋略，却没有想通这血写的定律。宋仁宗再度采纳狄青的建议，把借用交趾兵的事情给否决了。

余靖借兵交趾的事情黄了。可这位文臣怎么也不愿让他看不起的武夫狄青爬到自己头上。借兵交趾只是他的一条策略，他同时还在实行另一个措施。为了和狄青斗气，聪明人余靖居然出了昏招：借兵事件还在半道的时候，他就命令自己麾下的广西兵马钤辖陈曙带领八千兵马，向侬智高发动攻击，企图赶在狄青到来之前立一份功劳。

余靖也不想想，他到岭南也几个月了，一直吃瘪，现在孤注一掷想捡个便宜，哪有那么称心如意的事？十二月初一，宋军与侬智高在昆仑关附近的金城驿交战。陈曙本来就不善于带兵，部队纪律很差，不服从号令。甚至已经和叛军遭遇之后，很多士兵还在营中聚众赌博。这样的部队怎么可能打胜仗？东头供奉官王承吉带兵五百为先锋，仓促披甲上阵，几乎全军覆没，王承吉死于乱军之中。宋军一触即溃，死伤数千，白州长史徐璭也战死。陈曙等人狼狈逃回。

没多久，狄青的大军越过南岭，到达桂州，与孙沔、余靖两位副帅所部，以及从西北调来的精锐蕃落军等会合。按照先前孙沔传播的流言，对外号称二十万大军，实际兵力四万左右，其中作战兵力大约是两万人。

狄青在桂林城对兵马进行整顿，重申军令之后，下令南进。然而，此时部队的士气很是一般。毕竟之前几个月都是被侬智高摁着各种花式揍，就在大军南下途中，还发生了陈曙所部被叛军击溃的事件。虽然狄青麾下主力都是新调来的兵马，但士兵们心里没谱。

战场上怎么重视士气都不为过。一个人如果丧失信心，能力就会大打折扣。在千万人的军伍中，如果很多人都怀疑己方不能胜利，那很可能就真的得不到胜利。狄青深知这一点。他决定再用一点手段激励士气。

大军出了桂林城不远，道路旁有一座大庙。狄青对众将说："听闻这座大庙的神明非常灵验，我打算去祈祷一番，希望神明庇佑大军得胜。"

孙沔、余靖等文臣估计心中不以为意，子不语怪力乱神嘛。当然，大军打仗这种事情，既看实力和准备，也要看运气，求个彩头没什么不好。一般的军官和士兵，常年刀头舐血，通常比较信这种冥冥之中的事。大军就在庙外面的道路边停下来，等待主帅狄青祈祷。离得近的都眼巴巴地看着庙里。

狄青进庙，焚香祭拜，祈祷胜利。这一切都做完后，按说大军该继续开拔了。

狄青却不消停。他朗声对庙中的神说道："神明在上，狄青此去征

第四章 南疆建奇功

讨叛贼，胜败无凭，愿问天买卦。我这里有一百个钱，现在我把它们投掷在庙门外的地上。若是神明庇佑，此去能大获全胜，就让这一百个钱都正面朝上吧！"

狄青此言一出，左右无不变色。余靖、孙沔等人面面相觑。狄青这是疯了吗？

今天学过概率基本知识的朋友都可以算一算，一个钱币投下去，假设正面背面的可能性是一半对一半，那么投两个钱，正面都朝上概率就是 1/4。如果投 10 个钱，正面都朝上的概率是 $1/2^{10}$，略小于 1/1000。而投 100 个钱，正面都朝上的概率就是 $1/2^{100}$。

狄青身边的官员们大概不会算得这么精准。但就算凭常识，他们也能判断出，一百个钱币全部正面朝上，这个可能性太小了，微乎其微，基本不可能。一般投钱币买卦，常见是投两个钱币，有时候投一次，有时候投三次，也有五六次，算起来最多也就相当于十来个钱币，而且不同的结果还有不同的解释，根据《易经》之类的理论，代表不同程度的吉凶，并不是只有全部正面这一种吉利结果。

你狄青就算迷信神明，拿三五个钱投一投，意思意思不就得了？三五个钱全部正面朝上，希望还大点。一百个钱币都要正面朝上，就算神明真的要保佑，也累死神明了！等投出来一些钱币背面朝上，这不是反而让军心沮丧吗？

因此，左右纷纷劝阻狄青不要这么做，但狄青坚持。他向全军宣告了这个抛钱币买卦的规则，然后捧着一百个钱走到庙门口，双手一撒，稀里哗啦，一百个钱币掉落一地。

数万人马一起发出震惊的声音。最前面几排的士兵伸长脖子瞪大眼睛看着这一百个钱。后面的虽然看不清楚，也都踮脚张望着。再后面的大多数人根本看不到，只能听前面的传言，一片叽叽喳喳。

待到所有钱币落地躺平，前排的一看，居然整整齐齐，全部是正面朝上！

数万人再次轰动起来，欢呼声震天。狄青趁热打铁，向士兵们宣称："神明有言，我军必胜！"他下令将一百个钱都用钉子钉在地上，覆盖青纱，又亲手加上封条，然后对神庙祝祷："多谢神明庇佑，待到我军凯旋，再来重重酬谢神明，把这些钱赎取回去。"就这样，士兵们怀着"神明在我"的信念，投入了平南之战，果然很快取得胜利。待到后来凯旋时，狄青如言在神庙捐献了香火，去掉封条，收起青纱，拔出钉子，把一百个钱收起来，与幕僚们共同观赏。幕僚们这才恍然大悟，原来这一百个铜钱乃是"双面钱"，也就是两面都是正面，当然不管怎么扔都是正面朝上了。

虽然狄青作弊，但毕竟鼓舞了士气，因此朝廷封这座庙为"灵顺庙"。后来大奸臣蔡京的儿子蔡绦在靖康元年（1126年）被发配岭南，经过此庙，记录下这个故事。稀奇的是，据蔡绦自己说，他经过这座庙的时候，做了非常奇异的梦。看样子，这庙真的沾染了灵气。

斩将立威

狄青通过双面钱的把戏振奋了军心，解决了士气低落的问题。但另一个问题要严重得多，那就是军纪涣散。岭南本来就属于宋朝统治比较薄弱的地区，散漫惯了，外地官兵到此也不禁"入乡随俗"。在先前征讨侬智高的几个月战争中，岭南各路将领把主帅看作普通同僚，毫无忌惮，根本没有个上下尊卑。每次开军事会议，七嘴八舌，吵吵闹闹，安排任务时讨价还价，执行的时候更是敷衍搪塞，进退都不肯用心。主帅完全无法驾驭下面的将佐，几万人的大军没法形成统一号令，怎能不打败仗？

面对这样的情况，狄青决心从严治理。当狄青刚刚翻越南岭进入两

第四章 南疆建奇功

广地界时，随军广南转运使李肃之就来拜见狄青，并对他说："大帅，我是随军转运使，从今天开始我负责大军钱粮转运。请问大帅，大军需要多少粮食，需要提供多少天？这样我好预先准备。"

这话听起来像是工作沟通，但实际上是在准备推卸责任。意思是你给个数，我完成了就没我的事了。狄青眼睛里不揉沙子，一板一眼地对他说："我这次南征侬智高，不管东西南北多远的距离，也不管哪一年多少月多少天的日子，总要把侬智高灭掉为止。既然你是随军转运使，那么就要跟随我的军队行进，随时保障粮草供应，让每个人都吃饱肚子。要是有一个士兵吃不饱，我先砍了你这转运使的脑袋！"

李肃之闻言悚然，这才知道狄青不好糊弄，赶紧连称"是是是"，后面他竭力保障军粮供应，果然一点差错都没出。狄青的南征大军吃得饱，有力气，才能迅速扑灭侬智高叛乱。

粮草供应的事情，吓唬几句就可以了。但战将不奉号令，擅自行动，却不能光是口头警告。皇祐五年（1053年）正月，狄青大军从桂州入宾州城中。正月初八一大早，狄青传令升帐，众文武官员列坐行辕，狄青高居帅位，怒道："王师败于侬智高，都是因为号令不齐！前番本帅南下前早有严令，岭南各部不得擅自与贼军交战，等本帅到后再做处置。然而上月还是有金城驿之败。"

听到这里，堂下坐着的众将都不禁出了一头冷汗。狄青站起身，离开帅位，下到堂前，向陈曙作了一揖，请他离座。陈曙战战兢兢地站起来。狄青又点了殿直袁用等三十余名将佐的名字，这些人都是先前违令擅自出战的。等这些人都站出来，狄青脸色一凝："违令出战，丧师辱国，若不明军法，何以报国家，何以对天子？"说完便下令将他们推出去，依军法斩首。

一看三十多人居然要被尽数斩首，在座众文武官员都吓得两腿发抖。怕得最厉害的要数余靖。因为陈曙出战，其实是他的命令。想起当初自己在朝中和狄青作对，在奏章中对狄青的各种贬损，而现在自己作为他的部下，违背将令擅自出兵，还吃了败仗，狄青按军法杀他简直是名正言顺。

余靖毕竟也是一位名臣，举止还是有些章法的。他赶忙出席，来到狄青面前下拜道："陈曙违令出战，我也有节制不力之罪，请大帅一并处罚！"这样主动请罚，没准能坦白从宽。

狄青扶起余靖："您是文臣，行军打仗不是您的责任。"再加上孙沔在旁边劝解几句，这件事就这么轻轻揭过去了。

狄青这里的做法，仿佛有些不公平。斩杀了陈曙等武将，却放过违令擅自出战的罪魁祸首余靖。这也是不得已而为之。狄青已不是当年那个戴着铜面具大杀四方的愣头青。身为枢密副使，整个大宋帝国南方的最高统帅，他的举措必须考虑政治因素。余靖是之前朝廷任命的岭南方面统帅，现下则是他的副帅，同时又是资深的文臣。如果狄青以统帅身份将余靖重责甚或杀掉，必然再度在朝中引起轩然大波。即使皇帝和宰辅大臣支持，他也将遭到文臣团体的攻击。军中他身边的其他文臣出身的将佐，包括另一位副帅孙沔，也可能兔死狐悲，将矛头指向他。当初水洛城事件之所以闹得沸沸扬扬，很大程度就是因为狄青以武将身份对文臣董士廉进行抓捕和拷打，引发了士大夫的不满。现在余靖的身份地位可比董士廉要高出不知多少。因此，狄青对余靖甚至重话都没有说一句。

放过了余靖，狄青又走到提刑祖择之面前，问道："祖大人，这些将领出战败亡，到底是怎么回事呢？"

祖择之心想坏了，狄青放过了余靖这个大官，怕是要拿他这个小官立威啊。他也是急中生智，装出一副理直气壮的样子，大声道："狄大帅，您可不能对我无礼！当初我离开首都来此地时，皇上对我专门有宣谕！"

狄青一愣。就在这电光石火之间，祖择之对堂下的随从叫道："快把我的马牵来！"随从也机灵，赶紧把马牵来。祖择之直接就在议事厅踩镫上马，鞭子一甩，冲了出去，把莫名其妙的狄青、余靖、孙沔和一群文武官员扔在后面。出了行辕，他骑在马上，仿佛腾云驾雾，四体麻木不听使唤，连脑子都迷糊了，只知道控马往自己的住处跑。就这么迷迷瞪瞪赶到自己的住所，这才发现，自己刚才不觉已经吓得大小便失禁，不光是裤裆湿透，甚至连马鞍上都满是屎尿，臭气熏天。祖择之费尽全力才把抖得筛糠一样的臭烘烘的双腿从马背上放下来，心有余悸地说："要不是我情急之下搬出皇上，只怕难逃被狄青斩首的厄运！"

祖择之侥幸逃得性命，已经被抓起来的陈曙等三十余名将佐则在劫难逃。不过，狄青杀他们，是为正军法，为明军纪，并非和他们个人有何恩怨，更不会故意折辱他们。因此，斩首之前，狄青命人尽量宽待他们，让他们走得安心。陈曙和另一位供奉官一起被抓到院子里，狄青对他们说："两位有什么后事，请尽管讲来，我一定尽力为你们办到。"这时候，身为从五品兵马铃辖、从七品崇仪使的陈曙，已经吓得魂不附体，神志不清，表情木然，一句话都说不出来。而那位从八品的供奉官却面无惧色，神情慨然自若。他对着狄青磕头后说："多谢大帅成全。我犯了军纪，万死无恨。只有一件事情请大帅开恩。我母亲早已去世二十年，但因我为子不孝，现在尸骨还寄存在本州的存留院，没有来得及安葬。我今天犯罪被处死，请大帅杀我之后，把我的尸体焚化，将我的骨头派人送回家乡，连同我的遗书一起交给我的妻子和儿子，让他们买一块坟地，把我和我母亲的尸骨一起安葬。这样，我吃法场一刀，九泉之下也安心了。"

狄青答应了这位供奉官的遗愿，吩咐给这些要被处斩的将佐送上酒肉，让他们吃得醉饱之后再上路。陈曙知道这是断头酒，放声大哭，一口也吃不下。而这位孝顺的供奉官则如同平日赴宴一样大吃大喝。吃饱喝足之后，他对围观的士兵们说："我原本只是个普通士兵，今天陪同将军同赴黄泉，赚翻了啊。弟兄们，你们跟着狄大帅好好奋进，为国杀敌立功，千万不要学我。"说完，他索要纸笔来，写好了给家人的遗书，一个错别字都没有。

遗书写完，犯人被押到闹市口，该斩首了。当时天很冷，狄青分外照顾这些被处斩的将佐，在地上铺了被子。陈曙几乎已经瘫倒在地，供奉官则端端正正跪坐在被子上，挺直身子。

摆好姿势后，供奉官对身后的刽子手半开玩笑地说："兄弟，你这把刀磨得快不快？要是一刀砍不断我的脖子，我要到阎王爷那里告你业务荒废，虐待犯人！"

刽子手答道："老兄，放心，包你痛快。"刀光一闪，人头滚落，血光飞起。

同为孝子的狄青，看着这视死如归的男儿，感慨万千。若不是遇上了昏庸的上司，他本应当在前线浴血奋战，哪怕是为国捐躯，也好过如此枉死。

整顿军队完毕的狄青，如今要与反叛的侬智高决一死战。

夜走昆仑关

皇祐五年（1053年）正月初八，狄青斩杀陈曙等三十余名违令兵败的将佐后，全军士气如虹，只待狄青一声令下，便要去与侬智高决战。

当时狄青大军驻扎在宾州，而侬智高叛军盘踞在邕州。宾州位于邕州东北，直线距离不过六十多公里，现在走国道差不多八九十公里。再算上古代道路盘旋曲折，也不过是数日的行程。然而狄青却按兵不动，令众人摸不着头脑。

原来狄青考虑到，侬智高的叛军在规模上大致与自己率领的官军相

第四章 南疆建奇功

当。论部队的素质、装备和训练，官军当然占据优势。但叛军都是岭南土著，在这山地行进比官军灵活。如果就此前往，与叛军在两地之间的山区陷入持久战，可能造成较大损失。

狄青想要一举击溃敌军主力，而不是节节逼近，让叛军节节后退，节节抵抗。

狄青在开封时，还没正式敲定出兵，就曾给宋仁宗分析，侬智高叛军最大的麻烦是，如果主力大军南下，怕他逃回边境老巢不出来，等大军走了他再来，如此反复袭扰，将永无宁日。

狄青大军南下途中，有一位与他同岁的文臣刘几也曾进言，侬智高听说大军前来，如果退回巢穴，等到夏天瘴气起来，北方骑兵不能适应岭南湿热的气候，大军就只能先班师，待秋天转凉后再战。但如果侬智高自以为厉害，前来主动求战，那么宋军一定可以擒拿他。也就是说，宋军只有半年的作战窗口期，必须在这窗口期内一举歼灭叛军主力。

后来狄青到岭南后，孙沔也曾给他出主意说：

> 站在侬智高的角度，他的上策是退回巢穴，避过风头；中策是守住邕州城，让我军久攻不下，师老兵疲；下策是与我们正面作战。以我看，侬智高仗着先前运气好，在岭南横行无忌，骄傲狂妄，看不起官军。他很可能会出下策，来和咱们决战。这样的话，我与元帅合力同心，这贼子必然死无葬身之地！

总之，宋军中有谋略的将士大都意识到，随着狄青统一军权，在战力上压倒侬智高问题不大。关键是不能让他退回去，要设法在决战中摧毁其主力，使其一蹶不振，再也难以危害南疆。如果在宾州和邕州之间的山地与叛军陷入持久战，一则损耗兵力，二则叛军受到打击后可能迅速回窜，这样就是打草惊蛇，纵虎归山，并不利于平叛。

宾州距离邕州直线距离约六十公里，两城之间主要是山地，地形复杂，不利于大军展开。而在两地之间约三分之二的地方，也就是距离宾州直线距离二十多公里，距离邕州直线距离四十多公里处，有一处要地，名"昆仑关"。也就是近九百年后，杜聿明将军率第五军与侵华日军血战之处，如今叫"昆仑镇"。

昆仑关是邕州东北的咽喉，地势虽不甚高，但其位于大明山之余脉，周围群山环拱，层峦叠嶂，苍峰似海，绵亘相偎，隘道狭窄，谷深坡陡，不利于大部队展开。若是侬智高以精锐扼守于此，数万官兵很难急进。一旦打成持久战、消耗战，既可能增加官军伤亡、日久生变，也方便侬智高逃回巢穴。狄青速战歼敌主力的谋划可能落空。

狄青决心尽快拿下昆仑关。针对侬智高可能的心态，他使出了一条骄兵之计。

首先，狄青在南岭以北的行军，速度不快，但队伍严整，军威如炽，狄青的中军帐更是防护森严。从桂林出发之后，却忽然换了一种风格。每天天刚亮，先派先锋部队出发。等先锋部队出发后，狄青才大摇大摆地出来，升帐接受众将参拜。参拜完毕，叫众将就座，喝点小酒，吃点小菜。等稍微过了酒瘾，中军再不紧不慢地开拔。几天下来，大家都习以为常。侬智高的探子得知消息，认为狄青也是个贪图享受、爱摆谱的主儿，而且看这架势，行军速度一定快不了，不觉放心了。

狄青在正月初到达宾州之后，当众宣布，现在补给还没运到，先驻扎五日，筹备粮草。在正月初八斩杀了陈曙等三十余名将佐立威后，狄青依然不出战，而是宣布，粮草还没备足，再筹备十日。这样一来，侬智高就更加懈怠了，认为宋军要南下，怎么也得等到正月下旬去了。狄青在宾州城依然按照之前行军途中的规矩，每天上午跟部将们喝顿小酒，吃点小菜，然后再进行一天的工作，只是无须行军了。

筹集粮草期间，狄青与孙沔、余靖商量，把全军分为三路。狄青率

第四章 南疆建奇功

领前军,主力是从西北调集的骑兵部队;孙沔率领中军,主力是精锐步兵部队;余靖率领后军,除了一部分主战部队外,辎重部队等辅助部队和文臣们大都在这一路。这样,以前军突进,中军支援,后军跟进,形成一个简单而有效的作战队形,兼顾了部队作战的机动性和连贯性。不过,军队虽然编组好了,打算怎么用,狄青却没有说。

很快,皇祐五年(1053年)的上元节即将到来。上元节就是正月十五,我们现在一般叫元宵节。在宋代,这是一个非常重要的节日。一般上到首都开封、各大重镇,下到一般县镇,都会举行灯会,欢度节日。皇帝也会出来与民同乐。《水浒传》中就描写大名府的留守梁中书,因为正在和梁山好汉打仗,本来想停止上元节灯会,却拗不过民意,最终还是举办了灯会,结果梁山好汉乘机混入城中,大闹大名府,救出了卢俊义。后来宋江也是趁着上元节灯会,带领柴进、燕青、戴宗、李逵等人混入东京开封,与李师师接上头,最终促成了招安。

上元节如此重要,而宋仁宗因为南征战事正激烈,宣布今年灯会不办了。连首都开封都停办了,千里之外的岭南,明明距离敌人只有百余里的狄青却偏要在宾州城大办灯会。他下令家家户户张灯结彩,燃放鞭炮。宾州城的老百姓,过去几个月遭受叛军威胁,朝不保夕。如今虽然双方尚未分出胜败,但大帅狄青的数万官兵驻扎在此,料想短时间内叛军不敢前来袭扰。加上朝廷又颁布了诸多减免租税、赈济难民的政策,民心稍安,也打算趁这个节日好好娱乐一下。于是乎,城中灯火通明,炮声不绝,欢声笑语,热闹非凡。

这个活动在宾州延续了近千年,直到今日,"宾阳龙炮节"依然是每年正月必备的欢庆活动。

同时,狄青还准备了大量酒肉,宣布要举行三夜饮宴:正月十三日的夜里,是大帅狄青宴请诸位中高级将领;正月十四日夜里,饮宴的再加上各级军官;到正月十五日夜,上元节的正日子,则是全军上到将领，下到小卒，一起饮宴。

计划颁布后，全军一片欢腾。将领们身居高位，自然对酒席什么的早已不稀罕，但在这南方烟瘴之地，能趁节日饮宴三天总不是坏事。而数万普通士卒，更是期待着十五日夜里的宴席，好大吃一顿，犒劳下自己的肚肠。

正月十三日夜里，高级将领们的宴会如约进行，大家举杯欢庆，一直到天将破晓，这才尽兴而归。

正月十四日晚上，宾州城灯火照天，军中将校齐聚行辕内外，摆开酒宴，丝竹悦耳，觥筹交错。狄青坐在主位上，与邻近的高级将领笑谈，时不时巡行酒令。喝到二更左右，狄青忽然起身，说自己身体有些不舒服，先回后帐去歇息片刻，各位自管饮宴。

众军官也不在意，自顾自继续吃喝。此时天已经完全黑透，外面起了大风雨。宾州城中的灯会自然散了，军官们在行辕中热酒热菜吃着喝着，那叫一个舒适。可是等了很久，狄青还没回来，众人不禁有些纳闷。这时候又有狄青的心腹侍卫出来，说大帅贵体欠安，刚刚吃了药，需要再多休息会儿才出来。请副帅孙沔暂时代替他，招呼众将士们饮宴。

酒宴照常进行。帅帐中狄青的心腹不时出来，转达大帅的口谕，让诸位吃好喝好，大帅还得再有一会儿才出来。可是一次两次、三次四次，始终不见狄青出来。直到天已破晓，众军官这时候吃也吃够了，喝也喝够了，就想回去躺一躺。但大帅还没回来，总不好先走。问副帅孙沔，也是一问三不知。

正在此时，忽然传来报告，说狄青大帅已经夺了昆仑关，叫诸位将官立刻各整军伍，拔营而进，到昆仑关吃饭！

原来狄青二更时分推托身体不适，离开宴会，立刻汇合了自己精选的前军官佐，带领一支精锐骑兵部队，风驰电掣直扑昆仑关。昆仑关距

第四章　南疆建奇功

离宾州城的直线距离只有二十公里左右，狄青挥军急进，铁马奔驰，夜半时分已到关下。

这时凄风冷雨，漫天黑云。侬智高被狄青先前种种障眼法蒙蔽了双眼，以为狄青短时间内不会进攻；又从间谍那里得知狄青三日宴会的安排，再看宾州城内火树银花，龙飞凤舞，心想狄青和宋军欢度上元节，自己不如也趁此机会放松下，又何必一直紧绷着？加之入夜之后风雨大作，就更想不到宋军会来。昆仑关这种咽喉要地，居然没安排什么人马把守。就算有少数散兵游勇，个个也都心不在焉，哪里抵挡得住狄青精选的勇士？故而狄青几乎是兵不血刃，就把昆仑关夺占下来。

宾州城的众军官到天明才知道这个消息，又是惊喜，又是悚然。不想狄青用兵，神出鬼没到这种程度。这时大家才注意到，狄青精选的一部分前军军官，压根就没有来参加宴席。

当下，孙沔、余靖整顿中军、后军以及留在城中的前军人马，前往昆仑关。由于之前狄青在宾州停留多日，外松内紧，主要就是在整备人马，各项措施都早已完备，现在一声令下，数万宋军一队队有条不紊地出城往西南而进。不一日，宋军各部均已越过昆仑关，直逼邕州。

小贴士

夜夺昆仑关的不同记载

狄青取昆仑关有诸多不同记载，虽然在"迷惑敌人，突然袭击，不战而取"这一点上是一致的，但具体细节彼此出入很大。《续资治通鉴长编》写狄青早上从宾州出发，用了一天时间，傍晚到达昆仑关下，然后次日早上攻关；也有人认为狄青是到昆仑关附近之后才宣布大宴三日，然后第二天半夜带兵夺关的。但以常理推断，昆仑关距离邕州路程一百余里，如果侬智高得知狄青已经兵临关下，就算再松懈也不可能毫无防备。

因此狄青奇袭昆仑关的出发地应该是宾州。

狄青雨夜夺昆仑关，未经正式战斗，似乎颇为平淡。然而平淡之中，正显神奇。昆仑关为邕州外围第一险要处，侬智高若据守于此，不但可以杀伤宋军，还能争取更多时间，无论是逃亡老巢还是加固邕州城防，均大为从容。而现在，狄青瞒天过海，几乎不战而得昆仑关，使侬智高可资利用的要隘化为泡影，也将侬智高逼到了"必须和宋军主力决战"的境地。

决战归仁铺

皇祐五年（1053年）正月十五日凌晨，狄青暗度陈仓，趁雨夜侬智高叛军被麻痹之际，率前军精锐不战而夺取昆仑关。当日，宋军主力俱已跨过昆仑关，直扑邕州而去。

昆仑关距离邕州直线距离是四十多公里，史书记载昆仑关是在"邕州东北一百二十里"。宋军从昆仑关到邕州，不用急行军，也不过两三日的路程。从今天的卫星图上可以看到，过昆仑关之后到邕州（南宁城区），基本是一片被山地包夹的平川丘陵地带，再无大的险阻。

叛军首领侬智高，在之前几个月里纵横两广，所向披靡，养成了骄横之心。当刚刚得知狄青大军南下时，侬智高就曾扬言：

我过去长驱直入，一路打到广州，宋军望风而靡。之所以后来撤回邕州，是因为打算安抚后方的各部族。宋朝的名将，什么张忠、蒋偕之类，都被我砍下了脑袋。他们的步兵太容易对付了，根本不足为虑。我就是不太清楚宋朝的骑兵有多厉害。都说狄青是大宋名将，这次带着骑兵来了，我倒想试着和他打

第四章 南疆建奇功

一打。要是打赢了,我就可以越过南岭,长驱向湖南、湖北、江西。就算打不赢,我也可以退守南方部族的地盘,休养士卒,再征集马匹,编制骑兵。等骑兵练好了再出山,可以当世无敌。

后来狄青在岭南行军,每天喝小酒吃小菜,更是让侬智高大为放心,认为狄青也不过是个贪图享受的平庸之辈,盛名之下其实难副。

等狄青入驻宾州时,有人劝说侬智高,狄青这次带来了很多骑兵,骑兵善于平地作战,因此最好派精锐扼守昆仑关,等官兵屡攻不下、士气衰竭、粮草不济的时候,再出动主力决战。但侬智高被狄青的障眼法迷惑,对此建议置之不理。

现在,得知狄青在雨夜越过昆仑关,侬智高才发现自己轻视了这位名将。下一步怎么办?按照孙沔给狄青分析的侬智高的三策,上策依然是窜回广源州。但要跑就该先跑,侬智高没有先跑,现在狄青已兵临城下,在如此仓促的情况下逃跑,之前几个月在岭南劫掠的军资、财宝大部分只有抛弃,而且裹挟的多数兵士也可能逃散。加之狄青所部是骑兵,若是顺路在背后追杀,叛军只怕半道上就要瓦解。剩些残兵败将回广源州去,不得再受交趾的欺负吗?

中策是据守邕州城,但守城同样需要早做准备。而且守邕州就该守昆仑关,现在昆仑关一失,只能眼看着官兵把城池团团包围。自古以来,这种民间起义,只能打顺风仗,遭遇长期围城很容易陷入内乱,因为粮草不济或者军心瓦解而直接崩溃。侬智高对此没把握。

因此摆在侬智高面前的,只剩下决战这一条路,也就是孙沔说的下策。打赢了狄青,则进可再吞两广,退可保邕州安然无恙,侬智高的"大业"尚有可为。

侬智高要和狄青决战,也并非完全无谋的妄动。这位叛军首领在军事方面确实有一手。他手下的精锐部队是标牌兵,主要武器就是标枪和盾牌。常见的标牌兵是一手标枪一手盾牌，而侬智高创建了三人一组的战斗模式，一个人手持巨大的盾牌，盾牌是用岭南的百年树藤编织而成，富有弹性，既坚且韧，能同时防备刀砍枪刺箭射，甚至钝器敲击的威力也能卸掉不少。左右两人手持长枪，从盾牌后面戳出来攻击人。这是一个小组的战法。多个小组组成的战阵，则是前面盾牌挨着盾牌，连绵如墙壁一样坚不可摧，后面长枪手从盾牌的缝隙之间戳杀出来，任你千军万马冲到面前，也无法突破盾墙，只能被枪林杀戮。如果战局有利，盾墙又可以解散成三人小组追杀，即使战局不利，盾墙被打散，也可以用三人小组的模式且战且走。可以说，这是一种能攻能守的军事机制，相当于西方马其顿方阵的加强版，又兼具罗马军团的机动灵活。

侬智高凭借这种战术，打遍两广无敌手，宋军的步兵遇上叛军，几乎都溃不成军。宋朝官员称"皆以贼为鬼将神兵，非人可敌，故锋刃未交，而心胆已碎。后败甚于前败，今日甚于昨日，徒使狂童谓天无网"。战场的成果让先前的宋军心惊胆战，也让侬智高充满自信。现在，侬智高又要借此战阵与狄青决战。

狄青对于侬智高的标牌军，也是早有防备。孙沔向狄青献计，多准备长柄大刀与斧头。这种既重且利的武器，对付盾牌兵确实比一般的长枪短刀好使，狄青将其用于步兵。而攻破标牌兵最关键的还是骑兵。标牌兵的攻守结合，仅限于面朝一个方面，而骑兵可以充分发挥机动性，不断选择标牌军的侧翼、后方薄弱环节进行打击，还可以直接连人带马践踏标牌军，使标牌军的优势无从发挥。

另外，狄青给骑兵专门准备了一种武器：铁连枷。连枷本是一种农具，很早就被易作兵器，其形状有点像双节棍，下节棍手握，上节棍用于敲打敌人。上下两节棍和中间相连的绳索各长几十厘米，总长度一米多。这种武器在中国出现很早，《墨子》就记载可以用它来作为守城的兵器。守军躲在城垛后面，扬起兵器，无须探头出来就可以绕过城垛，敲打攀援而上的敌军。第一次宋夏战争中，这种兵器被西夏骑兵用于居高临下打击宋军步兵，挥舞时既可以利用绳索产生的很大的惯性力，同时又比大斧、狼牙棒等轻便。后来宋军也学会了使用铁连枷，而且使用得比西夏军更加娴熟。面对侬智高的标牌兵，狄青的骑兵在马上挥舞铁连枷，可以轻易绕过盾牌，打击叛军士兵的脑袋和躯干，是一种非常好用的利器。

以上是战斗层面的兵力、兵器准备，宋军的大刀、战斧、骑兵、铁连枷确实可以与叛军的标牌兵相抗衡，但最终决定胜败的还是临阵发挥。

元月十八日，狄青率领的宋军主力在归仁铺遭遇了侬智高率领的叛军主力。归仁铺位于邕州城东北约四十里，地势相对平缓，又有诸多丘陵可供藏兵，正是发挥将帅军事才能的好战场。

小贴士

归仁铺之战的时间，《续资治通鉴长编》说是农历正月戊午（十七日），而余靖给狄青写的墓志铭记载的是正月己未（十八日）。考虑到余靖是狄青南征的副手，十八日较为可信。昆仑关距离归仁铺直线距离三十多公里，路程估计百里左右。狄青先头部队十五日凌晨过关，主力十五日晚上全军过关，略加休整之后用两天时间赶到归仁铺，十八日与叛军决战，从时间上看比较合理。

双方参战的兵力，各史料记载不一。叛军侬智高一方，有说两三万人，有说四五万人。狄青一方，官军的总兵力也有说两三万到四万多人不等。整体来说，双方兵力大致相当。官军中有不少辅助部队，单纯论战斗部队，叛军的数量可能略多。

狄青专门选择了列阵归仁铺，而不是直达邕州城下，也是有意将叛军从城中引出来，在适宜骑兵发挥的地点与之会战。

侬智高方面，也正欲趁宋军长途奔袭、精神尚未完全恢复之际给予其迎头痛击。

双方都作出这样的选择，那么决战也就不可避免了。

眼见日头高照，双方各自占据了一片丘陵布阵。侬智高叛军数万之众，在朝向宋军的坡面摆开，列成三锐阵。精锐的标牌兵摆在最前头，长枪夹着大盾，士兵人人都穿着大红色的衣服，远远望去仿佛是烧遍山坡的火海，加上彪悍的吆喝声，让人望而生畏。那些比较孱弱的士卒和裹挟而来的壮丁则在三锐阵的后方列队，以壮声势，待胜利后再随着前军冲杀。侬智高带着黄师宓等一群谋臣，在大阵后方的高处观战。

狄青这方面，也是背靠一片丘陵布阵，但军队已经离开了己方丘陵，前进到平原，面朝叛军所占据的丘陵，以步兵为前锋展开。第一线的步兵部队，左军由贾逵率领，右军由孙节率领。孙节是狄青在延州时的老同事、老部下，作战勇猛，素有威名，后来调回中原，现在又跟随狄青南征。其余将佐统率中央兵马作为前锋的后盾。狄青自己站在山坡高处，以五色令旗掌控全局。余靖、孙沔等带一路兵马在后接应。

而决胜的骑兵，狄青把他们隐匿在阵后低洼处，分为左右两翼。张玉统率右翼，和斌统率左翼。这两人也都是狄青在陕西时的旧部。张玉曾跟随狄青掩护种世衡修筑青涧城，又跟随狄青修招安砦。有一次遭遇西夏三万人马，对面出来一员猛将，找人单挑。张玉手持一根铁锏出去迎战，没几个回合就把西夏猛将打落马下，取了他的脑袋和战马回来。从此军中称他为"张铁锏"。和斌则曾在定川寨的惨败中死里逃生，还保护将军曹偀平安归来。狄青深知这两人都是勇猛超群之士，又在宋夏战争中积累了丰富的战场经验，善带骑兵，故而将数千精锐骑兵交付二人，又和他们约定了旗号，给叛军致命一击。

第四章 南疆建奇功

战斗开始前，狄青专门向众将重申，务必遵循军令，不待军令轻举妄动者，斩！

两边阵势都已摆好，彼此虎视眈眈。一开始双方都没有动静。僵持片刻后，狄青下令，宋军步兵大阵缓步前进，向坡上的叛军仰攻。侬智高见状也下令出击。身穿大红色战袍的叛军，顿时如一片火海蔓延开来。前排的盾牌仿佛活动的城墙，波浪式推进，城墙后面刺出的长枪密集如林。宋军虽然在狄青的整顿下，战斗力已经有了提升，又装备了孙沔吩咐的长刀、大斧，面对叛军藤牌多少有些还手之力，但叛军毕竟居高临下，且过去屡次获胜，士气旺盛，打了一阵后，宋军渐渐不敌，向后退去。叛军大喜，呐喊着追逼上来。

宋军前锋右将孙节，见叛军来势汹汹，奋力催马，冲杀在前，连续斩杀数十名叛军。但他的部下抵挡不住，阵线慢慢后撤。孙节不觉陷入了叛军包围之中。三面长枪跟刺猬一样刺过来，孙节身中数枪，壮烈战死在阵前。

前锋右将战死，这一路宋军更是慌乱。然而狄青先前早已严明军纪，加上士兵们对统帅的尊敬，尽管局势不利，还是在奋力厮杀，保持阵型不溃。中路将军也竭力稳住阵脚。这时，因为前锋右军混乱，贾逵率领的左军就比较危险了。贾逵仔细观察，发现己方队伍侧翼有一处高地。他想，自己率领的兵马都是先前几次输给叛军的，本来斗志就不是很高。现在右军主将已死，要是被叛军占领高地，只怕左军要溃乱。可是狄青元帅战前专门强调，不待命令擅自调度者斩。要不要先禀告主帅呢？不行，现在战局这么危急，一去一来，说不定战机就丢了！想到此，贾逵当机立断，挥军占领了高地。片刻之后，叛军果然冲杀过来，贾逵居高临下，迎头痛击。

眼看叛军节节逼近，宋军陷入苦战，阵线步步后缩。侬智高得意忘形，自以为胜券在握，宋军部分将领也吓得汗流浃背。据一篇吹捧孙沔的笔记记载，当时副帅余靖居然抛弃了自己的队伍，逃到孙沔阵中，被孙沔大声呵斥后才回去。不过这篇文章也就是给孙沔脸上贴金。因为按照其他材料，孙沔本人其实也吓得面如土色了。

唯有狄青不动声色。孙节的牺牲固然令人心痛，但宋军步兵的暂时败退，早已在他预料之中，或者说本来就是他计划的一部分。眼看叛军气焰嚣张，亡命前突。不光前锋的精锐标牌兵，连后方的老弱残兵和裹挟之众也跟着涌了上来，全军除了前锋尚在与宋军鏖战，后面的都散乱一团，只顾着往前冲击。也就是说，官军虽然第一线处于不利，丢失了一些战场空间，但整体还保持着队伍；相反，第一线取得优势的叛军，反而因为这种优势得意忘形，把自己的队伍扯乱了。

时机已到，狄青站起身，挥舞白色大旗。早已等候多时的张玉、和斌等猛将，立刻率领数千铁骑杀出。但见两路骑兵如两条飞龙，迅速包抄叛军两翼，旋即迂回，直插到叛军后方，一阵砍杀。叛军后方的兵士本来就是乌合之众，被两路铁骑一冲，顿时慌不择路。

两路骑兵分别在叛军后阵打开了缺口，但骑兵冲击之势也已消减。狄青再挥令旗。张玉、和斌望见，各自把部下骑兵撤出敌阵，稍加整顿，然后来了个交叉换位，张玉从右翼到左翼，和斌从左翼到右翼，借着放马冲击之势，又是一阵猛冲。后队叛军第一波就被杀得七荤八素，看宋军骑兵退开，正自庆幸，不料不知从何处又来一队铁骑，劈头盖脸一顿冲杀。尘沙漫漫，杀声震天，叛军闹不清宋军到底有多少路骑兵，如同进了天罗地网。张玉、和斌又冲一阵，叛军后面的那些羸弱兵卒完全失去斗志，抱头鼠窜，有的往两边溃逃，有的往前面躲避，把第一线的精锐标牌兵也冲乱了。

狄青看得清楚，再挥令旗，张玉、和斌再度把骑兵拉开，第二次交叉换位，张玉回到右边，和斌回到左边，然后又调头杀奔叛军。这一次，和斌从背后直插中央，张玉则从叛军的左翼冲入，直接穿过了整个叛军大阵，从右边杀出。两队铁骑如两把尖刀，顿时把叛军分割成三块。接着两队骑兵如风车般旋转，反复冲杀。凶悍一时的红衣标牌兵，被战马的铁蹄践踏，被宋军从天而降的铁连枷当头打得脑浆迸溅，筋骨折断，纷纷倒毙。

同时，正面的宋军步兵也稳住阵脚，开始反攻。中军的神卫指挥使杨隧当先杀出，长刀如风，连斩多名叛军。宋军随之大进，大刀巨斧如墙而进，砍劈已经慌乱不堪的标牌军阵线。先前占据高地的左军先锋贾逵率领本部兵马从高地上冲下来，把越过高地的叛军后路切断。叛军到此完全丧失斗志，一个个抱头鼠窜。站在高坡上的侬智高看得目瞪口呆，只得仓皇逃亡。

这时已经日落西山，战场上留下一片死尸。除此之外，数万叛军或四散奔逃，或跟着侬智高狂奔邕州。狄青率领精锐部队随后追杀，一路追击五十里。

战胜之后，贾逵向狄青请罪，因为违背了"没有命令不得妄动"的将令，抢先占据高地。狄青拍着他的背说："老弟，战场上本来就要随机应变，你虽然违反了军令，却取得了胜利，这事做得没错。"

归仁铺之战，宋军在战场斩杀叛军精锐两千多人，俘虏五百多人，侬智高谋臣黄师宓、兄弟侬智中等五十多名高级头目也命丧黄泉。此外，在逃亡邕州途中被杀死，或战场受伤、死在邕州城外的叛军，又有三千多人。

叛军不只是被宋军直接杀伤的这五六千人。事实上，侬智高的数万兵马中，核心就是他精心训练的心腹部队，数量不过万余人。其他大部分都是他靠武力挟持而来的民众。归仁铺一战，摧毁了侬智高赖以纵横驰骋的精锐部队，不少乌合之众直接就从战场溃散，各回各家了。经此一战，侬智高主力溃灭，再无力称雄。

狄青挥军追到邕州城下。部将被白天的胜利所激励，纷纷要求趁夜杀入邕州城，免得侬智高逃走。但狄青制止了他们。狄青认为，白天摧毁侬智高主力，已经取得了决定性胜利。现在宋军三日间长驱奔驰一百多里，鏖战半日，已经非常疲惫，如果在夜间贸然攻入情况不明的城池，万一城中有埋伏，就可能反受其害，甚至给侬智高东山再起的机会。他命令部下在城外安营扎寨，严守壁垒，只等天明再攻城。

当夜，侬智高见大势已去，焚烧邕州城泄愤，然后弃城逃亡，经合江奔往大理国去了。第二天得知此事，狄青的部将纷纷跺脚叹息，觉得错过了生擒贼首的好机会，但狄青面色如常，只是派部将追杀数十里，截获了一些掉队叛军和被胁迫的民众，就收兵回城。

正如后来沈括所说，狄青追求的是平定叛乱，而不是一定要立什么奇功。在宋军已经胜利的前提下，重要的是保证胜利果实，而不必为了扩大胜利、增加个人荣誉而冒险。狄青能克制住这种贪功冒进的情绪，才正是他的过人之处。

正月十九日早晨，在确知叛军已经逃走之后，狄青挥军进城，收复邕州。至此，曾经蔓延岭南数十州县的侬智高之乱，被狄青完全平定。传说狄青曾派杨家将嫡系杨文广带兵追赶侬智高，一路追到大理国边界才回来，但一般认为这个说法并不可靠。

得胜回朝

发生在皇祐四年（1052年）四月到皇祐五年（1053年）正月的侬智高之乱，前后持续约九个月，大致分为三个阶段。

第一阶段是从皇祐四年（1052年）四月起事到十月的半年，侬智高纵横两广，所向披靡，宋军连吃败仗，溃不成军，几乎连湖南、江西也面临叛军入侵的威胁。

第二阶段是从十月宋仁宗委派狄青为主帅，狄青传令岭南各部坚守

第四章 南疆建奇功

不战，到皇祐五年（1053年）正月初狄青到达宾州，斩将立威。这三个月左右的时间，宋朝方面主要是进行战争准备。除了委派狄青为帅，并给予他全权之外，还包括调集西北骑兵、打造针对性的兵器等。狄青除了带领军队南下，还进行了安排部下人事、与谋臣们商议对策、激励军心、斩杀违令败将、故作松懈麻痹侬智高等一系列活动。这一阶段由于狄青已经传令南方暂时避免决战，故而除了余靖命令陈曙抢功导致兵败之外，宋军损失不大。且伴随着狄青调兵遣将逐渐到位，南方形势渐渐朝着有利于宋朝的方向发展。

第三阶段则是皇祐五年正月十四日狄青假装举办酒宴，冒雨夜夺昆仑关，到正月十九日早上狄青进入邕州城。连头带尾计算前后也只有六天，真正决战的时间折合起来只有四天多。在这四天多中只打了一场大仗，就是归仁铺大战。侬智高叛乱就这么轻而易举地被狄青完全平息了。

狄青击溃侬智高只用了六天，但他用了几个月的时间仔细谋划、准备。或者不如说，正是因为他开战前进行了如此精心的谋划和准备，才能在短短六天中，以区区一次大战加上两次兵不血刃的军事行动，就获得完全胜利。这正是名将的路数。正如王珪后来在神道碑中评价狄青所说：

> 其计事必审中机会而后发，其行师必正部伍营……择形胜、整师徒，先计而后战，遂摧凶陷敌，名动殊俗，为国虎臣。

狄青进城之后，缴获了巨量的金银布匹等财宝，牲口数千头，兵器数万件，还解救了被叛军胁迫的百姓约一万人。狄青对他们抚慰一番，放回各自的故乡。叛军的数千具尸体合葬于邕州城外，堆积成一座土山，名为"京观"。

在检查尸体的时候，发现一具尸体，穿着金龙袍服，拿着装饰了黄金的盾牌。将士们大为欢喜，都觉得这一定是侬智高！他们围着狄青叽叽喳喳地嚷嚷："大帅，快禀告朝廷，咱们干掉叛军老大侬智高了！让皇上高兴高兴，这可是大功一件啊！"

狄青冷静地摆摆手："咱们都没见过侬智高，谁知道是不是叛贼的诡计，用个假尸体来骗咱们？我宁可侬智高是真死了，咱们不知道，漏掉这一桩功劳，也不能贪图功劳，在不明真相的情况下欺骗朝廷。"

因此，他上奏朝廷，只说打败了叛军，收复了失地，请朝廷赦免之前被叛军逼迫的民众，而不提"找到侬智高尸体"的事情。

事实上，狄青预料不错，侬智高确实没有死，而是逃亡到云南的大理国，大约两年多以后被大理人所杀。侬智高的母亲、兄弟侬智光和两个儿子也在这年十二月被宋朝擒获。宋廷原本留着他们，打算招降侬智高，后来得知侬智高被杀后，就把这几个帮凶也斩了。

关于狄青南征，还流传着一些富有神话色彩的故事。

据说，狄青刚到邕州的时候，很多士兵都病倒了，甚至病死了。有人说是因为恰好遇见南方的瘴气弥漫，也有人说是因为叛军在上游的水里面放了毒。狄青为此忧心忡忡。有一天晚上，忽然军营所在的地方涌出一股泉水，非常甘甜，喝了后让人四体舒泰。依靠这泉水，狄青全军渡过难关。

另一个故事说狄青打败侬智高以后，发现一块石碑，是当年诸葛亮征南蛮七擒孟获的时候立的，上面写着："后世如果有人做出了超过我的功绩，就可以在旁边立碑。"于是狄青在旁边立了碑。过不多久，狄青立的碑被雷劈了，好像是诸葛亮觉得狄青南征的功劳没自己大，所以用雷劈了碑。这更像是一个笑话，把狄青说成是爱慕虚荣、狂妄自大的那种人，诸葛亮也显得小家子气。其实，历史上诸葛亮南征是否到过广西也很难说。

第四章 南疆建奇功

还有在侬智高逞凶岭南的时候，流传一句民谣："农家种，籴家收。"字面意思是农民种了粮食，买米的人来收购。实际上，农音同侬，籴音同狄，意思是狄青会平定侬智高的叛乱。这种民谣更可能是凑巧或者事后补造。若真在狄青南下之前就有，或许是因为当时狄青已经是大宋第一名将，被民间寄予了莫大希望吧。

二月初六，胜利的消息传到首都开封，宋仁宗高兴地对左右辅臣说："狄青已经平定了叛乱，应该赶紧给立功将士奖励。晚了就不足以激励大家了！"

二月十一日，宋仁宗在宫殿接见报告南征胜利的使者。文臣梅尧臣当场赋诗一首：

> 二月雪飞鸡狗狂，锦衣走马回大梁。
> 入奏邕州破蛮贼，绛袍玉座开明堂。
> 腰佩金鱼服金带，榻前拜跪称圣皇。
> 一朝严气变和气，初令漏泄飞四方。
> 将军曰青才且武，先斩逗挠兵后强。
> 从来儒帅空卖舌，未到已愁茆叶黄。
> 徘徊岭下自称疾，诏书切责仍勉当。
> 因人成功喜受赏，亲戚便拟封侯王。
> 昔日苦病今不病，铜鼓弃掷无镖枪。

梅尧臣是北宋士林的另类，对士大夫文臣是非常尖刻的。他这首诗在褒扬狄青的同时，对作为狄青副手的孙沔很不客气。"从来儒帅空卖舌，未到已愁茆叶黄。徘徊岭下自称疾，诏书切责仍勉当。因人成功喜受赏，亲戚便拟封侯王。"几乎是在指着孙沔的鼻子骂了。

狄青南征立下大功，却不贪功，不贪权。他在行军打仗时，军法严峻，对敌军毫不留情。而对于饱受战火蹂躏的岭南民众，狄青加以抚慰，减轻税负，赈济难民，帮助他们重建家园。对于曾被胁迫参加叛军的，也是以宽恕为主，赦免他们的罪过。

在叛军败亡之后，狄青立刻把安抚地方的权力交给两位副手孙沔、余靖，让他们全权负责。众所周知，相比打仗，地方行政管理更容易出成绩，也更容易捞好处。狄青却毫不在意，他觉得两位文臣肯定比自己善于治理地方，当仁不让嘛。

对于两位副帅的功劳，狄青毫不遮掩，大力彰显。孙沔之前曾秘密给狄青出过一些主意，事成之后狄青都要专门说明：这条好主意是孙大人之前提出的！在狄青的举荐下，余靖、孙沔后来都得以加官进爵。

狄青的用兵如神，以及谦逊大度，完全征服了他的副手余靖。当初余靖对狄青非常鄙视，充满偏见，在朝堂上不断给狄青泼污水，甚至共同指挥平叛前期，还试图跟狄青抢功、拖狄青的后腿。之后，余靖自己体会了战争的残酷，明白战争实在不是纸上谈兵就能摆平的。从此他对狄青的军事才能佩服得五体投地。而狄青之后不贪功、不诿过、不掩人善的胸襟气度，更令他折服。余靖这个狄青先前的死对头，转而成为狄青的忠实"粉丝"。他不但帮助狄青写了不少水平较高的奏章、文件，还到处鼓吹狄青的功绩与品德，乃至后来引起了部分文人士大夫的不满。

孙沔对狄青没有余靖那么崇拜，但是这个一向自视甚高、才高德薄的名臣，南征途中目睹狄青的行事，也不禁叹服：狄青不但勇武过人，而且为人处世也是自己远远比不上的。

总之，伴随着平灭侬智高叛乱，狄青作为军人的功绩与地位皆达到巅峰，也坐实了北宋第一名将的地位。

接下来，他要面对的，又是他并不熟悉和擅长的朝堂了。

第五章 日中则昃

枢密使之争（上）

宋仁宗皇祐五年（1053年）正月中旬，狄青率领宋军抢夺昆仑关，大战归仁铺，直取邕州城。短短几天之内，便把横扫岭南，使大宋朝野震惊、半壁江山不宁的侬智高叛乱完全镇压下去。

捷报传到开封，宋仁宗大为欣喜，急着给狄青及众将士奖赏。他还说："我觉得北魏太祖拓跋珪雄才大略，但是太喜欢玩弄诡诈了。后唐庄宗李存勖也是一世豪杰，带兵打仗从没有失策，但是他当皇帝以后，没有节制地游玩狩猎享乐，不能及时正确地对部下赏功罚过。这两位君主，只有将帅之才，却没有人君之量，太可惜了。"

以宽厚著称的宋仁宗，居然要和拓跋珪、李存勖这两位勇武出名的乱世开国君主竞争，让今人看来有些忍俊不禁。但是，宋仁宗在世时，肯定没想给自己打下"文弱"的标签。相反，这位年龄比狄青小两岁的皇帝，当时正值盛年，颇有做出一番功业的打算。而狄青这位名将的横空出世，给了宋仁宗这样的底气。

宋仁宗打算重重提拔狄青。狄青现在已经是枢密副使了，宋仁宗想让狄青更进一步，担任枢密使。

在皇帝看来，这件事太正常不过了。枢密使是做什么的？是管理军事、部署打仗的。侬智高叛乱就是最好的试金石。文士们指挥作战，半年下来一无所得，被敌军蹂躏两广，丢城折将。后来换上狄青，没几天就把侬智高完全打垮。这响当当的实绩摆在这里，给狄青升官，让他成为帝国军事上的最高负责人，有什么问题吗？

现任枢密使高若讷，学问非常好，不但精通儒学经典，而且博闻强识，广泛涉猎杂家，在医学、历法方面也颇有建树，堪称是第一流的大学者。但他为人保守，毫无军事才能，还曾被欧阳修抨击没有担当。这样的人执掌军事大权，焉能称职？能者上，庸者下，没毛病！

不过这毕竟是非常重要的人事变动，仁宗皇帝得先和宰相庞籍商量。他对庞籍说："朕派遣狄青南征，离不开你的大力举荐。朝官建议派文臣作为狄青的副手，又是你劝阻，支持狄青获得全权，放手去干，这才能扫荡侬智高，立下大功。如今我想提拔狄青担任枢密使，你看如何？"

庞籍却道："不可以。"

宋仁宗诧异："为什么？"

庞籍回答："当年太祖赵匡胤的时候，名将慕容延钊带兵，一举平定周保全、高继冲两个割据势力，几乎兵不血刃夺取了荆南、湖南之地数千里，也不过是加官进爵，赏赐钱财。曹彬平定江南，活捉南唐后主李煜，想要自己当枢密使，太祖皇帝也不同意，说'现在西有北汉势力盘踞河东，北有辽国占据幽州，都是需要收复的领土。你如果当了枢密使，还怎么为朕出力呢？'最后只赏赐了二十万贯钱而已。太祖皇帝把金钱看得轻如粪土，而把名器看得重如泰山，这是陛下应该学习的。

"如今狄青倚仗陛下的洪福，剿灭叛贼，使陛下放心，当然应该奖励。但狄青的功劳，比起慕容延钊平定荆南湖南、曹彬灭南唐来说，相差还是很远。如果这样就把他提升为枢密使、同平章事，狄青的名位就已经到人臣之极，再也难以提升了。可是无论外敌入侵，还是内贼作乱，都是没法预知的。万一日后再有战争，狄青再立下大功，陛下您又打算用什么官职酬答他呢？再说，现任枢密使高若讷又没有过失，怎么好罢免？所以，不要让狄青当枢密使。可以给他转到一个更尊荣的军区担任节度使，加上个尊贵的名号，多赏赐些财物就是了。"宋仁宗听了庞籍这个逻辑，并不满意。他觉得任人唯贤，狄青立了大功，无论从能力还是资格都够当枢密使，怎么能因为"再立功就没法再提拔"，就不把最合适的人放到最合适的位置上呢？至于说高若讷没有过错，就更扯了。待在枢密使的高位上，无功就是过啊。侬智高造反这么大的事，高若讷基本没什么实际举措，统共就写了一篇关于使用西北骑兵的技术性文章，这文章一个军事顾问也能写，最高统帅写，也算不得什么功劳。宋仁宗认为，庞籍作为文官，对狄青心存偏见，不愿意武人出身的狄青身居高位！

仁宗对庞籍说："高若讷前番举荐胡恢写《石经》，胡恢此人性情狂傲，行事无礼，谏官、御史都弹劾高若讷举荐人才失误；此外，高若讷出行的时候，给他开路的差役把路人殴打致死。怎么能说他没有过错？"

庞籍看宋仁宗为了提拔狄青，已经到了要给高若讷的小过错定罪的地步，赶紧给高若讷辩解："按一般的惯例，推举人担任京官，就算推举的人不称职，只要不是提拔升官，就不应被处罚。高若讷作为大臣，推荐胡恢写《石经》，谈不上提拔，怎能拿这个做理由，就解除他枢密使的职务！至于打死路人，当时高若讷骑在马上，走在队伍中间，开路的人在他前面一里的距离，不幸把路人打死，高若讷马上就把这个人抓起来，送到开封府正法了，这件事高若讷根本就没罪啊。再说，这事儿发生的时候陛下已经不追究了，现在却翻旧账出来，当作罢免他的由头，恐怕也太过分了吧。"

庞籍不肯同意提拔自己当初一力举荐的狄青，一边的参知政事梁适却发话了。他说："庆历八年（1048年），文彦博平定了贝州王则的叛乱，回来就晋级为同中书门下平章事。现在狄青剿灭侬智高，安定南方，其功绩相比平定区区贝州一城之乱，何止十倍，回朝担任枢密使又有什么过分的呢？"

这位梁适在几个月前，侬智高之乱正嚣张的时候，与狄青同列枢密副使。当时他果断进言，否定了"招安侬智高，封为七州节度使"的策略，也算是对平乱立下功劳。如今担任参知政事的他，极力主张狄青担任枢密使。

庞籍见梁适非要抬狄青上去，驳斥他说：

"文彦博平定贝州之乱后晋级宰相（同中书门下平章事），当时朝廷的舆论已经认为这个奖赏太重了。然而文彦博之前本来就是副宰相（参知政事），当宰相位置出现空缺的时候，他就算没什么功劳，递补也是自然而然的，何况还有功劳？但是狄青情况就不一样了……"

梁适插嘴道："有什么不一样？文彦博平定贝州，从副宰相升为宰相；狄青平定侬智高叛乱，从枢密副使升为枢密使，不都是副职晋升正职吗？"

庞籍辩驳道：

"我朝的规矩，文臣当宰相，经常更换，大家都习以为常。但是武将当枢密使，除非有大罪，否则不能罢免。对狄青来说，这个位置太重了。我不想让狄青当枢密使，不仅是为了珍惜国家的名器，也是为了保全狄青的功名。狄青是行伍出身,在我朝这么快被提拔为枢密副使,已经弄得舆情汹涌,觉得朝廷的人事安排太过分了。好容易现在狄青为国家立下大功,这些言论才平息了,如果又提拔他当枢密使,这等于又招来大家的不满,其实是害了狄青啊。"

庞籍说他欲保全狄青之功名,到底是真心话,还是仅仅为了维护重文轻武这个体制的托词?从现有材料看,应该是真心。或者说,保全狄青的功名和维护重文轻武的体制,本身就是一体两面。

有宋一朝的重文轻武制度,并不是一群文人为了自己的阶层利益而凭空捣鼓出来的,而是宋朝统治阶层吸取唐朝与五代藩镇割据、兵连祸结的教训,精心设计出来的。尽管具体执行中出现了问题,产生了副作用,但放到大环境下,这个制度确实有助于国家的稳定。

重文轻武、防止武人专权是大框架。在这个大框架下,可以采取一些灵活措施来补救其造成的"文弱"的弊端,比如皇帝宋仁宗和文臣范仲淹、韩琦、尹洙、庞籍等对武将狄青的赏识提拔。这当然不是从制度上解决问题的思路,但一个社会本身固有的弊端,哪有那么容易从制度上解决?

庞籍对狄青应该是真关心的,同时他也是比较务实的。在庞籍看来,狄青这样一位大宋难得的名将,要让他得到更多为国出力的机会,就必须防止他居于过高的位置。身居高位,一方面可能危害到国家的安稳,另一方面,即使狄青本人忠于朝廷,也可能引发文官集团的不满,或者激起武官群体的雄心。总之,动摇了重文轻武的体制,就可能动摇大宋的国本。如果把狄青放在激发矛盾冲突的位置上,只能让狄青沦为靶子。

要让狄青立功扬名,重点是给他机会,比如征伐侬智高,皇帝点将,全权委派,不是做得很好吗?何必非要让他当枢密使,去当这个出头鸟呢?

事实上，狄青现在打侬智高立下大功，威名远播海内外，已经让一些敏感的文人不爽了。比如权判三司开拆司刘敞（1019—1068），这位比狄青小十一岁的文臣，乃是庆历六年（1046年）的进士榜眼，他的姐夫就是狄青当兵那年的状元王尧臣，现在与狄青同为枢密副使。或许觉得姐夫和武夫狄青同列让他不爽，刘敞站出来大放厥词：

当初讨伐侬智高，杨畋担任指挥，随后张忠、蒋偕两个大将先后败亡，叛军的气势越发嚣张，杨畋因此被贬官守鄂州。等到狄青率各路人马到邕州，一战就击败了侬智高，让大家认为，打仗的事儿，文士就是靠不住，甚至经验丰富的将领和贤人也在这事儿上犯了糊涂。但这种批评其实是不公平的。

杨畋当时本来在家守父丧，因为军情紧急，为了国家才勉强上任，朝廷只给了一个起居舍人（从六品）的官衔。而和他一起的则是蒋偕、张忠这些将领，他们的官衔都比杨畋高，而且自以为是经验丰富的老将，自行其是，召之不来，挥之不去，这样号令都不统一，杨畋怎么能立功呢？

相反，狄青本身出身行伍，能够得到军心，其势力很强大。他不但官居枢密副使，而且朝廷也给了很大的权力，各州郡的人力物力可以随意调拨，幕府的文武官员可以自行征召，部队的将校可以擅自诛杀奖赏。用这么大的权力来督战，怎么会没有功劳呢？

所以，不能说杨畋就是无能，狄青就是厉害。如果把两人的条件交换下，其实所谓的无能与厉害，是差不多的。

刘敞这番话，表面上是站在理性客观中立的立场上，指出面对侬智高，杨畋带兵的客观条件远远不如狄青，吃败仗并非全然因为个人能力不足。这个表面上看是没错的。但是他进而推出,如果给杨畋同样的条件,他的表现也不会比狄青差,压根无视狄青本人的军事才能,这就完全是胡说八道了。

当初因为狄青在宋夏战争中始终没有得到独当一面力战强敌的机会,故而余靖等文臣纸上谈兵,认为狄青只是匹夫之勇,没什么才能,没什么功劳。现在狄青终于得到机会,南征大胜,充分展现了他过人的军事才干。和狄青同行的余靖、孙沔这些以能用兵著称的名臣,他们真实体会到岭南战事不易,从此都服了狄青。刘敞却在此马后炮,说什么"我上我也行"。可见文人对武将的歧视与偏见,终究是宋朝的主流。

不仅如此,刘敞甚至对狄青的军事决策也要指手画脚。狄青力排众议,在岭南使用西北骑兵,从而大破叛军的标牌兵,这是决定性的一步好棋,也是最没法指责的,但刘敞愣是从鸡蛋里面挑出了骨头:

> 当初狄青要调动西北少数民族的骑兵去攻打侬智高,大家都诧异。为什么呢?古书上都写着呢!不同地方水土不同,陆军和水军训练不同,骑兵和步兵适用的区域不同。曹操那么厉害的人,在乌林也吃了败仗(赤壁之战),不正是这原因吗?所以大家对狄青这种做法有异议,毫不奇怪。那么,狄青为什么后来凭借骑兵还真的取胜了呢?并不是大家愚蠢狄青聪明。想当年大汉骠骑将军霍去病,带的都是精挑细选的精锐部队,但他最后能够常胜不败,大破匈奴,也包含了很大的运气成分。狄青这事儿吧,大概和这个差不多。

按照刘敞的逻辑,狄青用西北骑兵,不是一步好棋,而是一步险招。只是运气比较好,才没有酿成大错。

狄青在宋夏战场浴血苦战,在北国边陲多年镇守积累的经验、精研的战术，被刘敞一句"天幸"轻轻带过了！

总之，朝廷对侬智高被灭，南边转危为安当然是欢庆，但对狄青立下这个大功，官员们绝不是清一色地喜闻乐见。不少人眼睛都盯着狄青，看看皇帝还要怎么提拔这个武夫。

宋仁宗也感觉到了这种气氛，再加上庞籍的劝告，他暂时放弃了提拔狄青为枢密使之事。那么，如何奖赏狄青呢？他问庞籍："那让狄青的儿子当官可以吗？"庞籍回答："当年卫青大破匈奴，斩五万敌军，收河套之地，汉武帝封他三个儿子为侯。可见提拔狄青的儿子是符合先例的。"

于是在皇祐五年（1053年）二月中旬，朝廷颁布诏书：

> 狄青在保留枢密副使、宣徽南院使职位的基础上，授予护国军节度使。

北宋时候节度使是虚衔，但护国军乃是北宋数一数二的大镇，往往授予诸王。狄青得此殊荣，实属不易。此外，还加检校太尉、河中尹，都是荣誉虚职。

狄青的儿子狄谘，原为从八品的东头供奉官、阁门祗候，晋级为正七品的西染院副使兼阁门通事舍人。狄咏从正九品的右侍禁晋级为从八品的阁门祗候。另外，赏赐狄青一所府邸，在敦教坊第一区。

狄青的几位副手，孙沔和余靖都加正四品给事中，余靖暂时留在岭南，处理平叛后的安抚事宜，后来到年末余靖主持捉拿了侬智高的母亲、兄弟和儿子，再立大功。孙沔则按他自己的想法，去担任杭州知州，是个肥得流油的差事。其余在平叛中有功劳、苦劳的文武官员，各自升赏。其中将领十多人分为三等升官，中级军官七十多人分为五等升官。在平定叛乱中，参与了运输两广军用物资的壮丁，当年夏天的税收一律减半，且免除一年的徭役。

枢密使之争（下）

四月初三，狄青胜利还朝。宋仁宗在垂拱殿摆下酒宴，盛情款待这位功臣。朝廷迎接出征将领的酒宴，历来是形式大于内容。不过狄青此番饮宴，想必心情非常舒畅。是啊，为将者，率数万精兵，一战破敌，保全岭南千里疆土，报答君皇知遇之恩，人生快意，莫过于此。而宋仁宗款待狄青，大约也怀有别样的意味。这位从小被迫与生母分离，又被养母垂帘听政多年的皇帝，如今希望靠年长自己两岁的名将，建立千秋功名。

狄青也没有忘记那些与自己并肩奋战的旧部。除了升官、赏钱之外，他希望这些在边庭多年吃苦的人能获得机会，展示威武。他向宋仁宗请求检阅归来的蕃落骑兵。宋仁宗欣然同意。他也想体验体验千军万马厮杀的氛围。

四月十一日，辽国使者萧全、王守道、耶律述、田文炳等前来开封，庆贺乾元节，即宋仁宗的生日（四月十四日）。为了迎接他们，宋仁宗就下令狄青麾下平叛归来的蕃落骑兵，在垂拱殿前的空地排兵布阵，演练归仁铺打败侬智高叛军的场景。这是宋代少有的实战军事演练，不过并非为即将到来的战役做准备，而是重现已经胜利的战场场景。

但见数千铁骑往来奔驰，交错盘旋，尘沙阵阵，马蹄得得，恍如将当时的血战再度上演。宋仁宗及百官都看得目不暇接，见惯了北地精骑的辽国使者也不禁赞叹。演练到紧张处，蕃落骑兵如同真的在与敌人奋力搏杀，大声呼号，声震宫阙。接着一阵箭雨，竟然射到了宫殿的台阶上。宋仁宗毕竟久在皇城，平日里最多看过那些混日子的禁军操练，哪里见过这般激烈仿真的鏖战场面。虽然明知下面奔驰的都是自己的帝国精兵,还是不禁吓得离开了御座,待要往后躲避。幸亏身边的太监们机灵,赶紧抢到宋仁宗面前遮住,然后传令蕃落骑兵赶紧退下去,不许往皇上这个方向射箭!传令了好几次,骑兵们才退下,看样子真是打得意犹未尽。

从封建礼法的角度,狄青部下这些骑兵们往皇宫射箭是严重的失敬,甚至可能被扣上"图谋不轨"的帽子。然而,虽然出了个小小的洋相,宋仁宗事后却毫不在意。他不但没有怪罪骑兵们的冒犯,反而重赏了各级将士,又从禁军拱圣营调拨三百匹好马,弥补这些西北边疆骑兵在平定叛乱中损失的马匹。负责指挥这次演练的是狄青的多年旧部,也是归仁铺血战的骑兵指挥官张玉。他从正九品的右班殿直,晋级为正八品的内殿承制。

这时候,宋仁宗再度动了提拔狄青为枢密使的心思。而这件事,主要是参知政事梁适推动的。

狄青刚刚打赢战争,梁适就大力主张提拔他为枢密使。文臣集团中,绝大部分人都对武将狄青的提升非常敏感,连一心保护狄青的庞籍也认为狄青不该担任枢密使,偏偏这位梁适热衷于此,但他并非真的赏识狄青,想让这位功臣身居高位。事实上,梁适是自己盯着同中书门下平章事的宝座。

原来,庞籍在皇祐三年(1051年)担任宰相,到现在已经是第三个年头了。身为副宰相的梁适希望自己能更进一步,但他只是宰相候补人选之一,另一个竞争对手就是身为枢密使的高若讷。高若讷是个学识渊博的大学者,当枢密使其实很勉强,但当宰相还是挑不出什么问题的。等真的要定宰相人选时,到底是枢密使高若讷,还是参知政事梁适,还很难说。

因此,梁适想方设法要推狄青上台,其实是想先把有力的竞争对手

第五章 日中则昃

高若讷挤下去。只要高若讷下去了，枢密使换成狄青，那么等未来宰相宝座空出来时，就没人再和梁适争夺了。毕竟狄青作为武臣，是不可能担任宰相的。这就是梁适的如意算盘。

然而，一心保护狄青的庞籍，经过一整天的争论，最终劝阻了宋仁宗，把提拔狄青当枢密使的事情给叫停了。梁适心中很是失落。现下他又动起了脑筋。

要让狄青当枢密使，这是遭到整个文官集团反对的事，包括赏识狄青的庞籍、韩琦等人肯定也不会同意。跟随狄青南征的余靖、孙沔等人倒是可能赞同，但他们的实力太薄弱了。为此，他决定剑走偏锋。

梁适再次秘密上奏宋仁宗，说自己左思右想，还是觉得狄青立下的功劳真的太大了，现在这个奖赏真的不够啊，这样下去，没法激励后人为国家立功！

他又找到了太监石全彬。前一年孙沔奉命南下时，石全彬担任孙沔的副手，两人怕挨侬智高的揍，窝在湖南不肯过南岭，冷眼看着余靖在南边承受叛军的毒打。后来狄青奉命全权南征，孙沔、余靖一起担任狄青的副手，石全彬也作为重要将帅参与战事，跟着狄青蹭了一把功劳。现在，梁适让石全彬跑去宋仁宗面前吹嘘自己的功劳，也夸赞狄青和孙沔的功劳，说对这两位上级奖赏不够。

石全彬本来也佩服狄青，加上又关系到自己的好处，那还有什么好犹豫的？他果然成天在宋仁宗面前吹嘘当初南征如何艰险，他们跟着狄青大元帅如何奋勇报国，如今狄青大元帅得到的奖赏太少，他看着也寒心啊！

太监对皇帝的影响力是很大的，宋仁宗本来就对狄青分外欣赏，认为之前迫于文官集团的压力没有提升狄青做枢密使，是愧对狄青。现在外有梁适密奏，内有石全彬吹风，皇帝终于拍板：升狄青为枢密使！

为了防止再遭到大臣的反对，宋仁宗还使出了非常手段。

五月初六，宰辅大臣觐见宋仁宗时，宋仁宗忽然气势汹汹地对庞籍道："平定南方侬智高的功劳，前面奖赏太低了，不能服众。现在让狄青担任枢密使，孙沔担任枢密副使，太监石全彬先给观察使（正五品）的俸禄，等一年后正式任命观察使。我这么说，谁赞成，谁反对？"

眼看宋仁宗声色俱厉地抛出来这么个炸弹，庞籍非常错愕。庞籍脑子转得飞快，赶紧回答："这样吧，让臣等退到中书去仔细商量，明天再把结果上奏。"

谁知宋仁宗毫不客气："不必去中书，就在殿门小房间商量，朕坐在这里等着！"

宋仁宗直接把宰辅大臣摁在皇宫门口现场办公，足见其对狄青的喜爱和提拔狄青的急迫心态。

庞籍对此，大约是相当不以为然吧。然而圣旨难违。这位善于变通的老臣，原本是爱护狄青而拒绝让狄青当枢密使，如今他也不愿意为了这件事，再和同样爱护狄青的皇帝发生激烈冲突，把火引到自己身上。于是，他和臣僚们乖乖地按宋仁宗的意思拟定了诏书。

这封诏书写得确实漂亮，称赞狄青"夙怀沉鸷，素厉公忠，朴厚有古人之风，义烈挺纯臣之操。周知兵略，蔚有将才，久著效于辕门，能统率于戎旅。骤膺方面之寄，亟更宿卫之劳"，历数狄青任枢密副使之后，"顷属边烽有警，借魏尚于云中；近以荒服不宁，劳文渊于徼外；既受专征之钺，遽成殄寇之勋"，把狄青比拟成西汉的云中太守魏尚和东汉的名将马援。并希望狄青担任枢密使之后，"谨帷幄之谋，聿求决胜；总几微之务，当竭而诚。无忘戮力之勤，以成选众之善，终始一节，光昭令猷"，拿出实绩来巩固大宋的国防，不要愧对皇上的提拔。

宋仁宗看宰辅大臣顺从了自己的意思，这才脸色和悦下来。很快，诏书颁布下去。在过去，要撤换枢密使，必须从学士院下发制书。这次罢免高若讷，却是皇帝直接命中书省草拟诏书就下发。这以后竟然成为惯例。高若讷被改任尚书左丞、观文殿学士兼翰林侍读学士、同群牧制置使，也算是荣耀退位。

狄青就此当上了枢密使，成为北宋帝国军事最高长官。他南征时的副手孙沔还正在去杭州上任的途中，也被紧急召回来，担任枢密副使，继续当狄青的助手。另一位助手余靖也被提拔为工部侍郎。

狄青的上位，是梁适和宋仁宗合力推进的结果。梁适纯粹是把狄青当作替自己扫除竞争对手高若讷的工具。事实上梁适的计划成功了。就在这一年的下半年，庞籍罢相，梁适顺理成章顶替上去。

而宋仁宗呢？他对于自己的爱将狄青，用了如此激烈的手段抬其上位。这当然是他看中狄青的军事才能，指望狄青帮助他重振大宋军威，或许也想通过提拔狄青，来对抗文官集团势力对皇权的制约吧。然而，宋仁宗这种爱才心切、不择手段的表现，却又把狄青推到了风口浪尖。

这个任命当然不可能全无波澜。毕竟就连狄青的恩公、老上司庞籍都是持反对态度的。尚书左丞兼御史中丞王举正第一个站出来反对。

当初宋仁宗让狄青担任渭州知州、经略安抚使，余靖等人反对的理由很多，如狄青没有真本事、狄青没有大功劳、狄青品德有问题等。现在宋仁宗让狄青当枢密使，文官们倒是没有太多这种言词，毕竟平南之战的实绩摆在那里，睁眼说瞎话是要遗臭万年的，真能像刘敞那样完全颠倒黑白、胡说八道的是少数。

所以王举正反对的理由非常简单，就是咬死一条：狄青是当兵出身，所以不能当枢密使，这个规矩绝不能坏。

这个逻辑宋仁宗当然不认可。王举正据"理"力争，还是没法让皇帝撤回任命。他也真不含糊，为了显示自己的坚持，请求辞去言官之职。

宋仁宗呢，称赞他有言官的气节，把他任命为观文殿学士、知通进、银台司兼门下封驳事，还赏赐了三百两银子。总之，皇帝摆平此事，狄青算是坐稳了他的枢密使之位。

掌军四载

皇祐五年（1053年）四月，狄青在梁适、石全彬的内外推进，以及宋仁宗的急切提拔下，终于成为枢密使。四十六岁的他，继数月前达到军人的功业巅峰后，如今又达到了名位上的巅峰。

狄青从皇祐五年（1053年）到至和三年（1056年），前后当了四年的枢密使。

按宋朝规矩，枢密使一般是两人同任。狄青刚上任时的同僚是王贻永。王贻永是宋太宗的女婿、司空王溥的儿子，是一个典型的皇亲国戚，又是书香门第、名门世家出身的文人武臣。他年龄大、资格老、地位高，不过当时已经年老体衰，到至和元年（1054年）三月才终于离开枢密院。接替他的是王德用。王德用（979—1057），比狄青大二十九岁，是不折不扣的将门之才，早在十七岁就曾追随宋太宗讨伐元昊的爷爷李继迁，这已经是他第二次担任枢密使。王德用此时也已七十多岁，应该没有太多精力处理各种军务。所以狄青大致算是枢密府真正管事的。

然而比较古怪的是，在这前后四年（按具体时间则是三年多）里面，史书上基本找不到关于狄青的事迹记载。反倒是那位才高德薄，跟着他南征立功晋升的副手孙沔，在枢密副使的任上很是出了些风头。当时宋仁宗的宠妃张氏去世，宋仁宗非常伤心，想给予爱妃超规格的隆重葬礼，孙沔身为枢密副使，跳出来各种挑刺，最后还没干满一年就被免去了枢密副使的官衔，去杭州逍遥快活了。

另一位枢密副使王尧臣，史书也曾记载他上书关于边防的事宜，并因为得罪小人，遭到匿名书信的诬陷。

第五章 日中则昃

唯有狄青的名字，在这几年的各种史料中几乎没有出现。作为枢密院的实际当家人，大宋百万大军的最高长官，存在感如此之低，实在令人诧异。难道四十六岁的狄青身居高位之后，觉得想要的都得到了，就心满意足、尸位素餐吗？这显然是不可能的。

对狄青这几年的工作情况，当时的文人是有评价的。

第一位是余靖。余靖比狄青大八岁，原本是宋朝第一"狄青黑"。他在水洛城事件中就假装站在"理性客观中立"的角度上对狄青含沙射影。在朝廷让狄青担任渭州知州、泾原路经略安抚使后，余靖更是直接跳出来破口大骂。但余靖在跟随狄青南征之后，体会过征战不易，终于认识到狄青这位名将的非凡之处，于是转而成为狄青的"粉丝"。在余靖给狄青写的两千多字的长篇墓志铭中，他评价狄青"职居机轴，势居台宰，外颁戎马之政，内参宫省之务，弼违顺美，动协厥中"。也就是说，狄青担任枢密使后，不但颁布了关于国防项目的诸多政令，也参与了皇宫朝廷若干事宜的讨论，纠正错误的事情，推进正确的事情，协调朝廷要务。

第二位是王珪。这位文学大家比狄青小十一岁，后来官拜宰相，在位时唯唯诺诺，不敢担当，属于真正的尸位素餐。他的孙女是后来大奸臣秦桧的老婆王氏，他的外孙女则是著名女词人李清照。当时王珪为官十余年，地位还没法和狄青相比。后来他奉宋仁宗之命，书写狄青神道碑文，说狄青"在枢密四年，自以遭时奋用，乃夙夜一心，进图国事，虽权幸不可挠以法。上累访以边几，尝从容陈所以攻守之计，天子深然之"。这里面对狄青在枢密使位四年的工作描述，又比余靖写得更为具体，说狄青把这个职位当作自己人生的大好机遇，殚精竭虑为国家大事操劳，执法刚正，即使是权贵、宠臣也决不徇私。宋仁宗也多次向狄青问询边疆国防的事宜，狄青从容陈述攻守的战略规划，宋仁宗深以为然。

如果说余靖、王珪写狄青的墓志铭、神道碑文，都是站在褒扬狄青、记叙其功绩的角度，那么另一个人的奏章更说明问题。欧阳修比狄青大一岁。这位名列唐宋八大家中的文学家、政治家，曾经举荐、维护过狄青，但到了至和三年（1056年），他又成为反对狄青的领军人物。在欧阳修弹劾狄青的奏章中，提到狄青在枢密使岗位的工作，是这样说的：

> 见枢密使狄青，出自行伍，遂掌枢密。始初议者以为不可，今三四年间，外未见过失。

可见，狄青在枢密使任上的工作，即使站在反对者的立场，也挑不出什么毛病。

那么，为何狄青的作为，在史书上找不到记载呢？原因大约有几方面。

首先是史料可能存在缺失。其次，不排除部分文官刻意隐匿其相关文件。最后，则是所谓"善战者无赫赫之功，善医者无煌煌之名"。狄青是一位优秀的军人，并且是因功从基层逐渐升迁到顶层的。对于大宋的国防，可以说全天下没有一个人比他更了解。他在基层将士的位置上，可以浴血奋战，冲阵杀敌；在中高级将领的位置上，可以完成战区方面的调度，活用手中兵力，击败敌军，使其不敢轻易来犯。当他坐到帝国最高军事长官的位置上时，则能采取诸多措施，在战略层面完善国防体系，使得周边敌人不敢轻易来犯，即使发生战事也可以迅速平息。这些措施多数都是未雨绸缪，提前布局，因而并不起眼，甚至连史官都疏于记录。但是，大宋国防体系因此得到实在的巩固。这种巩固效果，不是靠军事行动上的百战百胜来体现的，其直接的体现是边境长期安宁、民众免遭烽烟荼毒。

第五章 日中则昃

当时天下是宋、辽、西夏三足鼎立。北方的宋辽边境维持着长期安定，西北的西夏却不老实。元昊死后的几年里，西夏主要是在和辽国打仗，对宋以和为主。但西夏和辽国几次大战吃亏后，从皇祐二年（1050年）开始向辽国求和。辽国虽然没有立刻答应，但两国的关系毕竟和缓下来。到皇祐四年（1052年），辽夏基本已经恢复正常邦交。同时，在狄青刚刚取得征伐侬智高胜利的皇祐五年（1053年）二月，宋夏两国又因为古渭城的归属发生了激烈争执。刚刚从辽夏战争中腾出手来的西夏权臣没藏讹庞，就把好战的目光投向了宋朝。

皇祐五年（1053年）四月，没藏讹庞就入侵宋朝德顺军地界的静边寨。恰好王素前来担任渭州知州。这位王素当年在泾原路就是狄青的上司，也算威名远扬，西夏军闻讯撤退了。

五月，没藏讹庞入侵环庆路。当时狄青已经担任枢密使，朝廷诏令边境将士严守，最终西夏人又是无功而返。

六月，没藏讹庞又数次出兵侵扰刚修筑不久的古渭城，后来朝廷在邻近地区增兵，西夏人见占不到便宜，也只得败兴而归。

此后西夏人又转向麟州，侵袭麟州西北屈野河河西的土地。屈野河西部到西夏边境本来还有大约七十里，西夏人几十年如一日，经常越过边界，盗种河西宋人的田地。当地官吏无能，睁一只眼闭一只眼，这更助长了西夏人的嚣张气焰。在元昊时代，河西土地就已经被侵占了十余里，此后逐年侵吞。没藏讹庞在泾原路、环庆路没占到便宜，决定把这里当作软柿子捏，纵容边民加快侵占脚步，甚至把宋朝边民的牛都抢走了。到至和二年（1055年），七十里土地已经被侵占了五十里，西夏骑兵有时还一直冲到麟州城下。

这不是大规模的战争，只是间歇性的骚扰，但也是在损害大宋的国家利益，使大宋子民受到伤害。就在至和二年（1055年）七月，曾跟随狄青南征侬智高立下大功的贾逵，以河东管沟军马司身份巡行此地，了解到西夏人多年来的劣行后，就向朝廷汇报。宋仁宗本来打算命地方官吏就地驱赶越境的西夏人，后来采纳庞籍的建议，先派出使者，指出西夏侵占田地，责令立刻退返。没藏讹庞不但不服，反而于次年三月，在边境屯驻数万精兵，企图引诱宋军越境阻击，然后把挑起战争的罪名甩到宋朝头上，然而宋朝并未上当。庞籍直接祭出经济制裁大法，使得西夏国内物价飞涨，民生艰巨。执政的西夏没藏太后（没藏讹庞的妹妹）这才得知她哥哥闹出来的乱子，下令哥哥把田地还给宋人。后来因为太后遇刺身亡，西夏朝廷大权完全落入没藏讹庞手中，宋朝的"不战而屈人之兵"之策才没有成功。

总之，在狄青担任枢密使期间，宋朝没有与西夏大规模开战，面对几次寻衅的应对也还得体。这其中也离不开狄青在中枢的协调之功。

事实上，就在狄青离开枢密院的次年，即嘉祐二年（1057年），西夏与北宋就在屈野河一带爆发了忽里堆之战。宋朝方面这一次行动，是庞籍派部下通判司马光处理的。最终宋军中了夏军埋伏，全军覆没，管勾麟府兵马郭恩战死，走马承受黄道元被俘。此后，没藏讹庞虽没敢与北宋彻底翻脸，但更加猖獗地在边界侵占田地，不但把屈野河河西的七十里田地尽数占领，还在其他地区越境圈地。可见离开狄青这样老于军伍的武将协调，单靠文士指挥容易吃亏。

狄青执政期间重点盯防的另一个区域是刚刚平定侬智高叛乱的岭南。岭南尤其是广西，少数民族部落聚集于此，宋朝统治一向薄弱。狄青虽然用很短时间打垮了侬智高的主力，但滋生动乱的土壤还在。因此，狄青一面追剿叛乱余党，赦免胁从人等，安抚民众，恢复生产，一面调整当地军事部署，改革行政机构。其中一大措施，是选取部分从征将士作为当地的土官。这些中原人士留在岭南，既加强了宋廷在当地的统治，也把先进的生产技术和文化传入岭南，加强了汉族与少数民族之间的融合交往。据说至今许多广西家族，都自称祖先当年随狄青南下，祖籍为山东等地。

前面提到，狄青南征时，采纳枢密副使王尧臣的建议，将广西分为三路，分别以容州、宜州、邕州为三路的首府，用武将担任三州知州，兼任本路的安抚都监，而经略安抚使在桂州坐镇。等到平定叛乱之后，则又把三路恢复成一路，但依然保留邕州、宜州、容州在军事上的核心地位，宜州和容州的知州兼任兵马都监，邕州知州兼任本路安抚都监。同时招募兵员，补足编制，更增加了驻军名额，使得宋朝在广西的军事实力大大增加。为了保证这些驻军的军粮供应，又从湖南、湖北、广东等地调集大量布匹、钱、粮食和食盐等。在素称蛮荒的广西一地投入如此巨量的资源，是否值得？单算经济账似乎未必值得，但广西是大宋的西南门户，面临交趾。守住了广西，实际上就保住了长江以南的半壁江山，使得宋朝面临来自北方的强敌时，不至于腹背受敌。

此外，狄青平南后，朝廷还逐渐加强了对少数民族区域的统治，在这些地区设立州县，接受当地部族首领为官，准许他们世袭，只是要求他们听从中央号令。后来连侬智高的弟弟侬智会，族人侬宗旦，部将卢貌、黎顺、黄仲卿等也都先后归顺了宋朝。其中不少还在后来交趾入侵中为宋朝镇守边疆，抵抗入侵，立下了功劳。

宋朝这些政策是在此后多年中逐渐实施的，但狄青作为平定南部的主帅，对平叛后岭南政策的施行起到了推动作用。在狄青任枢密使期间，岭南基本安定，偶尔有部族作乱也很快平息。就在皇祐五年（1053年）年末，侬智高的母亲阿侬、兄弟侬智光和儿子侬继宗、侬继封纠集了几千人马，操练骑兵，企图卷土重来，被狄青的副手余靖派兵俘虏。只是留着他们不杀，准备招降侬智高。到至和二年（1055年）六月，侬智高已经在大理国被杀的消息传来，于是朝廷就把侬智高的这几位亲族也都杀了。

狄青在任期间的举措，还反映在一些零碎的史料记载中。

比如，就在狄青刚上任的皇祐五年（1053年）六月，担任荆南钤辖、皇城使、资州刺史的王遂向朝廷进献了他研发的"临阵拐枪"。王遂也是跟随狄青南征侬智高的将领，并且被列为"一等功"。他进献这种兵器，或许也是从之前的岭南大战中受到启发，得到了老上级狄青的鼓励。

又如至和元年（1054年），朝廷在司法方面通过了一项改革措施。当时宋朝的死刑执行流程比较草率，规定外地的死刑犯不需要先报中央复审，只需要执行后抽查部分复核。开封本地的民间死刑犯在执行前需要刑部复审，军人犯死罪可以不必复审，直接正法。但到至和元年（1054年）九月，朝廷下令开封府，今后凡是死刑，都必须先上报复审后再执行。显然，此举减少了冤杀错杀的机会，是一项政策改进。

狄青对此项改革有什么影响，现存史料无法判定。按常理而言，司法方面针对军人的条例的更改，作为最高军事机构的枢密院最有发言权。之前多年，军人犯死罪后，可以直接不复审就杀，依据的也是过去枢密院的规定。因此，枢密使狄青很有可能是促进此项政策改革的。狄青年轻时担任基层军官，曾有治军严酷的传言，而他本人又曾在宋夏战争爆发前犯下死罪，却被当时知延州的范雍赦免。或许，他个人对这类司法问题也非常有感触吧。

再如至和二年（1055年）二月，汾州团练推官郭固设计了一种战车，前面尖锐，后面方正，车上有七支长枪，可以分别抵御前后两个方向的敌人。这种战车能够在平坦的地面奔驰，临阵交战时可以挫败敌军的突击，安营扎寨的时候则可以作为寨脚。对于长期缺少战马的宋朝而言，这种战车在面对西夏、辽国骑兵冲击扰袭的时候能发挥作用。韩琦向朝廷推荐郭固，宋仁宗命令郭固带着战车到首都来演示。经过皇帝亲自验收，认为可用，于是任命他为卫尉寺丞。这种战车到了几百年后的明朝还被仿制，用来对抗蒙古人的骑兵。考虑到郭固担任的是狄青老家汾州的推官，推荐人韩琦是狄青的老上级、老同事，而亲自验收的宋仁宗，他的军事顾问就是狄青，那么可以推测，狄青在这次军备改良项目中起到了举足轻重的作用。

此外，狄青从最基层士兵干起，深知官兵疾苦。他对于士兵的衣食住行这些基本保障应该也比较关心。枢密院文书上的一两个字，或许就决定了一大群士兵能否得到温饱。在狄青任上，士兵们的保障得到提升。据说当时士兵拿到下发的粮食和衣服，都会感激地说："这是狄爷爷照顾咱们啊！"

总之，狄青担任枢密使的四年，虽然现存史料中缺少他直接的施政记载，但他对北宋国防体系的建设，应该作出了不小的贡献。

不攀狄仁杰

关于狄青担任枢密使期间的政务记载，史书中很难找到只言片语。但是另有一则趣闻，得到诸多史料验证。那就是狄青拒绝攀附狄仁杰为祖先的事情。

无论古今中外，大多数人都喜欢给自己找祖先。哪怕是普通平民，无权无势，说起自己祖上是谁，也曾经发达过，多少算是个心理安慰。如果已经功成名就，那更要找一个显赫的祖先，凸显自己血统的优秀。尤其那些本身没有家族背景，凭借自己奋斗到高层的，去与那些世家大族打交道，总难免被人看轻。如果能攀上一个有名望的祖宗，似乎双方的交流也就平等些了。

一般的大姓比较好找祖宗，姓李的就自称唐皇室后裔，姓杨的就说隋朝远支，姓刘的当然不会找南北朝的刘裕，而是攀上汉朝，姓王的自然得是琅琊王氏或太原王氏，等等。

狄青这个姓氏——狄，历史上名人较少。在狄青之前最著名的，当属唐朝名相狄仁杰。狄仁杰政治水平非常高，经历了酷吏陷害，依然两度拜相，深得女皇武则天信任。武则天准备立储的紧要关头，狄仁杰劝说武则天立自己的儿子李显为太子，而不是立侄儿武三思。这就为后续李唐皇朝的复辟奠定了基础。狄仁杰去世后，先被武周追赠为文昌右相，谥号文惠。唐朝复辟后，又被追赠司空、梁国公。

从功名、地位上来看，狄青认狄仁杰为祖先，是再合适不过的了。更何况他俩都是山西人：狄仁杰是晋阳人，狄青是汾州人，两地距离也就二百来里。

因此就有一个狄仁杰的后裔，带着一些东西来献给枢密使狄青。什么东西呢？原来是一张狄仁杰的画像，还有十几张周唐时朝廷颁发给狄仁杰的"告身"，也就是狄仁杰历任官职的委任状。这些都是狄仁杰这一族的传家之宝。他把这些献给狄青，意思很明显，就是想把狄青纳入狄仁杰后裔一族。

对这位狄仁杰后裔来说，这样做好处很明显。从私人一方面，他给了狄青一个大的人情，今后可以得到贵人扶持；从公的一方面，也让自身所在的狄氏家族获得狄青这位大官的加持，重振声威。另外，让狄青这位盖世名将认祖归宗，与几百年前的贤臣攀上血缘，本身也算一桩美事。

然而狄青呢？他重重酬谢了这位狄姓后人，却并没有接受这些宝贝，婉拒了攀亲的好意。他说："梁国公是经学大家，我狄青只是个普通的农家子弟，连书都没读多少，出身行伍，我去攀附梁国公后人，是会玷辱梁国公的。"

于是这件美事就此不了了之。

狄青拒绝攀附狄仁杰，这件事本身，无论在当时还是后世，都被传为一桩美谈。毕竟，"攀附显赫祖宗"，甚至明明差着千八百里的，都要去冒认祖先，有枣没枣打三杆子，这已经是一种恶习，遭人耻笑。相反，狄青已经位极武臣，名动天下，却拒绝攀附老家和自己不远的狄仁杰，这种谦逊内敛的精神令人敬佩不已。即使是反对狄青的人，对此也只能竖大拇指。宋朝不少笔记都记载了这个故事，并对狄青表示称赞。

重文轻武的北宋，文臣压制武臣、歧视武将，不但是一种惯例，甚至也是一种"政治正确"。狄青既不是将门世家，又不是读书人带兵，而是行伍出身的武人，更是武臣中的典型代表，更容易遭到来自文臣势力的抑制。仅仅因为狄青本人才能确实出色，并且立下了不少实打实的功绩，才使得文官集团对他的排斥纷纷失效。但这种"政治正确"并未消失，反而因为狄青地位的提高，而在他周围聚集了更浓厚的阴云。

在这种情况下，狄青如果要缓解文官集团与自己的矛盾，与文官集团共存，最好的办法是在某些方面妥协，向文官集团靠拢，把自己"打扮"成一个倾慕文士的武将。狄青的出身是不可改变的，但如果能在个人形象上逐渐淡化纯武人的色彩，加上一些文臣元素，则未必不能得到文臣集团接纳。毕竟，当时手握大权的顶端文臣中，大部分都非常认可他的才能。即使是对狄青有所忌惮的人，也不得不承认狄青军事方面登峰造极的实力和对大宋的贡献。

然而，狄青一方面尊重文臣群体，对他们谦逊有礼，但另一方面，狄青并不打算把自己变成文臣。相反，他极力保持自己作为武人的特征。之前担任枢密副使时，宋仁宗下诏书叫他把面部的刺字去掉，他谢绝了，这就是很明白的态度。狄青要留下两行刺字，"使天下健儿知国家有此名位待之也"，激励天下的武人自强奋发。这固然是在提升全国的军心士气，但与"重文轻武"的"政治正确"背道而驰。换言之，狄青不仅自己做了一个出类拔萃、让文臣无可奈何的武臣，而且还要激励普天下的武人都如此奋发，这就把他自己放在了文臣集团的对立面上，使得自己无形中成为"武人反对文臣压制"的象征符号。

再如这次攀亲事件。如果狄青欣然接受狄仁杰的画像和告身，攀附狄仁杰，这样虽然可能会稍微降低世人对他个人在道德操守方面的评价，但此后他在文臣面前，也就不会如此碍眼了。文臣们大约会想："狄青这家伙，原来并不是纯粹的武夫，而是名臣狄仁杰的后裔呢，难怪这么优秀！"狄青也会由纯粹的武夫，带上一些"文臣世家后裔从事武职"的基因。两者之间矛盾将大大缓和。

更何况，如果仅从事实考证，狄青与狄仁杰大概率是有血缘关系的。王珪的《狄武襄公神道碑铭》介绍说：

> 狄始周成王封少子于狄城，因以为氏。其后代居天水，至梁文惠公，乃大显于有唐。其子孙或徙汾晋间。公实西河人。

天水即秦州。狄青担任宋夏前线一路指挥官的时候，带兵的地点是在泾原路，可是加的却是秦州刺史。这个虚职或许是朝廷想让狄青担任狄氏发源地天水的官员，也暗含"衣锦还乡"的意味。

余靖为狄青写的墓志铭中也说：

> 公讳青，字汉臣。赠太傅讳应之曾孙，赠太师讳真之孙，赠中书令讳普之少子。汾州西河人，远祖唐纳言梁文惠公仁杰，本家太原，危言直节，再复唐嗣。子孙或从汾晋，世为著姓。

由此可见，狄青很大概率是狄仁杰的同族，也有一定可能是狄仁杰的直系后裔。与狄青关系较好的士人也都抱着这种愿望。

狄青拒绝接受狄仁杰后裔的攀亲，展现的是个人的谦逊，不愿意玷辱名相狄仁杰的名望。然而有狄青这样出类拔萃的名将做子孙，又怎么会真的玷辱了狄仁杰？狄青实际上还是在强化自己作为"武人"的符号。在部分文臣看来，这等于再次表明了态度：他不会去攀附文臣，不会放弃武人的身份，就是要作为武人的标杆，激励天下的武人奋发图强，博取功名。

而这种坚决，让狄青陷入了更加麻烦的境地。

变生谶言

宋仁宗至和三年（1056年），狄青在枢密使的高位上已经是第四个年头。他恪尽职守，执掌军政，为大宋皇朝的国防体系添砖加瓦。由于先前在抗击西夏、讨灭侬智高战争中的功绩，加上在枢密使任上的善政，狄青威望日增。

当时，不但广大士兵把狄青奉为偶像，敬若神明，而且开封城的平民百姓，这些原本歧视军人的市井之徒，也都竞相传颂狄青的诸多神勇战绩。狄青每次外出，老百姓都聚集起来围观，甚至堵塞道路，搞得难以通行。四十多岁的狄青，当然不如年轻时候俊美，但依然是五官俊朗，脸上又多了久经战阵的沧桑。再加上两行明显的刺字，更显出别样的气度。

然而这种威望，又令狄青陷入文臣集团的猜忌之中。

文臣集团对狄青的猜忌，部分文臣可能是出于嫉妒，或者出于文人天然对武人的歧视。也有部分文臣确实是本着忠君爱国思想，担心大宋如同晚唐和五代一样，陷入武人强权专制、藩镇割据的战乱之中。悲剧的是，这与双方的"正邪"无关，甚至与狄青本人的人品道德也无关。接下来站在狄青对面的文臣，很多并不怀疑狄青的才能，也不怀疑狄青的忠心。但同样出于对朝廷和国家的忠心，出于对天下的责任感，他们选择了打击狄青。

狄青拥有的真正护身符，不是自己的能力与功绩，而是皇帝。宋仁宗对狄青无以复加的信任和看重，使得狄青足以在数年中避开那些流言蜚语、明枪暗箭。但当外界环境变化时，仁厚的皇帝就再也保护不了狄青。

至和三年（1056年）是一个充满各种不祥之兆的年头。至和二年（1055年）的除夕夜，天降大雪，宋仁宗在宫廷里光着脚祷祝，到天亮雪后初晴。至和三年（1056年）正月初一，宋仁宗上大殿接受朝拜，等到文武百官都站好了，正要开始行礼，宋仁宗忽然感到头晕目眩，连头上戴的冠冕都歪斜了。左右赶紧放下皇位前面的帘子挡住朝臣的视线，然后用手掐他的人中，待他流出一些口水，这才稍微感觉好些，再把帘子卷起来，朝臣们匆匆行完礼退朝。

正月初五，宋仁宗在紫宸殿宴请辽国的使者。宰相文彦博举着杯子到宋仁宗御榻前祝酒，宋仁宗忽然转头盯着他问："不爽吗？"文彦博看出宋仁宗发病，惊得不知道说什么好。幸亏没出别的大乱子，勉强把宴会完成了。

初六，辽国使者拜辞，刚刚走到皇宫院子里，宋仁宗忽然在上面大喊道："快些叫使者来，不然朕怕是见不到他了！"左右看皇帝语无伦次，知道他又犯病了，赶紧把他扶进去。宰相文彦博告诉辽国使者，皇上昨天宴会上喝多了，今天改由大臣为使者饯行。

到初七，宋仁宗越发癫狂。文彦博等进去参见，他居然从内宫中大喊着冲出来："皇后和太监张茂则勾结谋反！"吓得太监张茂则直接上吊自杀，被左右救了下来。文彦博指责张茂则说："皇上说几句胡话，你怎么这么脆弱？你要是死了，皇后岂不是浑身长嘴也说不清了？"他吩咐左右务必紧随宋仁宗，一步也不要放他乱跑。

宋仁宗过去也曾犯过类似的病，但这次好像特别厉害。于是国家大事只能由宰相（同中书门下平章事）文彦博、富弼和枢密使狄青、王德用商量着办。富弼身体不好，王德用年迈，所以主要执掌朝政的是文彦博和狄青这一对山西老乡。他们在皇宫中设立了祭坛，为宋仁宗日夜焚香祈福，两府大员也借机在宫中办事。过了一些日子，宋仁宗身体稍微好些，不再胡言乱语，但依然精神萎靡，不能说话，最多只能上朝露个脸，安定人心。大臣奏报国家大事，皇帝只能装模作样点点头。

宋仁宗一病就是几个月。文彦博、狄青等几位文武相彼此配合，在皇帝生病的情况下，保证朝廷工作井然。尽管如此，也出现了中书省和枢密院之间发生矛盾的传闻。说有一次枢密使王德用要进中书省，守门人放他进去了。回头文彦博知道此事，就把守门的官员送到开封府去狠狠打了一顿屁股。第二天，还对富弼说："我后悔了，应该把这家伙斩首的！皇上生病的时候，皇宫里面的门岂能随便开！（宋代枢密院和中书省的办公地点都位于皇宫内。）"这则传言不知真假，但北宋枢密院通常是一文一武两位枢密使执掌，而当时担任枢密使的狄青和王德用都是武将，那么文人宰相对此可能确实有些忌惮。当然，文彦博主要是看不惯倚老卖老的王德用，对狄青当时还是比较友好的。

闰三月初一，原本担任枢密副使的王尧臣改任户部侍郎、参知政事（副宰相）。而原本的参知政事程戡则接替王尧臣担任枢密副使。这种职位对调，主要因为程戡是文彦博的亲家。对王尧臣而言却是一件好事。这位比狄青大五岁的才子，他考取状元的那年，狄青还只是个大头兵。后来两人同列为枢密副使，他已经有些不平衡，曾出言讽刺狄青，被狄青呛回去了。再后来狄青升枢密使，王尧臣只能为枢密副使，屈居狄青下面，心中不知多么郁闷。如今他调任副宰相，终于不必再受窝囊气了。

这时候，针对狄青的种种攻击开始出现了。

原来大致在三月左右的一天夜里，狄青在开封城的府中进行祭祀活动，烧香烛祈祷。然而主持这事的仆人，居然忘记向官府报备。于是夜里，守夜的士卒发现狄青府邸中有火光，赶紧报告直属上级厢主。厢主又赶紧报告开封府。开封府知府当时是狄青的老上司王素，王素带人前往查看，原来只是狄青府中在烧香烛祭祀，而且这时候火已经灭了。不过虚惊一场。

但是，由此坊间开始流传一个段子，说枢密使狄青的家里，夜间居然有火光燃起来！等人过去看，又消失了！

在封建时代，"家里放光"是非常奇异的征兆。知制诰刘敞对狄青颇有成见，曾在狄青讨平侬智高之后，放言狄青的功劳其实一半是运气好，没什么稀奇的。现在得知这个消息，他立刻跑到开封府知府王素那里，对他说：

> 当年朱全忠住在午沟，夜里也有古怪的光芒闪现在他家。邻里以为是失火，前往扑救，结果又没有了。今天狄青家的这个怪异现象，和上次那件事是不是有些相似呢？

刘敞这句话是非常恶毒的。朱全忠，也就是五代时的后梁太祖朱温。他是唐王朝的终结者，也是把中国推入超级乱世的罪魁祸首之一。刘敞举出当年朱全忠家宅出现奇怪火光的例子，和狄青的事情比拟，就是暗示狄青也会像朱全忠一样造反，毁灭大宋王朝。然而狄青家根本就不是"天火"，而是人为的祈祷点火烛，与所谓造反根本八竿子打不着。但是，利用古人皆有的迷信思想，刘敞成功把两者挂上了关系，从而将狄青置于极为危险的境地。

同时，开封城还流传另一个谣言，说狄青家的狗长出了角。"犬生角"也是古代迷信思想中的不祥之兆，预兆着诸侯造反，威胁国君地位。据说西汉文帝时候，齐国就出现了狗生角，后来到汉景帝时候果然发生了吴楚七国之乱，齐王有好几个儿子参与叛乱，最后兵败身死。"犬生角"比"天火"还要无稽，却让人无从辩驳。

刘敞把这两件所谓的"异象"，又与当时《推背图》中的一首歌谣联系起来。《推背图》传说是唐朝初年李世民命令李淳风、袁天罡写的一本预言未来的书籍，然而历代的人对其篡改过多次，目的是通过这本书中似是而非的预言，煽动人心，获取舆论上的好处。五代末期，宋太祖赵匡胤也改过《推背图》，为自己称帝服务。而在其中一个版本的《推背图》中，有这么一首歌谣：

> 赤猴年中胡汉乱，汉似胡儿胡似汉。改头换面总一般，只在汾河川子畔。

这首歌谣怎么解释？如同推背图上其他歌谣一样，都有不同的说法。其中一种观点认为，这指的是936年石敬塘推翻后唐，建立后晋，并承诺割让燕云十六州给契丹，换取契丹支持他的事情。936年是农历丙申年。按五行对应天干，丙属火，颜色为红；按地支对应十二生肖，申是猴。所以936年可以叫"赤猴年"，在这一年发生了汉人与胡人之间的动乱。"汉似胡儿胡似汉"，指的是石敬塘拜契丹君主耶律德光为父皇帝，自称儿皇帝。"改头换面总一般，只在汾河川子畔"指后晋替换了后唐，但两者都是在汾河流域的山西地区建国。这基本上是讲得通的。

把《推背图》上这首谶歌放到至和三年（1056年），里面的杀气立刻就起来了。1056年是农历丙申年，就是赤猴年。而"汉似胡儿胡似汉"，可以用于狄青。狄青的姓氏"狄"，本就有北方少数民族的意思，但狄青自己又是个汉人。狄青打仗披发，有胡人之风，同时狄青又字"汉臣"，他又曾统率过编入禁军的少数民族骑兵。这句话就被解释为指代一身具有胡汉双方特征的狄青。"改头换面总一般"，狄青年轻时冲锋陷阵戴着铜面具，后来又拒绝宋仁宗的要求，不肯去掉脸上刺的字，恰恰暗含"改头换面"。同时改头换面又有改朝换代的意思。至于最后一句"只在汾河川子畔"就更明显了，狄青就是山西汾州人。

这样一来，这首谶歌就预示了：在至和三年（1056年），狄青将要如同五代那些统帅一样发动政变，推翻宋朝！

刘敞得出这个结论后，立刻开始多路出击，准备把狄青拉下马来。

他首先上书宋仁宗，说明狄青的危险性，要求罢免狄青，以免国家社稷倾覆，也保全狄青个人的功名。宋仁宗此时还在病中，精神不好，脑子却没毛病。一看这家伙又来攻击狄青，直接把奏章扔一边，"留中不发"了。

刘敞接着去找知己的好友范镇和欧阳修，希望他们向朝廷进言，罢免狄青。范镇和欧阳修都比刘敞大十二岁，很欣赏刘敞的博学多才，三个人算是忘年之交。当刘敞对知谏院范镇说出担心狄青造反的这一番推论时，这位素来以"敢于犯颜直谏"闻名朝野的范镇，却毫不客气地对好友说：

> 老弟，你这是要重现李世民杀害李君羡的惨剧啊！皇上绝不会忍心这样做的。你不要再挑拨君臣关系，让皇上对忠臣起疑心！

所谓李世民杀害李君羡，指的是唐朝初年，太白星多次现于白天，史官占卜之后，认为这预兆着女皇要登基。民间又说"唐朝三代之后，女主武王取代李氏据有天下"。唐太宗李世民非常担心。后来他得知猛将李君羡的小名是"五娘子"，认为李君羡官拜左武卫将军、封号武连县公、属县武安县，本人又小名"五娘子"，看来"女主武王取代李氏"就是说的他了。于是，李世民罢免了李君羡的官职，不久又找个借口杀了他。直到几十年后武则天当皇帝，这才给李君羡平反。大家这才知道"女主武王取代李氏"指的是武则天。范镇拿出这个案例，是想说明谶语这玩意神秘得很,你不要从字面上去理解,会冤枉好人的!

刘敞看范镇如此态度,又去找欧阳修。欧阳修的城府和谋略,那是比范镇要深远多了。他没有驳斥刘敞,但也没有立刻响应刘敞的建议。或许欧阳修对狄青身居枢密使高位不安,但认为现在出头攻击也不是好办法。

刘敞从两位文坛好友那里得不到支援,又分别去找几位宰相。当时的正副宰相(中书省要员)共有四位,分别是正宰相(同中书门下平章事)文彦博和富弼,副宰相(参知政事)刘沆和王尧臣。富弼身体不好,经常请病假,刘敞大约只拜见了其余三人。他照样把与狄青相关的这些牵强附会的事情列出来,希望宰相们主持罢免狄青。他甚至露骨地说:"过去天下有'大忧'的事,又有'大疑'的事。现在陛下龙体渐渐康复,'大忧'之事算是解除了,'大疑'之事却依然存在,您身为宰相,对此可不能袖手旁观啊!"

手握大权的宰相文彦博,对这种捕风捉影的事情根本就不理睬。他是狄青的山西老乡,当初也曾与狄青在宋夏前线并肩作战。尤其现在皇帝病重,正要两府团结,操持国事。文彦博跟王德用不太对付,工作上和狄青合作要愉快得多。这会儿把狄青罢免了,谁来管枢密院这一摊子事?因此文彦博对刘敞只是点头敷衍。

副宰相刘沆也是一位能臣,生性豪爽,狄青这样的武将很对他的胃口。再说他也曾镇压过岭南的少数民族叛乱,知道这类行动的艰难,对狄青灭掉侬智高颇为赏识。因此,他看刘敞攻击狄青,也只是哼哼哈哈,不置可否。

至于另一位副宰相王尧臣,本身是刘敞的姐夫。他身为当年的状元郎,后来一度成为狄青的副手,心中大约是有不爽的。但他刚刚升任副宰相不久,且小舅子刘敞正因为他的提升,需要避嫌离开京城,前去扬州担任知州。要是刚刚脱离枢密院,就立刻跳出来高调反对先前的上司狄青，只怕会落人话柄。因此王尧臣也没表现得太热心。

刘敞除了向两位好友和几位宰辅吹风之外，还多次与朝中群臣沟通此事。不过当时朝臣普遍反应冷淡。因为皇帝初病，宰相又态度暧昧。狄青是宋仁宗的心腹爱将，大家也都知道。所以群臣多数还在观望。

刘敞没能掀起大浪，只得在闰三月怏怏地离开首都，去扬州上任。他到扬州后，依然对此事念念不忘，给朝中大臣写信说"汲黯之忠，不难于淮阳，而眷眷于李息"。

小贴士

汲黯和李息

汲黯是西汉汉武帝时期的大臣，以忠心敢言著称。他因为得罪汉武帝，被外放淮阳担任地方官。临走前，他拜访另一位大臣李息，叮嘱李息一定要向汉武帝进言，防备酷吏张汤。但汲黯走后，李息不敢弹劾张汤。后来张汤在政治斗争中被杀，汉武帝知道汲黯劝告李息的事情后，认为李息也有罪，对他进行了处罚。

刘敞在这里把自己比作汲黯，把满朝大臣比作李息，而把狄青比作了酷吏张汤，意思是我去了扬州，你们在朝中一定要继续进言，把狄青搞下去，不然万一出了大事，你们一个都跑不了！讽刺的是，汉武帝时期朝廷斗争非常凶险，大臣动辄被下狱、被处死，而北宋的政治风气显然要宽松得多。宋仁宗更是以宽厚仁慈而闻名。刘敞打这个比方，将宋仁宗与汉武帝相提并论，实在有些让人无语。再则，历史上张汤虽然是个酷吏，但为官清廉，被杀之后家产不过五百金，都是来自俸禄和赏赐，汉武帝也认为这是个冤案。刘敞用狄青来比拟张汤，也是难以服众的。

总之,至和三年(1056年)三月间,刘敞挑起对狄青的这一轮攻击,没有收到实效。但是,导火索已经点燃。接下来,狄青将要面对更为猛烈的攻势和更为强悍的对手。

欧阳修的担心

至和三年(1056年)三月,刘敞借着"夜半火光""狗生角"等无稽之谈对狄青发动的攻击落空,本人离开开封去了扬州。但狄青在枢密使上的位置,注定也坐不安稳了。

刘敞离开后不久,大致在闰三月到四月之间,刘敞的大哥欧阳修又对狄青发动了攻击。

欧阳修年长狄青一岁,当时官拜翰林学士,乃是北宋文坛的领袖人物。在过去的多年里,欧阳修对狄青整体来说是赏识的,曾在公使钱案和水洛城事件中设法维护狄青。当然,他对狄青的维护,也脱离不了文臣对武将居高临下的姿态。如今,高居枢密使之位的狄青,已成为欧阳修心中的一根刺。而刘敞的进言更坚定了欧阳修的决心。他向宋仁宗上了一封奏章,就是著名的《上仁宗乞罢狄青枢密之任》。这篇雄文长达千字。摘录核心部分如下:

>……臣窃见枢密使狄青,出自行伍,号为武勇,自用兵陕右,已著名声,及捕贼广西,又薄立劳效。自其初掌机密,进列大臣,当时言事者已为不便。今三四年间,虽未见其显过,然而不幸有得军情之名。推其所因,盖由军士本是小人,面有黥文,乐其同类,见其进用,自言我辈之内出得此人,既以为荣,遂相悦慕。又加青之事艺实过于人,比其辈流又粗有见识,

是以军士心共服其材能。国家从前难得将帅，经略招讨常用文臣，或不知军情，或不闲训练。自青为将领，既能自以勇力服人，又知训练之方，颇以恩信抚士。以臣愚见，如青所为，尚未得古之名将一二。但今之士卒不惯见如此等事，便谓须是我同类中人，乃能知我军情而恩信抚我。青之恩信亦岂能遍及于人，但小人易为扇诱，所谓一犬吠形，百犬吠声，遂皆翕然，喜共称说。且武臣掌机密而得军情，不唯于国家不便，亦于其身未必不为害。然则青之流言，军士所喜，亦其不得已而势使之然也。

臣谓青不得已而为人所喜，亦将不得已而为人所祸者矣。为青计者，自宜退避事权，以止浮议，而青本武人，不知进退。近日以来，讹言益甚，或言其身应图谶，或言其宅有火光，道路传说以为常谈矣，而唯陛下犹未闻也。且唐之朱泚，本非叛者，仓卒之际，为军士所迫尔。大抵小人不能成事而能为患者多矣。泚虽自取族灭，然为德宗之患，亦岂小哉？夫小人陷于大恶，未必皆其本心所为，直由渐积，以至蹉跌，而时君不能制患于未萌尔。故臣敢昧死而言人之所难言，唯愿陛下早闻而省察之尔。如臣愚见，则青一常才，未有显过，但为浮议所喧，势不能容尔。若如外人众论，则谓青之用心有不可知者，此臣之所不能决也。但武臣掌机密，而为军士所喜，自于事体不便，不计青之用心如何也。

伏望圣慈深思远虑，戒前世祸乱之迹，制于未萌，密访大臣，早决宸断，罢青机务，与一外藩，以此观青去就之际，心迹如何，徐察流言，可以临事制变。且二府均劳逸而出入，亦是常事。若青之忠孝出处如一，事权既去，流议渐消，则其诚节可明，永保终始。夫言未萌之患者，常难于必信；若俟患之已萌，则又言无及矣。臣官为学士，职号论思，闻外议喧沸，而事系安危，臣言狂计愚，不敢自默。

欧阳修写文章的本事，无愧唐宋八大家之称。这封奏章通篇充满了冷枪暗箭。

第一段中，欧阳修承认狄青有诸多功劳和名声，比如，"事艺实过于人，比其辈流又粗有见识，是以军士心共服其材能。""自青为将领，既能自以勇力服人，又知训练之方，颇以恩信抚士。"甚至还对比指出了过去担任统帅的文臣"或不知军情，或不闲训练"，都不如狄青。这是挺难得的。但在承认狄青能力和功劳的时候，欧阳修用词比较勉强，什么"号为武勇"，"薄立劳效"，"虽未见其显过，然而不幸有得军情之名"，"比其辈流又粗有见识"，"尚未得古之名将一二"，等等。他对狄青得军心这事，分析说作为"小人"的军士们，看见同类狄青成为英雄，因此而仰慕他，甚至用了"一犬吠形，百犬吠声"这种恶毒的贬义词句。总的逻辑就是，狄青确实有些本事和功劳，但其实也没那么厉害，主要是士兵们喜欢和他们一类的人，因此才拥戴狄青。而这事对国家和狄青都有很大的危害。

第二段中，欧阳修继续泼污水，说狄青本应该自己交出权力，避免流言，而"青本武人，不知进退"，造成近来各种传言越来越多。又把狄青与唐朝的叛臣朱泚相比，说狄青将要成为朱泚第二。他还故作客观地说，在我看来，"青一常才，未有显过"，但是"若如外人众论，则谓青之用心有不可知者，此臣之所不能决也"，意思是我不知道狄青有没有异心，但外面有人说他有。而且武将当到枢密使，又得到士兵的喜欢，这本来就是一个大祸患，狄青就算忠心也没用！

最后，欧阳修希望皇帝罢免狄青的枢密使之职，把他外放到地方去当官。按欧阳修的说法，这是"考验"狄青。如果狄青被罢免之后还能对朝廷忠心，那就说明他真是个忠臣，等流言消除之后，还可以重用。但他还是用了"言未萌之患者，常难于必信；若俟患之已萌，则又言无及矣"，总之就是宁可信其有，先把狄青去职再说，免得酿成大祸！

欧阳修不愧是大家，整篇文章每一段都可以自圆其说，但是其文也不乏暗中贬低狄青之处。最关键的是行文的逻辑，因为狄青是武人，所以当枢密使不妥；因为狄青得军心，所以有造反的危险；因为流言已经出现了，所以还是先把狄青换掉保险。

这篇奏章中还揭示了另一重深意。狄青是出身行伍的，他知道士兵们想要什么。所以他担任将帅、担任枢密使，想方设法提振军心士气，借此提高大宋的国防实力。他对士兵们各种关心，保留自己面部的刺字，激励士兵们为国杀敌，立功晋升。狄青的目的达到了，他得到了士兵的爱戴，鼓励了士兵们奋发向上。然而这一点在欧阳修的奏章中，却反过来成了狄青的危险因素，成为罢免狄青的一个理由。

文臣和武臣的思维方式，官场和战场的利害标准，竟然如此天差地别！

欧阳修这篇雄文上奏后，依然石沉大海。欧阳修为人沉着，他上的是密奏，并未如刘敞那样逢人就说，闹得满城风雨。因此，其他文臣们根本不知道欧阳修的这个举动，自然也就并未响应。加上宰相文彦博依然护着狄青，狄青的位置暂时还没被触动。

然而大宋这一年却实在是多难。五月二十四日黄昏，两颗流星相继划破天际，飞往西方。不久，开封城天降大雨，洪水奔腾，居民住宅和军营都被水淹七军。这场大雨竟然一连下了两个多月，开封城墙的西南角都被冲垮了。不光是开封，连河北、京东西、江、淮、夔、陕各处也都发了大水。

这种全国性的异常天气和洪涝灾害，即使放在今天也非常麻烦，更何况在近千年前的古代？宋仁宗和中书省、枢密院两府奋力安排各种救灾措施，自然不在话下。但同时，按照封建时代的观点，天灾往往意味着高层统治者失德，必须反省改正。在知谏院范镇的建议下，宋仁宗只得认怂，同意是自己的统治出了问题。农历六月二十九日，宋仁宗诏告群臣向自己提批评意见：

> 廼者淫雨降灾，大水为沴，两河之间，决溢为患，皆朕不德，天意所谴，其令中外实封言时政阙失，毋有所讳。

宋朝本来就是士大夫极端活跃的朝代。如今皇帝自己"求虐"，那还客气什么？大臣纷纷上书。他们指责的问题，主要集中在宋仁宗迟迟不肯立皇太子。

宋仁宗的家庭生活充满不幸，大中祥符三年（1010年）他刚出生，就被迫与亲生母亲李氏分离，被嫡母刘皇后抱走，即后世"狸猫换太子"故事的原型。此后宋仁宗登基为皇帝，刘太后垂帘听政，身为皇帝亲生母亲的李氏依然独居深宫，与儿子难以相见。直到明道二年（1033年）刘氏去世，已亲政的宋仁宗才得知自己的生母另有其人。而可怜的李氏已经在一年前去世了，死前不久才被封为宸妃，之前一直都是普通宫人身份。年轻皇帝的哀痛可想而知。

宋仁宗的母亲命运是如此悲凉，他的子嗣也很凋零。仁宗的后宫佳丽成群，单单只是获得皇后称号或追封的就有十人之多。然而他数十年努力，一共也不过生下了三个儿子和十三个女儿。十三个女儿中仅有四人长大，三个儿子更是无一幸存。长子赵昉在景祐四年（1037年）出生即夭亡；次子赵昕在庆历元年（1041年）三岁夭亡；幼子赵曦在庆历三年（1043年）三岁夭亡。

封建皇朝要稳定，除了皇帝自身贤明，最重要的就是要有靠谱的继承人，即皇储。宋仁宗在至和三年（1056年）已经虚岁四十七岁，按古人平均寿命来看，他正日渐步入老年，不但生育力下降，而且自身还能活多久都不好说。因此大臣们都希望他能在宗室子弟中选择合适的人，收为皇子。这样万一皇帝死了，帝国还能有个继承人。

宋仁宗不愿意。他还年轻，没准还能生出儿子来呢！当初他的亲生母亲在世时不能和他团聚，如今大臣们又要他收养不是自己亲生的儿子吗？一贯很容易妥协的宋仁宗，表现出少有的强硬。

然而大臣们不买账。年初皇帝大病一场，让大臣们跟着担惊受怕，不赶紧立后嗣，万一皇帝真的天不假年，大宋怎么办？尤其是范镇等人，早在五月初就开始不断唠叨。如今借着这次给皇帝提意见的机会，大臣们更是轮番对宋仁宗轰炸，希望他早立皇储。

皇帝和大臣们关于立嗣的争吵，狄青并未参与其中。然而，他依然撞到了枪口上。

原来七月初，宰相文彦博和富弼商量立皇储的事情，不但没有让枢密院参与，甚至根本没让狄青和王德用知道。毕竟这两位都是武人。文臣对武人轻视，把他们排除在决策团体之外也不奇怪。

狄青倒是无所谓。他对宋仁宗忠心耿耿，本来也不愿意站在群臣一边，逼着宋仁宗收侄子为养子。但另一位枢密使王德用不满意了，觉得枢密院身为两府之一，好歹也该有知情权啊！老头子王德用倒也幽默。他双手合十，举在自己的额头上，如同庙里菩萨的架势，嘴里说道："置此一尊菩萨于何地啊？"听的人都不禁失笑。

王德用不过是用开玩笑的方式发个牢骚，但话传到欧阳修的耳朵里，这位文坛领袖可不会客气，冷笑道："老衙官懂什么？"

衙官一般指低级官吏，王德用已经官拜枢密使，是朝廷中屈指可数的军政大员，但在欧阳修眼中，也不过是个"老衙官"。文臣对武臣的轻视如此可见一斑。既然出身将门的王德用都是"老衙官"，那么出身行伍，背景远不如王德用的狄青，当然更是"老衙官"了。

第五章　日中则昃

欧阳修本来就对狄青耿耿于怀，如今王德用又来拱火，更是激发了他的战意。七月初六，他又上了一封奏章《论水灾疏》。这一篇开头大半篇幅的内容，主要借着水灾要求宋仁宗注意自己的继承人问题，就算不立刻确立太子，也可以先从宗室子弟中选择贤明的，收为养子。这样，万一后面能生下亲儿子，还可以把亲儿子立为太子。到末尾两段，欧阳修话锋一转，又把火烧到了狄青头上：

……臣又见枢密使狄青，出自行伍，遂掌枢密。始初议者已谓不可，今三四年间，外虽未见过失，而不幸有得军情之名，且武臣掌国机密而得军情，岂是国家之利！臣前有封奏，其说甚详，具述青未是奇材，但于今世将帅中稍可称尔。虽其心不为恶，不幸为军士所喜，深恐因此陷青以祸，而为国家生事，欲乞且罢青枢务，任以一州，既以保全青，亦为国家消未萌之患。盖缘军中士卒及闾巷人民，以至士大夫间，未有不以此事为言者，惟陛下未知之尔。

臣之前奏乞留中，而出自圣断，若陛下犹以臣言为疑，乞出臣前奏，使执政大臣公议。此二者当今之急务也。凡所谓五行灾异之学，臣虽不深知，然其大意可推而见也。《五行传》曰："简宗庙则水为灾。"陛下严奉祭祀，可谓至矣，惟未立储贰。《易》曰："主器莫若长子。"殆此之警戒乎？至于水者，阴也，兵亦阴也，武臣亦阴也，此推类而易见者。天之谴告，苟不虚发，惟陛下深思而早决，庶几可以消弭灾患而转为福应也。臣伏睹诏书曰"悉心以陈，无有所讳"，故臣敢及之。若其他时政之失，必有群臣应诏，为陛下言者。臣言狂计愚，惟陛下裁择。臣昧死再拜。

两段中的前一段，重复他自己几个月前奏章中的话，什么"武臣掌国机密而得军情，岂是国家之利"，什么"未是奇材，但于今世将帅中稍可称尔。虽其心不为恶，不幸为军士所喜，深恐因此陷青以祸，而为国家生事"，总之就是说狄青的本事也就那样，现在武人掌权，构成了国家的威胁，并渲染"军中士卒及闾巷人民，以至士大夫间，未有不以此事为言者"，说得好像全国舆情汹汹，狄青马上就要起兵篡位了。

后一段则搬出了所谓"五行灾异之学"，借着水灾来冲狄青，认为"水者，阴也，兵亦阴也，武臣亦阴也，此推类而易见者"。在当前全国水灾、人心惶惶的情况下，把水灾的祸根算到狄青头上，实在是狠毒的一招。

欧阳修针对狄青的这一轮攻击，宋仁宗依然没有听从。然而，他还能坚持多久呢？

抱憾离中枢

至和三年（1056年）夏天的大面积洪涝，在朝廷群臣中也形成了进谏的浪潮，而欧阳修则成为其中的主将。虽然进谏的主要内容是劝宋仁宗收养子，但狄青也被捎带上了。继欧阳修之后，御史们也开始要求罢免狄青。

七月初，欧阳修的《论水灾疏》还只是把宋仁宗立后嗣和狄青罢枢密使两件事并列，作为平息水灾的措施。而殿中侍御史吕景初的奏章，则把两件事联系起来，将"狄青为枢密使"作为宋朝现有的直接威胁，并说如果不赶紧立后嗣，恰好会给狄青篡位带来机会：

> ……希望陛下您选择宗族子弟中的贤明者，在皇宫中给您问安，伺候您吃饭，或者担任京城和州郡的官吏，辅佐朝政。

> 现在天上出现了异象，妖人传播流言，还有权臣拥有虚伪的声望，被士兵们拥戴，中外朝野都为之不安。局势已经万分紧急，间不容发，就因为您没有立皇子，社稷才有这么大的忧患。希望陛下早做打算，才能使人心不动摇，国家根本牢固。

群臣围攻狄青的同时，他自己也有些犯迷糊。因为多日大雨，内涝不断，狄青在开封城的宅子也被水冲了，只好搬家到大相国寺避水。狄青穿着浅黄色的袄子，在殿上指挥士兵搬东西。正黄色是皇家专用的颜色，而浅黄色与正黄色是相近的。从避嫌的角度，最好别碰。狄青似乎还不清楚自己已经成为诸多文臣聚焦攻势的对象，言行举止还是大大咧咧、满不在乎。他对于政治斗争的严酷性似乎还没有认识清楚。然而，却有很多人望见了这一幕，一传十，十传百，"都下哗然"。大家仿佛又联想到当年赵匡胤陈桥兵变，"黄袍加身"的场景。

后来狄青的老上司、同龄人韩琦回朝，也听说了这个传闻。据说有一天狄青家宅失火，韩琦专门去问救火的人："你看枢密使出来指挥救火的时候，有没有穿着黄色的袄子？"

当年曾大力举荐狄青的韩琦，看狄青的眼光也在变了。

朝中的浪涛奔涌，天灾异象也在继续。七月末，有彗星从紫微垣飞出，拖着白色的长尾巴，划过天际。八月初一，又出现了日食。在中国传统观点中，彗星和日食都是"阴盛阳衰""以下犯上""臣侵主危"的征兆，同时，彗星又叫"蚩尤旗"，预兆着兵灾战乱。在如今宋仁宗身体欠佳，国无皇储，水灾不断的局势下，更让人胆战心惊。

大宋目前尚处和平，兵灾从哪里来？当然，可能是辽国或者西夏入侵，也可能是边境少数民族叛乱。但是，结合以下犯上、阴盛阳衰，有没有可能是某个大员发动兵变呢？

几个月前刘敞在各位大臣们耳边吹的风，现在形成了朝堂的风暴，在狄青周围盘旋。

吕景初多次前往中书省，见宰相文彦博，请他安排，罢免狄青。

文彦博开始还为狄青辩护，说狄青素来忠诚谨慎，外面这些流言都是小人搬弄唇舌，不足为虑。吕景初道："就算狄青真是忠臣，但能保证大众的心态吗？小人没什么见识，流言传播开来，就可能发生变故。您作为大臣，应该为朝廷考虑。可不要光顾着老乡之间的私人情谊！"

吕景初这话非常有杀伤力，等于宣称，文彦博如果再庇护狄青，就是为了老乡的情谊在损害国家利益，万一出了事就要担负全责。

文彦博一方面是北宋首屈一指的能干宰相，另一方面也称得上是杀伐果决、心狠手辣。他当初确实是把狄青作为自己的盟友培养的。过去两个人的关系不坏，第一次宋夏战争中两人曾并肩作战，水洛城事件中两人也都是站在反对筑城的韩琦一方。狄青在河北定州时，文彦博主持平定贝州王则之乱，一度打得很不顺利，就打算调遣狄青的精兵来救火，后来还没来得及操作，叛乱就平息了。之后，文彦博派家人去狄青那里索要好处，敲诈了狄青不少财物；狄青到延州担任知州后，文彦博又派人去给狄青说："你能担任知延州，我给你帮了忙。现在咱俩共同保奏一个人为官。"狄青按照文彦博的要求，提拔文彦博的熟人当上了试校书郎。

然而，面对诸多天灾和汹汹人言，文彦博权衡利弊，发现再要保狄青难度很大。再说，他也不能担保狄青不会出事。

于是，文彦博上了奏章，要求罢免狄青枢密使之职，外放陈州。宋仁宗这时候基本已经康复，但外有天灾不断，内有群臣此起彼伏逼他立嗣的奏章，他很无奈。看到连狄青的老乡，宰相文彦博也转换了立场，宋仁宗只得签署同意。当初让狄青进入枢密院，就是他一力坚持的结果。如今面对满朝的压力，他顶不住了。

狄青得知这个消息后，非常震惊。他不能理解那么复杂的官场斗争逻辑，只觉得自己没有犯什么错，为什么要罢免他？

郁闷之下，狄青甚至跑到皇宫，去向宋仁宗诉苦。宋仁宗看着这个自己寄予厚望的名将，满脸哀伤，也只能宽慰几句。回头宰相文彦博进来，宋仁宗对他转述了狄青的话，叹息说："狄青他真的是个忠臣啊。"

然而文彦博可比庞籍要厉害多了。他看着宋仁宗道："皇上圣明，狄青他确实是陛下的忠臣。然而当初太祖皇帝（赵匡胤）又何尝不是后周的忠臣！就因为他能得军心，所以才有了陈桥兵变！"

言下之意，狄青就算是忠臣，到了这个位置上，有这个威望，他自己也控制不住后面的走向！

眼看文彦博把自家祖宗的缺德事都搬出来，宋仁宗也只得作罢。

八月十四日，朝廷正式颁布了诏书。狄青被免去枢密使一职，同时加同平章事之衔，保留护国军节度使的职位，知陈州。其中同平章事只是表明地位尊贵的虚衔，不是让他真正承担宰相的职务。他的具体职权是管理陈州。制书是这样写的：

> 股肱之良，是惟同体；中外之寄，盖以均劳。非有大勋，曷膺异数？忠纯异禀，英锐挺生。奋武力以绝伦，蕴沉机而迈众。向以夏廷叛涣，海峤绎骚，既成荡寇之劳，亟举悬功之赏。自参兵柄，旋总机庭，荐更华籥之隆，居稔胜筹之助。是用联辉衮路，殿守辅藩，并加食采之田，别赐表功之号。于戏！御侮者元戎之任，论道者三公之司，并而授之，荣且至矣。勉推忠荩，永享崇高。

通篇颂扬了狄青才能出众、功勋卓著，并强调作为军人抵御外侮，作为文臣治理国家，这两种职权都授予狄青，这是无上的光荣。宋仁宗为自己的爱将尽可能保留了荣耀。

此外，宋仁宗还令欧阳修起草了一封敕书作为慰勉：

  赐护国军三军将吏僧道百姓等为护国军节度使枢密使狄青罢政加平章事判陈州示谕敕书

  敕护国军某人等：朕以狄青夙兼忠勇之姿，尝著勤庸之效。自参机务，颇历岁时。载深乃眷之怀，优以均劳之宠。惟命崇于名器，盖体系于朝廷。是加鼎轴之司，委以藩垣之任。乃人臣之荣遇，想舆论之佥谐。

八月十六日，狄青离开开封，前往陈州。他的枢密使职位，由韩琦接替。

狄青去职，朝中基本没什么波澜，宰相文彦博转向，富弼本是文彦博同进退的盟友，王尧臣对狄青本就有些负面看法，他们都不会有意见。只有副宰相刘沆站出来给狄青说话。他直接指责御史们"去陛下将相，削陛下爪牙，殆将有不测之谋"。御史弹劾狄青可能谋反，刘沆则说御史们迫害狄青是为谋反铺垫，这是极为狠毒的攻击。由此可知，刘沆对狄青是真维护。只是他一个人的声音不够响。之后刘沆陷入与御史们的缠斗，到当年十二月被免去了副宰相之职，改知应天。

另一位武臣枢密使王德用，也在这一年的十一月被免职，改由年长狄青九岁的文臣贾昌朝接替。欧阳修对此很不满意，上书弹劾贾昌朝是个奸佞之辈，很不称职云云。当然，这些纠纷与本书就无关了。

狄青外放之后，宋仁宗于九月改元嘉祐，祈求一个好的兆头。至于众位大臣苦心劝谏的立嗣问题，仁宗直到嘉祐七年（1062年）才正式册立自己的堂侄子赵宗实为皇子，改名赵曙，即后来的宋英宗。次年宋仁宗就去世了。

第五章　日中则昃

将星陨落

至和三年（1056年），狄青罢枢密使，以同平章事、护国军节度使身份前往陈州。

其实，后世站在第三方的角度看，狄青这次罢免算不得什么太大的挫折。北宋一朝的相位，常态本来就是进进出出、起起落落，不会出现一个人占据权力顶端太久的局面。

就拿地位高于枢密使的同中书门下平章事（宰相）来看，皇祐五年（1053年）狄青刚当上枢密使时，当时的宰相是他的恩公庞籍。庞籍在皇祐三年（1051年）担任宰相。等狄青当上枢密使后不久，庞籍就被罢相了，前后三个年头，按实际时间算大约两年。接替庞籍的宰相梁适在至和元年（1054年）也被罢相，前后两个年头，算时间大约一年。之后当宰相的是陈执中。陈执中到至和二年（1055年）就被罢免了，和梁适一样只有两个年头，实际一年时间。跟着上台的就是文彦博和富弼二人。文彦博到嘉祐三年（1058年）被免职，四个年头，实际时间差不多三年。富弼在嘉祐六年（1061年）去职，也不过七个年头，实际时间大约六年。

可见，与狄青担任枢密使同期的这五位宰相，在位一二年的有两人，在位三四年的有两人，只有富弼一个人在位六七年。狄青的枢密使任期也是四个年头，三年多时间，大致与恩公庞籍和老乡文彦博相当，并不算短。至于枢密使，文官担任枢密使之后，有可能往上升任宰相。但不管是否当宰相，常态也是几年就一轮换。

当然，朝廷过去有"文臣担任枢密使，随时进退；武臣担任枢密使，没有大错不罢免"的惯例，但这也只是惯例，并非定规。狄青担任枢密使，本就是宋仁宗用了皇帝特权，违背满朝大臣意志和常规流程，强行通过的，那么在天灾频现的时候，被多数朝官要求罢免也就在所难免。包括同为枢密使的老前辈王德用，在二十多年前就曾担任枢密使，上任没几年也被罢免了，而且罢免他的原因是因为他长相酷似宋太祖。这和狄青被同僚以"怪异""谶语""天变"等理由诟病，并最终导致被罢免，性质差不多，程度还更严重。

总之，狄青在任四年，然后被人找茬给撸下去，这原本是北宋官场的正常状态，但确实也包含了当时文官集团对武人狄青的有意排斥。这种排斥，有些人可能出于嫉妒，也有不少出于文臣对武臣的偏见和歧视，但背后深层次的原因，依然是为了维系重文轻武的体制，防止五代时候武人擅权、兵连祸结的惨剧再现。对狄青来说，离开枢密院并不是一切的终结。宋仁宗希望的也是他暂时远离政治斗争的漩涡，休养一段时间，再展宏图。

然而狄青这次受到的精神打击却不轻。过去他的仕途太顺利了。从宝元二年（1039年）宋夏战争爆发，到皇祐五年（1053年）平定侬智高之乱，短短十多年间，他从相当于一个低级士官的散直，晋升到了帝国最高军事指挥官枢密使。这个晋升速度不但在武将中绝无仅有，即使在文臣中也是多数人望尘莫及的。这种奇迹，源自狄青本人出类拔萃的才能，源自战争带给他的施展才干的机会，也离不开皇帝宋仁宗的赏识，离不开狄青周围的文臣们的提携与保护。从刚到延州犯下死罪被范雍赦免开始，狄青虽然先后卷入公使钱案、水洛城案，却一直得到来自范仲淹、韩琦、欧阳修、尹洙等人的维护（尽管有的维护也带着居高临下的意味），没有受到实质性的打击。这一方面保全了狄青的羽翼，另一方面也使农家子弟出身的狄青，没能真正深刻体会到大宋官场的复杂性。

现在，因为一些莫须有的原因，狄青赫然发现自己竟然成了整个官场的公敌。当年水洛城事件中他也曾遭到类似的围攻，但当时还有韩琦、尹洙、文彦博等人给他站台，即使敌对方的文臣折子里骂骂咧咧拉偏架，多数也是想"两全"狄青和刘沪，最终政治层面主要的打击矛头指向的是尹洙。如今才真是墙倒众人推的局面。

文臣集团的乱棍打得有多么荒谬呢？举一个例子就可以说明。

就在狄青被罢免枢密使之职的这一年，与欧阳修同列唐宋八大家的三位四川才子——苏洵、苏轼、苏辙父子三人——进京考进士，后来苏轼、苏辙兄弟荣登榜上，而苏洵则得到欧阳修的赏识，也在文坛打开了路子。比狄青和韩琦年轻一岁的苏洵，给接替狄青担任枢密使的韩琦写了一篇文章，名为《上韩枢密书》，主要内容是劝告韩琦不要沿用前任枢密使狄青的旧法。

一个前半生放浪形骸，二十七岁才开始努力读书的文人，居然对多年带兵的韩琦和北宋第一名将狄青的军事方略指手画脚。这让人不知道该哭还是该笑了。

这篇雄文长达一千多字，前半段列举了大量历史故事，写了一些似是而非的排比句，充满书生式的纸上谈兵、班门弄斧。后半段开始评价狄青。他认为狄青"好名而惧谤。好名则多树私恩，惧谤则执法不坚……顷者狄公在枢府，号为宽厚爱人，狎昵士卒，得其欢心……知御外之术而不知治内之道，此边将材也。古者兵在外，爱将军而忘天子；在内，爱天子而忘将军。爱将军，所以战；爱天子，所以守。狄公以其御外之心而施诸其内"。最后苏洵建议韩琦一定要反其道而行之，对狄青的错误政策拨乱反正，严厉执法，"人臣奉天子之法，虽多杀，天下无所归怨。此先王所以威怀天下之术也"。

苏洵对狄青的批评也不知道是从哪里道听途说的，或者是他自己脑补的一些东西。狄青带兵，执法是非常严厉的，南征路上抢了百姓一棵菜的士卒都被狄青抓住斩首。狄青确实也爱护士兵，也得到士兵的爱戴。但这并不是无原则的宠溺，而是恩威并举的关怀。先虚构一个狄青的问题，然后叫韩琦不要仿效，这段完全就是瞎说八道。

然而苏洵的文章也有说得到位的地方。狄青"知御外之术而不知治内之道"，只不过这里的治内之道，应该理解成朝廷争斗、官场规则。狄青确实只善于对外打仗，不善于对内求生。他虽然也在试图与文臣集团妥协，但根本做不到点子上。他只是个普通的农家子弟，而后半生升迁太快，又长期处在边区一线，对朝廷斗争法则确实太过陌生。这一点，狄青比起将门世家的王德用，的确差得太远了。身为枢密使的狄青大帅，官场经验可能还不如一个县令。

狄青习惯用战场的逻辑处世。战场上，只要自己做好充分准备，不犯错误，就算不能全胜，也能立于不败之地。然而官场的逻辑并非如此。在官场，哪怕你没有错误，有时候也要让步于"形势"。不能理解这一切的人，难免碰壁。

总之，离开中枢一事给了狄青沉重的打击，令他意志消沉。

狄青去陈州后的几个月时间，正史没有留下关于狄青的任何记载，只有几则宋人笔记留下一些故事。

一则是《清波杂志》记载，说狄青前去陈州，郁郁寡欢，对自己的亲随说："我这次去，一定死在陈州。"左右问原因。狄青说："听说陈州有一种梨子，叫'青沙烂'。我名狄青，一定也要烂死。"当时左右都当笑话听，完全不信。果然去了陈州几个月，狄青就去世了。

这个故事本身可信度很低。陈州位于河南东南部，在北宋属于接近首都开封的重要军州，枢密使、宰相被罢免后往往都是去知陈州，也算离中枢近，皇帝有需要可以随时叫回来商量大事或者救火，陈州是很适合高官暂时休养，以备东山再起的任职地。狄青作为名将，自己都搞过两面钱之类的把戏，应该不会太迷信。而且其他史料也没记载陈州有什么"青沙烂"。当时记载这个故事的人，就觉得可能是好事者编出来的。但这个故事确实反映了狄青心灰意冷、极端低落的情绪。

第二个故事是《谈苑》记载,说陈州有颛顼庙。狄青在任上时,梦见庙中挂了金榜,上面大书"宰相蔡确"四个字。当时蔡确还是个举人,狄青按照姓名寻访到他,对他说了自己做的梦,并说"你好好努力吧,不要辜负了自己",后来蔡确果然在宋神宗时候当上宰相。

这则故事可信度更低,完全是神仙托梦的宿命论。不过蔡确当时确实在陈州。蔡确本是泉州晋江人,比狄青要小二十九岁。他父亲蔡黄裳前几年在陈州当录事参军,只是个从九品的芝麻小官,而年纪已经七十岁了。结果当芝麻小官也当不清净。至和二年(1055年)宰相陈执中被罢免,出知陈州,上任后还要整顿一番吏治,发现这老头子根本没法办事,就强行把他给开除了。一家人流落陈州,饥一顿饱一顿,非常艰苦。直到嘉祐四年(1059年),蔡确考中进士,可以当官了,情况才有所改善。

推测这件事的真相,或许狄青上任陈州后,蔡确一家人的悲惨遭遇通过旧时同僚或其他什么人,传到了狄青的耳朵里。或许即将走到人生尽头的老将军狄青,同情和欣赏这个二十多岁的青年书生,给了他一些鼓励和帮助。又或许这一切都是陈州人编的,把贫寒时从陈州崛起的才子蔡确,和落魄后退居陈州的宿将狄青,在时空上来个交叠,演绎出神奇的故事。加上蔡确在宋神宗时担任宰相,而宋神宗本身又非常崇敬狄青,这个故事就更显得合情合理了。

第三个故事则是《野客丛书》记载,极为黑暗和冷酷。

说是狄青被罢免之后,实在怨气难平,又到中书省去找文彦博发牢骚,说的还是自己"没有过错不应该罢免"那些话。文彦博直直盯着狄青说:"确实没其他原因,就是因为朝廷怀疑你了。"目光中杀气腾腾。狄青又惊又惧,吓得倒退几步。

此后,狄青去了陈州,文彦博每隔半个月就安排使者前去,名义上是问候、安抚狄青,实际上是仔细打听狄青的各项信息,如同监视。狄青之前被文彦博吓唬，原本心头就怀着忐忑，再看朝廷这样子，似乎要继续抓自己的小辫子。每次使者来，狄青都担惊受怕。这样惶恐不可终日，不到半年就死了。而这都是文彦博刻意安排的。

这则笔记的可信度，比前面两则怪力乱神的似乎要高一些，但同样让人疑惑。如果按这一则故事，那么最终逼死狄青的，不是一心想要罢免他的欧阳修，也不是在河北就曾数次敲打他的韩琦，反而是这个与他有同乡之谊、过去利益上有所输送的文彦博。文彦博在涉及政治利害的时候，确实是心狠手辣的一个人。但他有什么必要非得害死狄青？罢枢密使事件之初，文彦博不是一直在维护着狄青吗？有人说，因为在梁适和高若讷的斗争中，狄青成为梁适的工具，把高若讷挤下了枢密使的位置，而高若讷又是文彦博的同窗，文彦博这是为同窗报仇。然而以文彦博的城府，大约不至于为同窗的情谊下这种重手，更何况高若讷去职是几年前的事，而此后文彦博和狄青在政事上的配合并不差。如果真认定是文彦博策划逼死狄青，或许主要原因反而在于文彦博本身。他在最后关头抛弃狄青，转而成为罢免狄青的推手，他担心遭遇狄青的报复，干脆直接下重手灭绝后患。

说到狄青的畏惧，据《东都事略》记载，狄青担任枢密使时，得到士兵们的爱戴，自己也颇有些洋洋自得。枢密副使王尧臣对狄青说："古代那些起身寒微，而最终得到富贵的将帅，很多都不能保全自己的脑袋，您可以作为鉴戒。"狄青听了，禁不住有些沮丧。或许文彦博这番冷血的言语，让狄青想起了当年王尧臣的警告，从而疑心生暗鬼，最终耗尽了自己的精神。

嘉祐二年（1057年）三月二十四日，狄青病故，享年五十岁。而曾经和狄青同任枢密使的前辈武将王德用，也已经在这一年二月十六日病逝，享年七十九岁。

北宋第一名将狄青的人生，就此在原本尚有可为的年纪谢幕。史书记载他的死因是"疽发髭",也就是腮边嘴角长了脓疮,然后就死了。

在中国古代历史上,"疽发身亡"的人不少。有的是受伤之后疽发而死,大约直接原因是伤口感染。也有很多人在没有受伤的前提下疽发。最著名的当然是楚汉相争时期,项羽的谋士——"亚父"范增。范增为项羽殚精竭虑,项羽却常常不听他的,鸿门宴还放走了刘邦。后来刘邦更用陈平的反间计,使得项羽猜忌范增,范增愤而离开,结果半路就疽发身亡。还有后来两宋之交的老将宗泽,因为北伐的壮志被朝廷打压,也是疽发身亡。这种显然是忧愤过度,破坏了体内的平衡,衰竭而死。

狄青身为一代名将,遭到猜忌打压,无法排解,钻入了牛角尖,从而疽发身故,令人叹惋。他竭尽全力,想要自己建功立业,也通过自己的成功,给天下士卒一个表率。然而他没有想明白,自己面向百万士卒的这种表率,在文臣看来却是可能动摇国本的危险存在。自己能力越强,功劳越大,威望越高,反而越会被文臣们视为必须排除的风险。最终,狄青和他的理想一起归于尘土,而宋朝也就继续在重文轻武的文弱道路上一路滑落。

身后哀荣事

狄青病重之时,宋仁宗心急如焚,专门派御医前去陈州为狄青诊疗,然而还没来得及到达,狄青去世的消息就传来了。宋仁宗得知,大为震惊、悲痛,当即罢朝政,身穿素服,为狄青发哀,正似当年刘备丧了关羽、张飞。狄青的灵柩先从陈州运到京师,次年由其儿子狄谘、狄咏护送,归葬故乡汾州西河。

朝廷追赠狄青为中书令,兼尚书令,又进上柱国,封天水郡开国公。其中,中书令、尚书令均为正一品高官,上柱国为正二品,是北宋勋官（只代表荣誉，不具备任何职权）十二等中最高的一等。开国公为爵位。北宋时爵位分为十二等，其中王、嗣王、郡王通常仅封皇室成员，其余九等中，开国公列第三等，次于国公和郡公。庞籍、欧阳修、范仲淹等最终的封号都是国公，狄青比他们低两级。狄青的同龄人韩琦则在宋徽宗时被追封为魏郡王，比狄青高三级。狄青的食邑共七千七百户，实享二千一百户。

经过朝廷评议，给狄青定谥号"武襄"。按照中国传统的谥法，武的含义包括：

> 刚强直理曰武。刚无欲，强不屈。怀忠恕，正曲直。
> 克定祸乱曰武。以兵征，故能定。

按苏洵的解析，武还有折冲御侮等意思。
而襄的含义，则是有：

> 辟地有德曰襄，取之以义。
> 甲胄有劳曰襄，善于征伐。

此外还有因事有功等含义。

综合来看，"武襄"用于武将，是一等一的美谥。狄青一生，统兵征战，外则抵御西夏入侵，平侬智高叛乱，保全国土，内则忠于朝廷，尽瘁国防，确实当得上"武襄"二字。

宋仁宗委派小狄青十一岁的翰林学士王珪写了《狄武襄公神道碑》。狄青生前的亲密战友余靖则写了《宋故狄令公墓铭》。

狄青的同龄人、多年上级和战友韩琦也为狄青写了一篇悼文。不过，这篇悼文只有一百多字。相对而言，韩琦给尹洙、王尧臣写的悼文都有将近五百字，给范仲淹写的悼文更有五百多字，甚至给文彦博母亲写的悼文都比给狄青写的长。对比之下，显得多少有些敷衍。

狄青死后数年，与他恩怨纠葛的王尧臣、庞籍、余靖等文臣也先后离世。属于王安石、司马光、苏轼等人的时代来临。

嘉祐八年（1063年），宋仁宗驾崩，其养子赵曙继位，即宋英宗。宋英宗在位时间不长，治平四年（1067年）驾崩，其子赵顼继位，即宋神宗。宋神宗是一位颇有作为的皇帝。宋朝武备孱弱，长期对外战争失利，令其很是头疼。他想要振兴国防，对北面的辽国和西边的西夏不再以缴纳岁币作为和平之唯一手段。但是，要提升宋军战斗力，将才在哪里？宋神宗想起了十多年前去世的名将狄青。

在继位的次年，即熙宁元年（1068年），年仅二十一岁的宋神宗召见狄青之子狄谘，询问："当年令尊狄青南征侬智高，有相关的著作留存吗？"狄谘就献上了狄青当年所著的《平蛮记》和《归仁铺战阵》。宋神宗看罢，感慨万千。他叹息狄青出身行伍，而能够成就军功，威名震动中外；同时深沉又有智略，能够保持敬畏，言行慎重，保全始终。可惜这样的名将，却在五十岁英年早逝。若是狄青不死，到熙宁元年也不过六十一岁而已，宝刀不老，犹能为他征战。

于是，宋神宗命人取了狄青的画像到禁宫之中，细细观看。越看越觉得惋惜，越看越对狄青倾慕。

他亲自为狄青写了祭文。在祭文开头，宋神宗称赞狄青是上天派遣来保护爷爷宋仁宗的贤才，说狄青"重厚且武""益奋忠义"。中间用了接近一半的篇幅重点阐述狄青南平侬智高的功绩，说侬智高"陵轹二广，震惊宫阙"，朝廷"群公瞻顾，莫肯先语"，而狄青"惟卿请行，万里跬步"，并且还详细描述了归仁铺之战的激烈场面："遇贼于原，亲按旗鼓。彼长牌枪，我利刀斧。马驰于旁，捣厥背膂。驱攘歼絷，如手探取。"最后说狄青在卸任枢密使之后"如何不淑，早弃盛时"，宋神宗自己来不及目睹狄青的音容，只能"缅怀风徽，感叹无已"，故而派使者来祭祀，希望狄青"灵而有知，当体兹意"。

写好之后，宋神宗派太监张若水为使者，前往狄青家中祭祀。这位张若水也非等闲，他是一位武艺高强的太监，为人干练机灵，而且擅长操纵神臂弓。当初狄青南征侬智高，张若水担任走马承受，负责把前方军情及时向朝廷汇报，也算是跟狄青一起扛过枪的。宋神宗派这位狄青的老战友前往致祭，也是用了心的。当张若水在狄青墓前，用"中牢"之礼祭祀狄青，宣读宋神宗祭文时，狄青的家属都不禁潸然出涕。

　　宋神宗大张旗鼓地把狄青树立为北宋军人的标杆，既是因为他此时要变法图强，对这位当年的名将确实真诚缅怀，也是想借机振奋军心。但是，最终这祭祀仅仅成就了狄青个人的死后荣誉。宋神宗任用王安石推行的变法，遭到了朝中守旧派的反对。文彦博、欧阳修、韩琦等老臣，当年曾推动罢狄青枢密使，如今他们又站出来反对王安石的新法。最终，变法在新旧两党的争斗中流产，大宋朝的国运也日渐没落。靖康二年（1127年），金军攻陷开封，俘虏宋徽宗、宋钦宗，北宋灭亡。

附章

狄武襄子孙

根据余靖的记载,狄青娶妻魏氏,封定国夫人,生了五个儿子。长子狄谘,当时为西上閤门副使;次子狄咏,为东头供奉官,閤门祗候;三子狄谟,为内殿崇班;四子狄说,为东头供奉官;五子狄谏,为内殿崇班。其中狄说、狄谏已经不幸早亡。

但根据王珪的记载,狄青共有六个儿子,长子叫狄谅,担任殿班奉职,也是早死。其余五个儿子的排序各自延后一位。考虑到王珪是奉圣旨写碑文,不至于凭空给狄青多变出一个儿子来。而余靖则是出于同僚战友的私人关系写的。综合来看,狄青的长子狄谅应该是存在的,大概很早就夭折了,那时候狄青尚未当上大官,最后的官位应该是朝廷后来追封的。

狄青还有两个女儿，当时已经许配人家，尚未出嫁。狄青死时已经有两个孙子，分别是狄璋和狄瓒。狄璋为左侍禁，狄瓒年纪幼小，还没封官。

此外，狄青有个哥哥狄素，就是当年把"铁罗汉"打落水中差点惹下人命官司的那位。他也有五个儿子：狄询，担任左侍禁、阁门祗候；狄诜，担任左班殿直；狄谭、狄谆、狄䛒，都是左侍禁。狄青还有一个堂兄叫狄靖，担任左班殿直。狄靖的儿子，也就是狄青的堂侄儿叫狄详，担任右侍禁。这么看，狄家的人丁还是比较兴旺的。

狄青的六个儿子早亡了三个，幸存下来的只有狄谘、狄咏、狄谡三人。

其中，狄谘是一位比较能干的官员。宋神宗年间，他参与了王安石变法，担任提举河北义勇保甲职位，也曾遭到敌对方的弹劾。元丰四年（1081年），狄谘上书朝廷，建议把各级军事单位中年老体衰的人员替换为其子弟。

狄谘有一个很漂亮的女儿。元祐七年（1092年），宋哲宗选皇后时，她一度是候选人之一，并且得到了韩琦之子韩忠彦的大力支持。可惜她本是庶出，因为皇室立后必须是嫡女，最终落选。

狄咏则是狄青子侄中知名度最高的一位，被评有父亲狄青之风，通晓军事。他在熙宁七年（1074年）官至陇州刺史，治理地方颇有成绩，又击退了西夏方面的入侵。熙宁九年（1076年），他担任成都府利州路钤辖，跟随名将王韶平定茂州的少数民族叛乱。在战争中，狄咏"冒矢石奋击格斗，诛不用命者"。此后，狄咏升为客省副使、西上阁门使，权环庆路副总管。元丰四年（1081年）狄咏出使辽国，元丰七年（1084年）转为东上阁门使。他与苏东坡关系很不错，狄青年轻时发生的"铁罗汉事件"，就是他告诉苏东坡的。

狄咏不但继承了父亲狄青的部分军事才能，更继承了父亲俊美的面容。后来宋哲宗在位时，为宋神宗的姑母大长公主选丈夫，找遍了名门子弟，都嫌不好。近臣问："公主殿下到底要怎样的人物呢？"宋哲宗回答："要像狄咏那样的就好了。"于是，天下人就把狄咏叫作"人样子"。宋仁宗与狄青只差两岁，宋神宗基本是狄青的孙辈，推测这位大长公主大致和狄咏年岁相当，没准早就瞄上他了。

　　除此之外，关于狄青子孙后裔的记载就不多了。南宋时还有一位狄青的孙子狄偁，在都市为人算卦看相。还有南宋文人周辉曾在狄青的五世孙狄似家中拜访，看过狄青佩戴过的铜面具等。在靖康之耻、宋室南渡的背景下，狄青后裔逐渐散落民间，生生不息。

演义话忠奸（上）：宋元明时期

　　自唐朝开始，小说这种文学体裁开始在中国逐渐兴盛。小说中的一个大类是历史题材小说。民间文学作者和文人通过讲故事的方式对历史人物进行演绎，这些文学作品在很大程度取代史书，成为普通百姓了解历史知识的主要渠道。狄青作为北宋时期顶级的武将，自然也会成为民间文学塑造的对象。不过这样塑造出来的狄青形象，与正史存在很大的差异。

　　在宋人的笔记小说中，有诸多关于狄青的记载，成为正史的补充。本书中很多狄青的事迹，也是来自这些笔记。宋代的话本（说书人用的底稿本）中也有关于狄青的故事，不过现在留存的只有《收西夏》的名目，正文已经佚失，大约是讲狄青打败西夏王元昊的故事。

　　元杂剧中有三部关于狄青的剧目，唯一保存较为完整的是《狄青复夺衣袄车》，写狄青当普通军士时，奉范仲淹之命，押解五百车棉袄去延州劳军。狄青因路上贪杯没有跟上队伍，被两个番邦将军趁机劫走了棉袄。范仲淹大怒,派刘庆去取狄青人头。刘庆赶上狄青,狄青还在喝酒,听刘庆一说才知道闯了祸,赶紧追上去,射死番将昝雄,砍死番将史牙恰,夺回了棉袄,吓得番邦大帅李滚不敢再犯。狄青让刘庆带着两颗首级去范仲淹那里报功,自己继续押车去延州。刘庆半路上又碰见范仲淹派来的黄轸。黄轸贪功害命,把刘庆推下山谷,拿着两颗首级去找范仲淹,说是自己砍的。等狄青押解了棉衣回来,范仲淹下令将狄青斩首。幸亏刘庆没有摔死,挣扎着回来说明真相,范仲淹这才知道事情真相,把黄轸处斩,提拔狄青为征西都招讨金吾上将军。

这个故事当然没什么历史依据,不过情节颇为有趣。范仲淹作为大佬出场,对狄青有提携之恩。剧中的狄青并非十全十美,反而是贪杯误事,将功折罪后还被人冒领了功劳,差点冤死,有点憨憨的感觉。但到了战场上,狄青又是智勇双全,所向无敌。这倒也符合历史上狄青长于军事而短于政治的特点。

另外两部一是《狄青扑马》,从后面清朝小说《万花楼》的剧情反推,大约是讲狄青驯服烈马(龙马)的故事,切合历史上狄青善于骑射和使用骑兵的个人特点;另一部《刀劈史鸦霞》,从名字上看,可能和《狄青复夺衣袄车》的故事架构接近。

到明朝,中国古典小说渐入高峰,狄青出场的频次也不少。而且那时候的文艺工作者们已经开始把狄青与同为名将的杨家将,以及著名清官包拯放在一起编排故事。从历史地位上看,狄青实际上是高于包公和杨家将的。然而在明朝小说里面,狄青有时候是衬托包公和杨家将的反面角色。

例如在明朝万历年间出版的《包龙图判百家公案演义》第四回,是讲狄青家的花妖案。说狄青和杨文广征南蛮归来,从河里救起一个女子。狄青一看这女子漂亮,马上收为妾室,非常宠爱。不但宠爱,还到处显摆,每逢来了客人总让女子出来相见,女子也很大方,从不拒绝。

有一次包公来访，狄青想在包公面前显摆，又让女子出去接待，谁知这回女子打死也不肯出去。包公走后，狄青觉得丢了面子，大怒，要杀女子。女子这才说："我本是梅花妖，包公是国家栋梁，正人君子，神人共敬，我哪敢见他？您不知道唐朝时候武三思的爱妾也不敢见狄仁杰的事吗？"说完就离开了。

这则故事中，狄青是一个粗俗无脑的武夫形象：好色，喜欢显摆，把家眷叫出去待客，要面子，脾气暴躁，一言不合就要杀人。梅花妖说包公是"正人君子"，自己不敢见，那么按这个逻辑反推，狄青显然就是个小人，所以她不但敢见，还敢在狄青家里住，给他当妾。当然，书中也有一些历史元素，比如狄青和杨文广征讨南蛮（侬智高）的事件。故事中狄青对梅花妖变成的美女如此粗暴，不知道是否借鉴了《默记》中狄青鞭挞白牡丹的情节。而梅花妖走之前专门把狄仁杰的故事提出来，又让人想起了狄青不攀附狄仁杰为祖先的事。

另一部著名的小说是秦淮墨客校阅刊印的《杨家府演义》，同样是在万历年间出版，时间上可能略晚于《百家公案》。这本书以杨家四代人为国征战为主线，主要内容放在第二代杨延昭对抗辽国之战。等第六卷杨延昭去世后，剧情到了侬智高之乱，说南蛮王侬智高指挥南方各国联军三十五万入侵两广，包公保举老将狄青率二十万大军前往平定，似乎在重现历史。结果狄青没有如历史上一样功成名就，反而是连吃败仗，损兵折将。宋仁宗只得命杨延昭之子杨宗保挂帅，杨宗保之子杨文广为先锋，代替狄青南征。杨宗保父子到了南方，狄青见他们老的老小的小，出言耻笑。杨宗保大怒，喝令将狄青斩首，幸得杨文广求情，这才赦免。杨宗保父子对战侬智高，互有胜败，朝廷又令杨文广的姐姐杨宣娘带兵增援，擒杀侬智高，安定了岭南。

然而狄青怀恨在心，派家奴刺杀杨宗保，恰好杨宗保寿终正寝，狄青以为是家奴得手，暗自欢喜。他又抓住杨文广和三个山贼女子成亲的事情，上奏皇帝，要斩杨文广。杨文广当着皇帝的面，说狄青存心陷害杨家，气得皇帝大骂狄青老贼，陷害忠臣。杨文广又说："狄太师既然恨我，我也别在他眼前招惹了，这就永别了。"说罢化身一只白鹤飞走了。杨文广之妻是皇室公主，闻讯悲痛而死。然而其实杨文广只是诈死隐居，数十年后又重出江湖，解救大宋于危难之际。

杨家将系列演义，素来是虚多实少，本不足奇。单说征南这一段，历史上并无杨宗保、穆桂英其人，杨文广本是杨延昭之子，这里将两人改成祖孙关系；历史上杨文广南征时已是老将，这里改成小将；书中还把侬智高之乱的兵力规模扩大，战斗时间加长；等等。这些文学手法，都不必细说。但书中对于狄青的处理令人难以接受。历史上狄青作为平南主将，智勇双全，一举成功，小说中为了突出主角杨家将，若是把狄青这个人物淡化成路人甲，或者干脆略过不提，都可以理解，但这本书选择了彻底地"黑化"狄青。写狄青昏庸无能，被侬智高打得损兵折将倒也罢了，后面居然还一心陷害杨家将，成了潘仁美一般的奸贼。而且连害人都害得不彻底，最终没害死杨宗保、杨文广，却连累公主去世，作为反派的档位比潘仁美又下降了一级。历史上的潘仁美确实不救杨业，衍生发挥还算有原型，而历史上狄青对杨文广颇有提携之恩。此书这般丑化狄青，只怕杨文广泉下有知也会不安的。

此外，民国艺人所编著的《呼杨合兵》中，狄青也是和杨家将作对的反面角色。这大约是沿袭了《杨家府演义》中的设定。

演义话忠奸（下）：清朝的狄青三部曲

到了清朝，终于出现了以狄青为主要角色的小说，其中最著名的是狄青三部曲，即《万花楼》《五虎平西演义》《五虎平南演义》。其中，《五虎平西演义》和《五虎平南演义》又合称为《狄青全传》。三部曲中，《万花楼》讲述狄青成名及征讨西夏的故事，《五虎平西演义》讲述狄青征讨西辽国的故事，《五虎平南演义》讲述狄青征讨南蛮侬智高的故事。《万花楼》作者为李雨堂，其余两部作者不明。因剧情一脉相承，有人认为也是李雨堂，但其实三本书文风上差异很大，细节也有矛盾，更可能是不同人所作。这三部曲的具体内容完全是天马行空，与历史事实天差地别。

三部曲第一部《万花楼》，全名《万花楼杨包狄演义》，又称《狄青初传》等。全书六十八回，二十多万字。开篇讲述宋真宗山西选宫女，太原总兵狄广的妹妹狄千金入京，被皇帝赏赐给八贤王，成为八贤王妃。狄千金派孙秀送信回家，谁知孙秀乃庞洪女婿，其父因违令被狄广所杀，为了报复，趁机压下家书，谎称狄千金已自尽，还要问罪其家人。狄广只得辞职，携女金鸾、子狄青和夫人回西河县。

其时契丹入侵，宋真宗用寇准计，御驾亲征。宫内刘皇后、李宸妃同时生产，李妃生下太子，皇后只生下公主，皇后就命人用狸猫换去李妃生的太子，又要害死李妃母子。幸亏宫女寇氏舍命相救，李妃逃出，太子被送到八贤王处，八贤王收其为儿子，让狄千金抚养。狄王妃次年又生一子。十一年后，宋真宗才班师回朝，八王爷已去世，于是册立八王爷长子（其实是宋真宗的亲生儿子）为太子。次年真宗驾崩，太子继位，就是仁宗。选庞洪之女为西宫，庞洪入相，孙秀拜兵部尚书。

狄青九岁时父亲身故。母子二人相依为命，又遇洪水分离。狄青被鬼谷子救到峨眉山，练武习文七年。师父知狄青为武曲星下凡，报效国家时候已到，令其下山。狄青在京城遇到占山为王的山西人张忠、李义，义结金兰。三人到万花楼饮酒，得知庞、孙同党胡御史的干儿子欺男霸女，起了冲突，狄青随手推死恶少，被抓捕入官。幸亏开封府尹包拯有意宽免，放了狄青。狄青投入军营，又被兵部尚书孙秀陷害，借故要斩狄青。四王爷相救，改为杖责二十，杖中有毒，狄青挨打后伤势沉重，幸得老和尚救治，又得到静山王呼延赞赠送宋太祖所用宝刀。后来狄青为了救护百姓，踹死了庞太师的脱缰白马，差点被庞太师害死，幸得吏部尚书韩琦相救。

此后南清宫后花园有妖，韩琦保举狄青降妖。原来这妖是当年宋太祖所乘龙马，此番又被天帝派下凡，作为武曲星狄青的坐骑。狄青得了龙马，又与姑母狄千金相认，戳穿当年孙秀的奸计。狄青要去杀孙秀，却因酒醉被抓，又得包公带回衙中。第二天早朝，包公在仁宗皇帝面前说明真相。皇上知狄青是自己表兄弟，赦罪加官。狄青比武连胜猛将，赐官一品。

边关元帅杨宗保请求朝廷押送三十万套军衣前去，庞太师保狄青和高王爷郡马石玉押送，半路又各遇仙人，传授法宝和武艺。一路押至潼关，总兵派刘庆用腾云术暗杀狄青，幸亏狄青头盔上的血玉鸳鸯挡住。狄青射伤刘庆，遇见姐夫张文，张文又是刘庆的熟人，帮助狄青收服了刘庆。

押送途中，山贼劫走军衣，投靠西夏李元昊之弟赞天王。狄青与杨宗保派来接应的焦廷贵（焦赞之子）一起去夺，狄青杀死赞天王，焦廷贵拿着脑袋回去，途经李成守备府，李成贪功，把焦廷贵推下悬崖，自己带着敌将脑袋去邀功。正好狄青也到了，加上焦廷贵被樵夫救出，三面对质，这才真相大白。杨宗保处死李成，在狄青帮助下打败辽军，保奏狄青为元帅。

但李成是庞太师同党沈国清的女婿，庞太师趁机与沈国清合谋，告狄青失征衣，杨宗保包庇，处死功臣李成。宋仁宗令杨宗保、狄青二人回京领罪。这时包公正在陈州放粮，闻讯火速回京。途中却遭遇了宋仁宗的生母李氏。包公回朝后，揭穿庞太师的阴谋，处死沈国清。包公又查明当年狸猫换太子之事，刘太后见阴谋败露，自尽身亡，宋仁宗接李贵妃回宫，狄青升为副元帅。

西夏王李元昊派大将薛德礼入侵。狄青患病不能出战，张忠等都吃了败仗，杨宗保被毒锤击中身亡。鬼谷子命石玉至边关，与狄青合战杀了薛德礼。李元昊兴兵再犯，薛德礼之女白花公主见杨文广俊美，倒戈助宋营大破夏军，李元昊只好求和。

胜利之后，杨文广和白花公主回京成亲，加封白花公主为一品诰命。狄青为元帅、石玉为副元帅。狄青封公爵，娶范仲淹女儿，范小姐也封一品，故事以大团圆结束。

这本书文笔很一般，情节还是比较曲折有趣的，主要角色狄青、包拯都是历史人物。元杂剧中狄青解送军衣、狄青扑马的故事也都融入进去了。剧情虽以狄青为主线，但包公的"狸猫换太子""陈州放粮"等著名案例也有展现。与狄青同时代的富弼、文彦博、范仲淹、韩琦等也都作为"忠臣"出现，尤其最后狄青对抗西夏时，范仲淹为他运筹帷幄，后来还把女儿嫁给狄青，与历史上范仲淹作为狄青恩师的形象有契合之处。

另外，书中狄青在押解军衣途中，得真武大帝显灵，传授法宝"人面金牌"，戴在脸上念一声"无量寿佛"，敌人就会晕头转向跌落马下，后来狄青借此手段数次立功。西夏将军孟雄说"臣闻中国狄青小将，善用一铜面鬼脸，吓死我邦上将无数"，算是对史书上狄青戴真武大帝形象铜面具的一种幽默再现。

但站在历史角度，此书终究是胡编乱造居多。那些神仙妖法、冤魂托梦就不必多说，虚构人物杨宗保也不必计较。写宋真宗御驾亲征打辽国，一打打了十一年，直到辽邦求和纳贡，这才班师回朝，这就形同儿戏。历史上包公年长狄青九岁，狄青投军时包拯刚刚成为进士，这里却把包拯当开封府尹的时间提前了几十年，使得狄青刚入开封就得包拯相救。韩琦本和狄青同年出生，书中却比狄青年长四十多岁，成了爷爷辈。历史上呼延赞在狄青出生时已经死了八年，这里也延寿二十多年来成全狄青。

最冤枉的当然是庞太师。书中的庞洪,历史原型是庞籍(《三侠五义》中更露骨,直接叫庞吉),而庞洪的女婿孙秀,可能是取自与庞籍有姻亲关系的孙沔(后来孙秀在第二部《五虎平西演义》中被杀,孙沔在第三部《五虎平南演义》中出场,完美错开时空)。这两人在历史上确实勾结起来干了些不地道的事,但整体来说,庞籍还算是个很不错的能臣。书中的庞洪、孙秀处心积虑要害狄青,而历史上的庞籍,基本算对狄青最好的文臣之一,狄青全权南征是他一力保举,就算不让狄青当枢密使,也是为了保全狄青,让其避开风口浪尖。孙沔虽然私生活不检点,人品不佳,但和狄青关系还是可以的,两人南征时也能配合默契。

主角狄青,历史上就是农家子弟,书中却写狄青曾祖父为后唐大臣,祖父为宋太宗时两粤总制,父亲为太原总兵,姑母狄千金更是八贤王妃、宋仁宗的养母。于是狄青成为背景极为显贵的皇亲国戚。书中狄青父母、祖辈、妻儿的姓名也全然与历史不符。历史上狄青二十岁投军,三十二岁才在宋夏前线立功,晋级九品殿直,这里却是十六岁投军,投军不久就晋级为边关大元帅,主角光环耀眼十足,而且得到各种法宝加成,虽然符合老百姓喜欢看"爽文"的胃口,却也使历史上狄青由草根崛起的励志色彩大减。总之,只能说《万花楼》的狄青比《杨家府演义》的狄青要更贴近历史。

三部曲第二部《五虎平西演义》,全称《五虎平西珍珠旗演义》,又称《狄青前传》或《狄青演义前传》。全书一百一十二回,三十余万字。所谓"五虎",是指狄青及其四个结义兄弟张忠、李义、刘庆、石玉。

故事叙述庞洪为害狄青,撺掇宋仁宗,令狄青等五虎出征西辽,要求西辽王献出国宝"珍珠烈火旗",且要年年来贡,岁岁来朝。狄青明知师出无名,也只得让奸臣孙秀接任边关大帅,自己与四虎兄弟和焦廷贵(焦赞之子)、孟定国(孟良之子)带兵北进。结果因为向导焦廷贵失误，走错了路，莫名其妙跟原本臣服宋朝的单单国大打出手，连斩数将。单单国王之女八宝公主出马，连擒四虎及焦廷贵。狄青向公主低三下四求饶，愿意去见狼主请罪。公主早看上了俊美的狄青，非要开打，连破狄青法宝，把他也活捉了。单单国狼主劝降狄青，狄青不从，眼看六人要一起处斩。幸得狄青的师父鬼谷子算到狄青有此劫难，找到八宝公主的师父庐山圣母说情。狄青脱身不得，只好暂时屈服，与公主成亲做了驸马，其余五将也都假意投降。后来狄青寻机逃出，公主紧紧追赶，狄青晓之以理，动之以情，说服公主放自己出关，先带兵平西辽赎罪，再行夫妻团聚。狄青走后，公主生下双胞胎狄龙、狄虎。

狄青大军西征，连杀西辽许多大将及二王子、驸马等人，却被西辽大将星星罗海大军围困，只得派刘庆驾云前往单单国求援。八宝公主率军助夫，大破西辽军，斩杀星星罗海。西辽国王无奈，只得投降。却有西辽国飞龙公主，因为丈夫被宋军所杀，誓要报仇。遂请父王献了一面假的珍珠旗，暂且退去宋军，自己潜入宋朝，准备刺杀狄青。她本来还召唤亡夫的鬼魂一起谋刺，却被杨宗保的英魂挡在了边关之外。

狄青得胜班师回朝。先前他假投降单单国，庞洪趁机进谗言，把狄青的母亲囚禁起来。如今狄青完成任务回来，得呼延赞、文彦博、欧阳修等保举，封为平西王。这时飞龙公主也已潜入，秘密投到庞太师府中。两人密谋暗害狄青，飞龙公主假冒庞太师的同党户部杨韬的女儿凤娇，以嫁给狄青为妾的方式接近狄青。狄青担心对不起八宝公主，本不愿意，但宋仁宗、狄太后和母亲都大力赞同，只得成婚。婚后，狄青许多日都在书房歇息。后来母亲一再劝解，这才与假凤娇共处一室。飞龙公主灌醉狄青，损害了狄青的法宝，又企图杀他，反被狄青所杀。庞洪、杨韬趁机上奏说狄青杀害凤娇。两下争辩，宋仁宗令文彦博等审案，毫无头绪。幸得文彦博同年包公回朝，审出真相。只因庞妃苦苦哀求，宋仁宗赦免了庞洪、杨韬。

西辽国王听说女儿被杀，又派人送厚礼给庞洪，并告知珍珠旗是假的。庞洪让女儿庞妃告知宋仁宗，要治狄青欺君之罪。当时包拯在朝廷，本来已经看出破绽，但狄青年少气盛，出言冲撞了皇帝，险些被斩。亏得狄太后救助，由包公断案，发配游龙驿。庞洪令驿丞王正毒害狄青，王正不忍，告知狄青实情。狄青的师父鬼谷子再现，告知狄青将有一年灾星，并赐予他仙丹两枚，令他诈死埋名，避过此难。狄青遵照安排，对外宣称被冤魂索命而死，使庞洪自以为得计，其实他和几个兄弟在停灵的天王庙中隐居，又蒙师傅赏赐了一面宝镜。

再说西辽国王听说狄青已死，大喜，联合新罗国，合兵二十万再犯边关。大宋无人抵挡，宋仁宗想到狄青，大为懊悔。这时太史崔信夜观星象，见狄青的武曲星还在，告知包拯。包拯亲自出马，访出了狄青，对外则宣称是冤魂告状，阎王放生，包公救狄青还阳。阻碍此事的庞洪被降了三级。

狄青与四虎兄弟、焦孟二将出兵，抵御西辽新罗联军，又得了苗显、萧天凤两个好汉相助。此后的剧情形如流水账，无非两军相互攻伐，又间杂法术、妖术、阵法。蛇妖"花山老祖"助阵西辽国，狄青连吃败仗，鬼谷子来助拳也难以取胜。庐山圣母令八宝公主带着镇妖球、五龙绦、混元瓶等法宝来收了蛇妖，夫妻短暂团聚后，公主再回本国。于是新罗国求和，西辽国献出真的珍珠烈火旗，狄青顺道还获得了庞太师勾结西辽的证据。

回到朝中，狄青秉明皇帝，皇帝派包公、文彦博、呼延赞等搜庞洪府，查出许多罪证，将庞洪下了天牢。此后赏功罚罪，狄青因为已经封王，于是"儿孙五代荫袭祖职；王则追封三代，享以春秋二祭。子沾国恩，母封一品大夫人"，张忠、李义、刘庆封侯，石玉为兵部尚书，孟定国、焦廷贵为将军，萧天凤、苗显为正副总兵。庞妃绞死，庞洪、孙秀斩首，文彦博继任宰相。之后又拖拖拉拉写了十回左右，无非八宝公主到中原和狄青团聚，众人买房购地、衣锦还乡的大团圆结局。

这本书虽然剧情上承接《万花楼》，但一些设定与前传《万花楼》矛盾。最直接的是，《万花楼》结尾写狄青娶了范仲淹的女儿，这里开篇狄青又成了"单身贵族"。人物年龄等也有冲突。书中的"单单国"，应该是西域"鄯善国"，然而方位完全不对。书中的主要敌手是"西辽国"，历史上西辽是辽国被金国攻灭后，残余势力跑到新疆、中亚建立的国家，与宋朝从未接壤，更未交战。而且历史上狄青死时，距离西辽建国还有六七十年。结合这本书中开头提到的之前西辽国被狄青打败，阵亡大将薛德礼、赞天王等，可知《五虎平西演义》中说的西辽，其实就是《万花楼》中的西夏，只不过国号变了，国王不再叫李元昊。另一个敌国新罗，本是朝鲜半岛的国家，在五代时期已经灭亡了，取而代之的是高丽国。总之，既然是完全虚构的故事，也不必谈什么历史原型了。

这一本中的狄青，形象反而不如《万花楼》鲜活，就是个战场靠武力和法宝取胜的"杰克苏"式人物。包公依然发挥着揭穿迷雾、断案如神的能力，杨家将的存在感却很低。狄青诈死时，外敌入侵，虽然杨宗保已死，但也不见穆桂英、杨文广出来挑担子。杨家将在该书中的任务就是当狄青得到封赏时，佘太君出面请客祝贺。最可怜的当然还是反派庞太师，自己的性命连同女儿女婿一起葬送了。

三部曲第三部《五虎平南演义》，又称《狄青后传》或《狄青演义后传》，全书四十二回，十多万字。

本书叙述嘉祐四年（1059年），南蛮王侬智高反，进兵邕州，要仁宗割让云贵两粤之地。仁宗大怒，包公保奏狄青南征。狄青带四虎兄弟及焦、孟南下。蒙云关守将段洪之女段红玉乃神仙云中子的徒弟，用法术将十五万宋军连同大营一起搬到高山中围困起来。刘庆、张忠突围求救，路经襄阳，被襄阳总兵、孙秀之侄孙振灌醉监禁，毁了求救表章，反诬狄青按兵不动，又密书岳父冯拯在朝中陷害狄青。所幸杨文广截获密信，送交包公审问，孙振阴谋败露。

朝中此时已无人可用，仁宗根据佘太君的推荐，令杨延昭之妻王怀女为征南元帅，杨文广为副元帅。枢密使范仲淹又从三关调岳胜之后岳纲、高怀德之后高明、杨青之后杨唐及萧天凤随王怀女、杨文广出征。狄青二子狄龙、狄虎也随军而行。大军途经襄阳，救出刘庆、张忠。孙振投依智高而去。

两军对阵，杨文广不敌段红玉，陷于阵中。狄龙出战，红玉爱其英俊，将其擒获后逼其许婚，然后作法让狄青与援军汇合。段红玉劝说父亲降宋，段洪不同意，红玉又遭到狄虎羞辱，进退无路，遂去卢台关投奔师妹王兰英（南蛮常胜王之女）。

依智高收下孙振，派黄花洞主王禅师助战段洪。王禅师摆先天纯阳阵，连陷宋军五员战将。王怀女与狄青商量，准备派刘庆腾云去开封接穆桂英来一起破阵。这时，狄青得到诸葛亮托梦，在武侯庙遇见红玉与兰英，敲定了狄龙和红玉的婚事。狄青得两位奇女子相助，大破先天纯阳阵，王兰英斩杀王禅师。二女劝得段洪投降大宋。兰英爱慕狄虎，请段洪去提亲。谁知段洪走过去，却被狄虎挥刀不小心刺死了。狄青要将狄虎处斩，经王怀女求情方免一死。红玉得知父亲被杀，大为悲痛，反上竹枝山。王兰英嫁给狄虎后，劝其父亲常胜王归降宋军。

依智高又请蟒蛇精达摩道人出战，达摩施放毒气，杀死王兰英之父常胜王，喷倒穆桂英、狄青，宋军伤亡惨重，幸有鬼谷子施加援手，赐药救命。狄龙、狄虎、杨文广、王兰英等再三苦劝、请罪，终于请得红玉回归宋营，与狄龙成婚，挫败达摩的阴谋，射伤其一目。但达摩又用毒泉水，使宋军全军病倒，命悬一线，幸得王怀女和段红玉求威灵圣母赐仙泉，再渡难关。狄青派人回京，请朝廷再派会法术的人来助战。包公选定杨文广之妹杨金花为统帅出征，又有杨府厨娘它龙女、家将魏化跟随，齐到岭南。宋营八个会法术的人，即王怀女、穆桂英、杨金花、段红玉、王兰英、刘庆、它龙女、魏化，排先天八卦阵，破除妖术，杀死达摩。宋军奇袭昆仑关，活捉孙振，狄青率宋军凯旋，将孙振处死、冯拯革职。侬智高逃至云南大理，被狄青派孙沔、余靖追捕斩杀。

这一本比起前两本更贴近历史，毕竟狄青征讨侬智高是真实发生的事。历史上的一些事件，书中也有重现。比如侬智高用旁人尸体穿戴自己的袍服，宋军想要上报朝廷侬智高已死，却被狄青制止。比如侬智高叛乱之初，写了陈曙阵亡（历史上是擅自出战，兵败后被狄青所斩）。比如历史上狄青征南时的副手孙沔、余靖二将也出场。小说中这两人带本部兵接应朝廷大军，最后还奉狄青之命追斩侬智高（历史上侬智高死在大理，但余靖确实抓获了侬智高的母亲、兄弟和儿子）。达摩用毒泉害宋军，威灵圣母用仙泉解救，也与史书记载狄青南征时军队的遭遇相关。历史上狄青长相俊美，以至于要戴着面具上阵，他儿子狄咏更是被称为"人样子"。小说中狄龙、狄虎也继承了父亲狄青的俊美，父子三人都是被敌方女将一看就要招亲的存在。

然而出戏的地方还是不少。历史上侬智高造反是皇祐四年（1052年）夏天，而书中则改成了嘉祐四年（1059年）秋天。一字之差，差了七年，那时候狄青早已去世，范仲淹更是死了多年。上一部书《五虎平西演义》里面狄青的两个儿子狄龙、狄虎还是幼儿，这一本开头说距离五虎平西得胜两三年，可是狄龙、狄虎都已经十六岁，能上阵杀敌招亲了，时间线完全混乱。杨家几代人的关系也比较混乱，杨延昭的夫人"王怀女"在很多版本的杨家将小说中就叫"王兰英"，又和本书中段红玉的师妹同名。

最主要的问题还是在主角狄青身上。前两部书给狄青虚构了许多历史上不存在的战绩，而这部书明明是讲历史上狄青自己的真实战绩，狄青本人却成了一个被架空的虚像。在《五虎平西演义》中，狄青一旦诈死，偌大个宋朝都找不出一人可以统军抵抗西辽，杨家将也悄无声息。如今狄青南征，杨家将忽然又兵强马壮，能人辈出，纷纷出来抢狄青的风头。全书大部分情节是双方的法师斗法，宋军最大功劳来自几位会法术的女子，包括杨家将的王怀女、穆桂英、杨金花等人，最突出的则是从南蛮阵营叛逃过来的段红玉。狄青作为主帅，军事上乏善可陈，老要人救，最亮眼的表现反倒是政治上很有大局观，无论对于我方将领、敌方将领还是投诚的降将，都能公允处置，这一点与历史上的狄青带兵倒是颇为一致。

除了狄青三部曲之外，清朝还有一部小说《后宋慈云走国全传》，主要介绍宋神宗、哲宗两朝，慈云太子（宋徽宗）逃脱奸臣陷害，最终继位当皇帝的故事。这本书基本延续了狄青三部曲的设定，可以视为三部曲的续集。里面的反面角色是右丞相庞思忠（又是个姓庞的奸臣），正面人物除了司马光、韩琦等，多为虚构。书中狄青长子狄龙继承平西王之位，与东平王高勇、汝南王郑彪、靖山王呼延庆、定国王杨文广作为正义的五路诸侯，次子狄虎则继承外公之位，作为鄯善国王，是正义方的外援。两人连同各自的夫人段红玉和王兰英都有较多戏份。

钱彩的小说《说岳全传》中也有个平西王狄青的后人狄雷，手持一双大锤，武艺高强，不过性情莽撞，形象和历史上的狄青就差得远了。

代狄宣抚贺捷表（余靖）

本文是皇祐五年（1053年）狄青成功平定侬智高之乱后，其副手余靖代替狄青向朝廷拟定的表文。

臣某言：

正月十八日至邕州归仁铺，蛮贼侬智高徒党出城迎战，登时杀获首领黄师宓等二千余人。当夜侬智高焚城，将带残徒潜遁。寻差兵甲及溪峒壮丁袭逐。今月某日已出省地界者。万里奉词，盖肃将於天讨。群蛮一战，遂收复于边城。

窃以国家威叠四方，恩涵八表。日月所照，悉解辫而来庭。舟车所通，率辇赆而阙贡。蠢尔广源之部族，本惟交趾之附庸，自肆陆梁，招纳亡叛，乘边陲之失备，兴戈甲以内侵。焚荡州间，钞劫生聚，远浮江郁，直抵番禺。自岭而南，忘战兹久，忽逢冲突，无不惊骚。亦尝屡遣师徒，分命将帅，军无部伍，人不齐同。勇者邀功而鲜谋，怯者贪生而先退。贼既未经挫衄，愈恣猖狂。

臣忝预咨询，日亲机密。睹兹丑类，能不疚心？久烦旰食之忧，敢怠请行之志。果蒙睿眷，见许愚忠，授成等以即途，加宠名而异数。常虑虚叨边寄，不副主知。况彼窃据城池，图为巢穴。守于九地之下，未易进攻；御以七擒之奇，固无良策。而乃敢率犬羊之众，前当貔虎之师。意拒辙而甚骄，势破竹而先解。横尸满野，委甲如山，既触网以计穷，遂焚营而宵遁。系累者逸，老幼得以再生；煨烬所余，金帛积而无算。再获金城之固，几还铜柱之封。

非臣短材能集兹事，此盖皇帝陛下，宸机电发，睿略天成，事达其情，体汉光之远照，师行以律，赐魏武之新书。故此凶强，遽然破碎。抚其凋瘵，浸惠泽于民心；藏彼狡顽，振天声于方外。

大宋平蛮碑（余靖）

本文是余靖在平定侬智高之乱后所写，于桂林立碑铭刻。

圣宋体天法道钦文聪武圣神孝德皇帝，在宥之三十一年，天宇之内，海渚之外，毡裘卉服，罔不率俾。

粤五月，蛮贼侬智高寇邕州，陷其郭，贼虐衣冠，驱虏稚艾，遂沿鬱江东下，所过郡县，素无壁垒，倏然寇至，吏民弃走。因得焚荡剽钞，无所畏惮。乃攻围广州五十余日，不克，大掠其民而去。然所存者，官舍仓库而已，百年生聚，异域珍玩，扫地无遗矣。

国家于岭南不宿重兵，故贼起三月而后师集。蒋偕、张忠素号骁将，相继覆没。由是畏懦者望风溃走。贼锋益炽，逼连、贺，毁昭、宾，再穴于邕矣。

驿骑继闻，上甚忧之。枢密副使狄公青以为，将帅之任古难其才，若再命偏裨，事一不集，则二广之地祸连而不解矣。亟自请行，天子题之，遂改宣徽南院使，荆湖南北路宣抚使，都大提举广南东西路经制盗贼事。

九月拜命，既授禁旅，仍启以旧镇骑兵及荆湖锐卒从行。十二月至桂林，督部伍，亲金鼓，然后兵知节制矣。明年正月甲辰至宾州，先是钤辖陈曙领兵八千，溃于昆仑之关，公推其罪，首斩曙及佐吏以下三十一人，然后人知赏罚矣。兵将股栗，咸思用命。

是月己未，引师至邕城一舍，贼悉其徒以逆战。公之行师虽仓卒，道途皆有行列。贼至，驻先锋以接之。公凭高望，拐骑兵以翼焉。贼徒大败，追奔十五里，斩首二千二百余级，生擒五百人，尸甲如山，积于道路，伪署将相死者五十七人。是夕，智高焚营自遁，复入于蛮中。

先是，命湖南、江西路安抚使、枢密直学士孙沔入内押班石全彬过岭，与广西经略使余靖同共经制东西路贼盗。故命公督大提举,然孙、石赞谋,而军中悉禀公之节制。

贼之再据邕也,农者辍耕,商者辍行,远迩惶惶,不聊其生。及公之拜命也,朝野之论,中外欢然。以方、召之才,兼机轴之重,出剪狂蛮,无噍类矣。

贼之巢穴曰广源州,交趾之附庸也。父为交趾所戮,遂弃其州奔南蛮界中渊薮。悖憨以僭称号,自名其居曰"云南道",又曰"南天国",再名其年曰"景瑞",曰"启历"。杂名其左右之人,自侍中开府以下署之。其主谋者黄师宓、侬廷侯、侬志忠等战没于阵。未有剪其羽翼而能飞,刳其腹心而能全者也,故宵遁矣。

呜呼,智高之谋,十余年间招纳亡叛,共图举事。十余月间连破十二郡,所向无前。夫岂自知,破碎奔走在于顷刻之间。乃知名将攻取,真自有体哉!

二月甲戌改乘辕,其月丁亥至桂州,诏徙护国军节度,复以枢密副使召。仍曲赦岭南,民得休息矣。遂磨桂林之崖石,以书其勋。其词曰:

有宋之大,天覆地载。四海正朔,百蛮冠带。
蠢兹狂寇,起乎徼外。父戮于交,逃死獠界。
招纳亡命,浸淫边害。边臣罔上,习尚以懈。
卒陷邕郛,乘流东迈。志图全越,肆其蜂虿。
广城言言,梯冲附焉。攻之五旬,掠民而旋。
贼锋一至,千里无烟。还据于邕,五岭骚然。
天生狄公,辅圣推忠。情存义烈,志疾顽凶。
请缨即路,仗节临戎。英材遴集,猛将风从。
贼之敢斗,实惟天诱。来迓于郊,奄丧群丑。
当我摧锋,易如拉朽。僭补伪署,丛然授首。

羽翼既剪，心腹既刳。虽欲自举，人谁与图？
焚庐而去，回巢以逋。六亲不保，日献其俘。
厥推邕边，南国之纪。九洞襟带，列城唇齿。
险固一失，兵粮无峙。庶民蚩蚩，鸟兽惊跂。
我公之来，电扫云开。叛涣斗破，纲领重恢。
师成庙筭，民得春台。天声远振，繄公之材。

狄武襄公神道碑（王珪）

本文是嘉祐二年（1057年）狄青去世后，宋仁宗命王珪撰写。

宋故推诚、保德、守正、翊戴功臣，护国军节度、管内观察处置等使、特进检校太尉、同中书门下平章事、行河中尹、判陈州军州事兼管内堤堰桥道劝农使、上柱国、天水郡开国公，食邑七千七百户，食实封二千一百户。赠中书令，兼尚书令，谥武襄。狄公神道碑铭并序

翰林学士、朝散大夫、尚书礼部郎中、知制诰、充史官修撰、判昭文馆、知审官院、提举集禧观公事、上骑都尉、长安县开国伯，食邑八百户，赐紫金鱼袋，臣王珪奉敕撰

三司度支判官、朝奉郎、尚书刑部员外郎、充集贤校理、上骑都尉，赐绯鱼袋，臣宋敏求奉敕书

至和三年八月，上以枢密使、护国军节度使、检校太尉、河中尹、天水狄公，拜中书门下平章事，出判陈州。明年三月，感疾于州，未几，以薨闻。天子赉蠹然，辍视朝二日，发哀苑中，赠中书令。太常诔行，谥曰武襄。既葬于汾之西河，有诏史臣，以刻其墓隧之碑。臣谨案：

狄始周成王封少子于狄城，因以为氏。其后代居天水，至梁文惠公，乃大显于有唐。其子孙或徙汾晋间。公实西河人。赠太傅曰"应之"，于公为曾王父；是生"真"，赠太师；太师生"普"，赠中书令，其配曰兖国太夫人侯氏。公其次子也，讳青，字汉臣。生而风骨奇伟，善骑射，少好将帅之节，里闾侠少多从之。初游京师，遂补拱圣籍中。

宝元之初，元昊叛河西，兵出数无功。公自散直为延州指使。延帅知公敢行，故常使当贼锋。凡数岁，出大里、清化、榆林、归娘岭东、女之崖、木匮山、浑州川、白草、南安、安远等战，大小二十有五，中流矢者八，斩首捕敌万有余，获马、牛、羊、橐驼、铠仗、符印、车、辎重、器物，以数万计。尝破贼金汤城，至于乾谷、三堆、杏林原，遂略宥州之境。屠龙咩、岁香、毛奴、尚罗等族，燔其积聚数万，庐舍数千，收其帐二千三百，生口五千七百。又城桥子谷，筑招安、丰林、新寨、大郎等堡，皆扼贼要害，使不能窥边。以功亟迁至秦州刺史、泾原议卫兵马部署、经略招讨副使。上欲召见公，会寇薄平凉，因命图形以进，繇是天下知公名。公提泾原之师，威震羌俗。

既而曩霄复称臣，西陲少事矣。乃以公为捧日天武四厢都指挥使，徙真定路兵马部署，迁侍卫亲军步军马军殿前都虞侯，历惠州团练使、眉州防御使、保大军节度观察留后，迁步军马军副都指挥使，遂领彰化军节度使，知延州。一日，天子顾将帅之臣无踰公者，乃诏为枢密副使，加检校司空。

皇祐四年，广源州蛮酋侬智高僭窃服号，以盛夏举兵陷邕州，济舟而东，又陷沿江九郡，进围广州，力屈不能下，还据于邕。所过吏民多被害，江湖之南人心为之萧然。公于是抗章请行，又因侍上间，自言："臣结发起行伍，顾无以报国，今远人跳梁，不足为陛下忧。愿将岁兵数千，当羁叛蛮之颈致于阙下。"上壮其言，遂改宣徽南院使、宣抚荆湖南路北路，经置广南盗贼事，加检校司徒。上亲饯于垂拱殿，所以临遣之意厚甚。

先是蒋偕、张忠等继以轻敌失军，士卒莫有战斗志。明年正月，自桂林次宾州，会广西钤辖陈曙，以步卒八千溃于昆仑关。公即按曙以不应令，并殿直袁用等三十一人咸以军法诛之，众莫不慑恐。

既而顿甲军中，又下令且调十日之粮，或莫能测，贼使人觇吾军而还。黎明，遂合三将之兵以行，乃绝昆仑关，出归仁铺，先自为阵。贼果失守险，遂悉其众逆王师以战。前锋孙节搏贼死山下，贼气乘锐确吾军。公亲执旗鼓，麾骑兵，纵左右翼，出贼非意。时会暮，贼前后不胜，敌遂大败。驰骑追之，捕斩二千二百级，伪署黄师宓、侬建忠等五十七人没于阵，智高夜纵火城中而遁。明日，破贼入城，获金贝之物以钜万，畜数千，悉分其麾下。招复老壮七千二百零，尝为贼所胁者皆慰遣之以归。又敛群尸，筑京观于城之北隅。初有衣金龙之衣，又金饰神龙于盾仆其傍，或言："智高已死乱兵中。"有欲为公亟作奏者，公曰："安知其非诈邪？宁失智高，敢诬朝廷以贪功邪？"二月班师，遂曲赦五岭，又布德音至于江湖之南。

公还为枢密副使，进位检校太尉、河中尹。俄拜枢密使，赐第城南一区，子悉优以官。公固谢曰："赖陛下神灵，出师大捷，皆诸校力战之功也。臣之诸子，非有勤劳，何敢拜君命？"上固以宠之。在枢密四年，自以遭时奋用，乃夙夜一心，进图国事，虽权幸不可挠以法。上累访以边几，尝从容陈所以攻守之计，天子深然之。晚以盛满为戒，思避时柄，遂终于陈州，享年五十。

公为人慷慨。尚节义、有大虑，慎密寡言，外刚锐而内宽。其计事必审中机会而后发，其行师必正部伍营。陈明赏罚，虽敌猝犯之，无一士敢后先者，故常以少击众，而所向无不靡。与士同寒饥劳苦，而又分功与人，未尝自言。安远之战，方被创甚，寇且至即挺身以前，众莫不争为用。尝独披发面铜具驰突贼围中，见者为之辟易！

今丞相韩公琦，故资政殿学士范公仲淹，同秉武节，经略西边。公时为裨将，殊为二公见器。仲淹又尝以《左氏春狄》授公，以谓：“为将者不可不知书，匹夫之勇无足尚也。”公于是自春秋、战国，至于秦、汉以来成败之迹，概而能通。公为泾原招讨，起居舍人尹洙知渭州，因与公善。洙学通古今，尝与公谈用兵之术，称曰：“虽古名将，殆无以过。”其后洙以贬死，为周旋其家事，惟恐不及。

及徙真定，道过故乡，谒县，先下车，趋至令庭，遂燕故老于蠹下，里中荣之。

公事亲孝，遭中书令之丧，虽袿金革之事，而哀戚过人。方秉枢于朝，奉兖国太夫人膝下，日举觞于堂间。又天子赐珍其家，极荣养矣。

征南之日，戒内外不以闻，惧遗其亲忧。始行至邕，会瘴雾之气，昏郁中人，或谓贼流毒水中，且士饮者多死。忽一夕，泉涌于郊，汲之甘洌，遂济其军，此非诚所感耶！

公薨之初，诏卫公柩归殡京师。其葬也，宠以鼓吹、旌铬，送于都城之西。又敕所过郡治道共具，发材官轻车，至于西河。卜用嘉祐四年二月甲申之吉。是岁，以祫飨恩，加赠兼尚书令。

臣尝伏读兵法曰：“以治待乱，以逸待劳，此善用兵者也。”

又考前史之载："将而持重有谋者，其出靡不有功。"如武襄之西定灵夏，南平峤外，未尝不择形胜、整师徒，先计而后战，遂摧凶陷敌，名动殊俗，为国虎臣。善夫！臣洙以谓古名将之略，岂诬也哉？

公娶魏氏，封定国夫人。六男：长曰谅，殿班奉职，早卒；次曰谘，西上閤门副使；次曰咏，内殿崇班、閤门祗候；次曰谡，内殿崇班；次曰说，东头供奉官；次曰谏，内殿崇班。说、谏早卒。二女许嫁而卒。孙曰璋，左侍禁；曰璃，尚幼。铭曰：汾晋之气，蒙于崆峒。有如其人，武襄之雄。始来京师，感慨从军。以节自发，孰莫不闻。元昊蓄奸，归节塞下。西边用兵，露甲在野。公出大里，至于杏林。奇谋纵横，以詟戎心。上顾将帅，威名无如。来汝陪予，秉国之枢。盗起南荒，乘边弛防。陷邕围广，妖氛以猖。公于上前，愤然请讨。贼失昆仑，膏血原草。还服在廷，越兹累年。夙夜乃事，匪图弗宣。将相出藩，年甫五十。公不复还，天子为泣。生莫与荣，没莫与哀。旅常之载，其绩有来。有勤其初，有大其后。考德于诗，以质不朽。

嘉祐七年十一月二十六日建
中书省玉册官、臣张景隆奉圣旨镌并摹勒

宋故狄令公墓铭（余靖）

本文是狄青去世后，余靖受狄青儿子所请，为其所写的墓志铭。

惟宋四世嘉祐二年三月，陈州上言：护国军节度使、同中书门下平章事狄公，属疾于镇。诏遣国医驰视，未至，以薨闻。

天子震悼，为之素服发哀，再不视朝。制赠中书令，厚赙其家，褒勋臣也。

公讳青，字汉臣。赠太傅讳应之曾孙，赠太师讳真之孙，赠中书令讳普之少子。汾州西河人，远祖唐纳言梁文惠公仁杰，本家太原，危言直节。再复唐嗣。子孙或从汾晋，世为著姓。

公谨重信厚，风骨异常，少以骑射为乐，期于功名自立。弱冠游京师，系名拱圣籍中。

国家自北朝请盟，韬偃师节，息烽彻警，垂四十年。元昊世以河西称藩，常岁遣牙校贡方物，胡贾往来，直抵都下。奸人窥觇，知我虚实，一旦上还印节，僭盗名字。朝廷始增兵择将，以为戎备。时宝元元年也。公初以散直为延州指使，贼昊宿心苞藏，椎锋甚锐。吾边弭兵滋久，士不知战，他将过之，靡不折衂。延安最当贼冲，公以材武智略，频与贼较，未尝少沮。四年之间，大小二十五战，中流矢者八，斩捕首虏万余，获马、牛、羊、橐驼、驴、铠甲、符印、器杖以数万计。攻贼金汤城及西南马市，至于杏林原，破其镇砦七，遂略宥州之境。屠龙咩、岁香等部落，燔其积聚数万，庐舍千余，收其族帐二千三百，生口五千七百。又城桥子谷，筑招安、丰林、新塞、大郎堡，皆扼贼之要害而夺其气。朝恩懋赏，七迁至秦州刺史、泾原路兵马副部署。

上奇公功欲召见之。无何寇逼平凉，遄命公即趋泾原，俾图形以进。京师不呼公名，而呼狄万，盖比之关张也。公在泾原数岁，贼不敢犯塞，复以夏国主称臣，由是边柝解严矣。遂以侍卫亲军职名宠公，徙真定府路部署，累迁至彰化军节度使，知延州。羌人修贡道出高奴，边事裁处，不遑中覆。故今议帅臣，常为诸镇之首。公当是任，边戎畏伏，乃召为枢密副使。

会蛮寇内侵，岭海警扰，公以疆场之虞、廊庙之忧，抗章请行，宽上南顾。上嘉其诚，遂改宣徽南院使、荆湖南北路宣抚使、提举广南经制贼盗事。

初侬氏之蛮，世为酋豪，羁附交趾。智高趫勇而善用兵，因击并旁近州邑而统有之，拓地寝广，胜兵寝盛。交趾不能制，南方亡命者多归之。由是假正朔，置百官，潜窥据窃峤南之计。以皇佑四年五月，举兵攻邕州，陷之。乘郁江瀑流，连陷沿江九郡，杀逐其守臣。遂攻广州，围之连月不尅，大掠而还，仍覆没四将，燔毁二郡，俘劫兵民数万。复据富州城，诱略溪峒，江湘已南为之骚然。

朝旨以公大臣，既可其行第，令驻于桂象之间，训练师旅，而指授方略于群帅。公以二广安危，在此一举，若偏裨失利，则兵气难振，自非躬亲，无以号令，先行后闻，朝议韪之。五年正月甲辰，三将之兵会于宾州。公接士大夫，以礼御下，以严临敌，制变众莫之测。己酉，下令人赍十日之粮。谍者既去，诘旦遂行，故贼以师期尚缓，不克守险者。以此己未至归仁铺，贼悉其众，乘高迎战，前锋遇之少却，左第一将孙节死之。公亲执旗鼓，摩骑兵左右驰出贼后，贼遂大败。驰骑追捕，斩首二千二百。贼之谋主黄师宓、侬建忠等，腹心爪牙没于阵者五十七人。智高焚营而遁。明日，按兵入城，获金银器用二万，戎杖称是，伪符节十一，马牛千余，老壮士女还城者三千余人。再遣阅闾外创重归死者，复得尸三千二百。翌日，分兵追袭贼之余党，几歼焉。招复房口七千三百。其邕人也，俾奠其居；非邕人者，赈廪续食还其本土。所得贼之遗物暨首级之赏，估直四千万，均给战士，仍筑京观以志武功。二月丙子，班师。辛巳，诏迁检校太尉、河中尹，召还枢府。遂曲赦广南，至于江西、湖南，咸宣布德音焉。

未几，进拜枢密使，领节如故，仍赐城南第一区，诸子悉增其秩。职居机轴，势均台宰，外颁戎马之政，内参宫省之务，弼违顺美，动协厥中。

越四年，愿去权宠，以辞盛满。遂兼相印，出临辅郡。暴疾而终，享年五十。

公天赋明智，世推权勇，临事董众，识与几会。其行师也，所统步骑不以众寡，常取诸葛武侯八阵法以为模楷。宿息生作，悉成部伍，故虽仓卒遇敌，而师徒无挠。其为偏裨时，每被发面铜具，从骑兵驰突贼阵，羌人识之，见则辟易，无敢当者。尝中流矢，创甚，闻寇至，裹创而行，帅不能止。

公器度深远。今相国韩公、故资政殿大学士范文正公之为西帅也，公皆隶其节下，咸奇之曰："此国器也。"文正尝以《左氏春秋》授公，曰："熟此可以断大事。将不知古今，匹夫之勇，不足为也。"公于是晚节益喜书史，既明见时事成败，尤好节义。其在泾原也，副起居舍人知渭州尹洙与公同经略招讨安抚使事。洙字师鲁，有文武才略，博通古今。公与虑事，尤为精密。师鲁尝称公"古之名将无以过也"。公于交游，在亡不渝。师鲁后以贬死，公厚恤其孤，如至亲焉。文正既没，其子纯礼服除，还台，当莅吴中市征。公首为启陈，得署河南宾幕，以便坟垄。识者称之。

其徙真定也，过家。上冢还，谒县长，步趋令庭，以修桑梓之恭，然令不敢当，议者重其得体。遂留里中，与故老酾酒相欢，挥金而去。其征蛮也，上亲饯于垂拱，命醑者数焉。当是时，兖国太夫人侯氏微疾，公朝服而入，戒家人无得言治兵事，第云奉使江表，故得不忧。其纯孝如此。

公好以众整，又能分功与人，而令在必行。故师之所过，秋毫无犯。其为小校延安也，大里、南安、安远之功，初不自言，物议多之。其征南也，今观文殿学士孙公时经制贼盗，与公偕行。其军中之政，公实专之。至于南夏经久之制，多让孙公裁处，谈者嘉其谦抑。初，广西钤辖陈曙以步卒八千溃于昆仑关。公至，推首遁者殿直袁用而下并曙诛三十一人，其下股慄，遂能一战而成大功。

公历官：自三班差使、殿侍，还左右班、殿直、侍禁、阁门祗候、通事舍人、西上阁门副使，正除秦州刺史，遥领惠州团练、眉州防御使、保大军两使留后，真拜彰化护国军节度使。

职事：自指使迁延州西路巡检，鄜延路都监，沿边都巡检，泾原仪渭兵马部署，遂捻禁旅，历捧日天武四厢都指挥使、步军殿前都虞候、步军马军副都指挥使。其为兵马部署，以泾原部署知渭州，真定部署权定州，鄜延路经略安抚使知延州，皆著能政，一拜宣徽使，再践枢密副使，遂捻机政。以兼相判陈州，临民统军，未尝少有差失。其征羌平蛮，名震夷狄，勋在竹帛，近代之良将也。

公娶魏氏，封定国夫人。五男：长谘，西上阁门副使；次咏，东头供奉官，阁门祗候；谝、谏皆内殿崇班，说东头供奉官，不幸以夭。二女许嫁而未行。孙璋，左侍禁；璹尚幼。同产兄素，右班殿直。兄子五人：询，左侍禁，阁门祗候；诜，左班殿直；谭、谆、诎，皆左侍禁。从父兄靖，右班殿直。其子详，右侍禁。

呜呼！戎夷旅距之际，公悉力捍御，以至平定。宜享遐福，而禀命不融。后世其有兴者乎？

公薨之年，归殡京师，明年，卜宅西河之太平乡刘村里。

又明年二月十九日，襄事太常，诔行考功议绩，百僚佥允，乃赐谥曰武襄。诏给本品卤簿，送至都外，启攒掩圹，并辍其日视朝。仍诏所经道，发卒卫送葬所州县，优假人牛车马，特恩也。其孤谘等，既已砻石树碑神道之表，以靖尝从征南，复谒铭以志幽。遂铭曰：

天生哲人，康济斯民。不有屯难，何展经纶。

眷言平夏，奕世称臣。一旦陆梁，边鄙生尘。

公之忠勤，威名冠军，近斗远略，岁策其勋。

寇入萧关，即镇泾原，图形以进，百辟改观。

入董卫卒，风清禁屯，出捻边兵，霜凝塞垣。

乃建高牙，以肃和门，延登枢府，式赞治源。

蠢兹侬蛮，轻去巢穴，陷邕围广，图据全越。

公之善筹，成于庙谋，愿得奋行，馘彼凶酋。

帝念其诚，俾公专征，岭海之区，俟公以宁。

收复边城，绥抚遗氓，南夏再平，繄公之灵。

露布传呼，欢声九衢，曲赦岭表，德音江湖。

乃陟太尉，乃尹河中，升捻机务，言畴厥庸。

枢极之柄，丘戎大政，弼谐有托，方隅以静。

致主推诚，辞权戒盈，乃锡相印，以镇陪京。

天胡不仁，夺我勋臣，上心嗟悯，悼往抚存。

辒车孰引，发卒三川，铭旌改宠，卤簿宣恩。

佳城何在，汾河介山，勋书彝鼎，家象耆连。

山西出将，天下称贤，功名不朽，亿万斯年！

祭狄相文（韩琦）

此文是狄青去世后，时任枢密使的韩琦为其写的祭文。

维嘉祐二年，岁次丁酉，四月丙午朔十六日辛酉，具官某，谨以清酌庶羞之奠，致祭于故相狄公之灵。惟灵：

忠孝沉厚，出于天资，威名方略，耸于塞外。入登枢府，盖旌勋劳，出殿辅藩，聊遂偃息。何五福所钟，而不与其寿，一人所悼者，未尽其才。某向处边陲，公实禅佐，自闻倾丧，日极哀怀。兹承已择良辰，权厝净宇，敢凭薄酹，少致哀诚。魂兮有知，谅垂歆监。

尚飨。

祭狄青文（宋神宗）

本文是宋神宗于继位的次年即熙宁元年（1068年），召见狄青之子狄谘，并查阅狄青当年所著的《平蛮记》和《归仁铺战阵》后，亲自撰写的祭文。

惟天生贤，佑我仁祖。沈鸷有谋，重厚且武。昔居校联，功名自喜。既登筹帷，益奋忠义。惟是南荒，有盗猖獗。陵轹二广，震惊宫阙。群公瞻顾，莫肯先语。惟卿请行，万里跬步。首戮骑将，大振吾旅。金节一麾，孰敢龃龉。遇贼于原，亲按旗鼓。彼长排枪，我利刀斧。马驰于旁，捣厥背膂。驱攘歼殪，如手探取。奏功来朝,遂长右府。旋升外相,均逸邦畿。如何不淑,早弃盛时。逮予纂服,弗睹音仪。因览遗略,又观绘事。缅怀风徽,感叹无已。遣使临奠,用旌前勋。灵而有知,当体兹意。尚飨。

狄青年表

- 大中祥符元年（1008年），狄青一岁
  狄青出生。

- 大中祥符三年（1010年），狄青三岁
  宋仁宗出生。

- 大中祥符八年（1015年），狄青八岁
  范仲淹、庞籍为进士。

- 天禧三年（1019年），狄青十二岁
  孙沔为进士。

乾兴元年（1022年），狄青十五岁
宋真宗驾崩，宋仁宗继位，刘太后垂帘听政。

天圣元年（1023年），狄青十六岁
狄青哥哥狄素把铁罗汉打落水，狄青出头顶罪，同时成功救助铁罗汉。

天圣二年（1024年），狄青十七岁
尹洙、余靖中进士。

天圣五年（1027年），狄青二十岁
狄青到开封投军，进入拱圣营。
王尧臣考中状元，韩琦为榜眼，包拯、文彦博等皆中进士。

天圣八年（1030年），狄青二十三岁
欧阳修为进士，富弼举茂才。

道明元年（1032年），狄青二十五岁
宋仁宗生母李氏去世。
西夏李元昊继位。

明道二年（1033年），狄青二十六岁
刘太后驾崩，宋仁宗亲政。

景祐元年（1034年），狄青二十七岁
李元昊开始入侵宋朝边州。

宝元元年（1038年），狄青三十一岁

李元昊正式称帝。

狄青以禁军散直之衔调入西北。

宝元二年（1039年），狄青三十二岁

狄青犯法当杀，被范雍赦免。担任延州指使。

李元昊称帝表章到开封，宋夏正式决裂。

李元昊第一次进攻，狄青在保安军配合卢守勤退敌，连升四级至殿直。

康定元年（1040年），狄青三十三岁

李元昊卷土重来，于金明寨俘李士彬，于三川口歼灭宋军延州主力，俘刘平、石元孙，进而围困延州，范雍、卢守勤惶惶不安；狄青保安军力战，再挫西夏，得到范仲淹赞许。

尹洙推荐狄青给范仲淹、韩琦，范仲淹授狄青《春秋左传》。

狄青为范仲淹先锋，收复之前沦陷的延州各堡垒，又配合种世衡修清涧城，晋级为右侍禁、阁门祗候、荆州都监。

庆历元年（1041年），狄青三十四岁

李元昊于好水川之战击溃环庆路宋军主力。

庞籍调任鄜延路。

狄青开始修筑招安寨。

庆历二年（1042年），狄青三十五岁

狄青晋升为鄜延路都监兼西上阁门使。

知谏院张方平建议招狄青等优秀将领入京见皇帝。

李元昊在定川寨之战击溃泾原路宋军主力。

宋仁宗欲召见狄青，后因军务繁忙，改为画像送皇帝观看。宋仁宗称赞狄青为"朕之关张"。

狄青再升泾原部署、秦州刺史、经略安抚招讨副使，离开鄜延路，到泾原路任职。

庆历三年（1043年），狄青三十六岁

宋夏战争开始降温，双方使者往来。

范仲淹、韩琦调回首都，开始筹备庆历新政。

郑戬担任陕西四路经略安抚使，推动公使钱案。狄青被牵连其中，得范仲淹、欧阳修、尹洙等维护，未受实质影响。

郑戬派刘沪、董士廉修水洛城，范仲淹等赞成，韩琦、尹洙、文彦博、狄青等反对，水洛城事件爆发。

庆历四年（1044年），狄青三十七岁

水洛城事件全面爆发，狄青一度卷入漩涡中心。经韩琦、尹洙维护，范仲淹、欧阳修、余靖协调，最后事情勉强收尾。

尹洙调离，狄青接任渭州知州，身兼泾原路安抚使、渭州知州、部署三大职位，遭到余靖猛烈抨击，于是改调狄青任秦州刺史及并州、代州部署，王素接任渭州知州和泾原路经略安抚使。王素到任，狄青又晋为惠州团练使、捧日天武都指挥使、泾原部署。

狄青认为蒋偕轻而无谋，不可重用，王素不从。

宋夏正式达成和约，第一次宋夏战争结束。

范仲淹评狄青为当世十五名将中第一等第一名。

- 庆历五年（1045年），狄青三十八岁

  狄青改调河北真定府定州等路副都总管，顺道回乡。

  狄青建议在宋夏边界挖掘壕沟抵御敌人。

- 庆历六年（1046年），狄青三十九岁

  范雍去世。

- 庆历七年（1047年），狄青四十岁

  刘沪、尹洙去世。贝州王则造反。

  韩琦担任定州安抚使，成为狄青的直属上司。

- 庆历八年（1048年），狄青四十一岁

  李元昊死。

  文彦博准备调狄青所部精兵镇压贝州王则，还没实施，王则已被镇压。

  庆历五年至八年，狄青历任侍卫步军殿前都虞候、眉州防御使、步军副都指挥使、马军副都指挥使等职。

- 皇祐元年（1049年），狄青四十二岁

  狄青升安远军节度观察留后，加食邑五百户。

- 皇祐三年（1051年），狄青四十四岁

  狄青升为彰化军节度使、保大军节度观察留后，知延州，兼鄜延路经略安抚使。

皇祐四年（1052年），狄青四十五岁
侬智高造反，横行两广，张忠、蒋偕战死，杨畋作战不力被降职，余靖无功，孙沔不敢越南岭。
狄青为枢密副使，自请南下平乱，得到庞籍支持，获得全权，拜宣徽南院使、荆湖南北路宣抚使、提举广南东西路经制贼盗事，引军南下。余靖为争功，不听狄青将令，令陈曙攻击侬智高，大败。

皇祐五年（1053年），狄青四十六岁
狄青入粤，先斩陈曙等违令将佐三十余人。随后南下，抢夺昆仑关，大战归仁铺，击溃侬智高军，平息叛乱。
宋仁宗欲提拔狄青为枢密使，被庞籍劝阻。升狄青为护国军节度使，保留枢密副使、宣徽南院使职位。后因梁适进言，终拔狄青为枢密使，孙沔为枢密副使。
庞籍罢相，梁适为宰相。
年末，余靖活捉侬智高的母亲、弟弟及二子。

至和元年（1054年），狄青四十七岁
王德用为枢密使。
梁适罢相，陈执中为宰相。

至和二年（1055年），狄青四十八岁
陈执中罢相，文彦博、富弼为宰相。

至和三年，嘉祐元年（1056年），狄青四十九岁
宋仁宗得病，天象频现。狄青为刘敞、欧阳修、吕景初等人攻

击,文彦博初始维护于他,后来倒戈相向,终罢枢密使,加同平章事,出知陈州。九月,宋仁宗改元嘉祐。

嘉祐二年(1057年),狄青五十岁
王德用、狄青先后去世。

熙宁元年(1068年)
宋神宗祭祀狄青。